경제적 자유를 위한 첫수업

경제적 자유를 위한 첫 수업
돈을 이해하고, 굴리고, 돈으로부터 자유로워지기 위한 26가지 전략

초판 1쇄 발행 2022년 4월 20일

지은이 쇠이젠샹
옮긴이 박주은

펴낸이 김진규
책임편집 어반
경영지원 정동윤

펴낸곳 (주)시프 | 출판등록 2021년 2월 15일(제2021-000035호)
주소 경기도 고양시 덕양구 권율대로668 티오피클래식 209-2호
전화 070-7576-1412
팩스 0303-3448-3388
이메일 seepbooks@naver.com

ISBN 979-11-977377-6-3 13320

경제적 자유를 위한 첫수업

돈을 이해하고, 굴리고, 돈으로부터
자유로워지기 위한 267가지 전략

쇼이젠샹 지음
박주은 옮김

시프

서문

지금 당신이 이 책을 펼쳤다는 것 자체가 부의 운명을 바꿀 때가 되었다는 뜻이다. 나는 지난 10여 년간 나 자신과 수강생들의 부에 대한 인식을 새롭게 하는 데 매진해왔다. 많은 이들이 내게 "돈이 왜 그렇게 중요하냐?"고 물었다. 내 대답은 "돈이 많다는 것은 삶에서 누릴 수 있는 선택권이 많아진다는 것을 의미하기 때문"이다.

대학을 졸업한 뒤 자신이 원하는 도시에서 자신이 원하는 일을 하며 살고 싶지만 경제적 지원을 끊겠다는 부모의 '협박'에, 혹은 가장으로서의 책임에 자기 삶의 운명은 남에게 맡긴 채 자기가 좋아했던 일을 회한으로만 남긴 사람들을 많이 봤다. 그들은 그렇게 생계를 위한 타협을 거듭하면서, 별로 좋아하지도 않는 일을 그저 묵묵히 때로는 굴욕도 감내해가며 꾸역꾸역 이어나갈 뿐이다. 사랑도 경제적 현실 앞에서는 머뭇거리게 되지 않던가. 집도 차도 없는 형편에 예물은 마련할 수 있을까, 결혼하고 자식이 생긴다 한들 넓고 학군 좋은 집은커녕 방 한 칸 딸린 작은 집이라도 마련할 수 있을까, 머릿속을 짓누르는 걱정에 많은 청년들의 삶이 산산이 부서지고 있다. 원하는 것을 앞에 두고도 '돈이 없다'고밖에 말할 수 없는 삶만큼 답답하고 한스러운 게 또 있을까.

나 역시 그들처럼 돈이 없어 포기한 기회가 있다. 그런 삶은 나를 점점 막다른 길로 내몰아, 희망 따위는 도저히 가질 수 없는 것처럼 보였다. 그렇지만 궁핍도 극에 달하니 변화를 찾게 만들었다. 나는 소위 돈 벌 방법이라면 모조리 시도해봤다. 그 과정에서 기존의 사고가 하나하나 부서지는 것을 경험했고, 그 끝에서 많은 이들이 바라 마지않는 '누워서도 돈을 버는' 모델을 찾을 수 있었다.

많은 경우 사람들이 돈이 없는 건 돈을 제대로 벌지 못해서, 돈을 제대로 지키지 못해서다. 사실 우리가 이 세상에 태어난 것부터가 돈이 드는 일이다. 어린 시절에 필요한 것은 우리 자신이 마련할 수 없으니 부모님이 대신 사준다. 조금 더 자라면 부모님에게서 받은 (용)돈을 직접 쓴다. 그런데 돈을 버는 것은? 스무 살 이후, 대부분은 대학을 졸업한 뒤에야 시작한다. 이 사실은 우리에게 매우 익숙하지만 간과할 수 없는 진실 하나를 일깨운다. 누구든 돈을 써본 경험이 돈을 벌어본 경험보다 20년 이상 길다는 사실이다. 대부분의 사람들은 돈 쓰는 능력이 압도적으로 커서, 돈 버는 능력이 그것을 따라잡지 못한다. 이는 또다시 20년 이상을 애쓰고 노력하며 발버둥 치게 만드는 원인이 된다.

따라서 이 책의 가장 중요한 목적은 **돈 쓰는 능력을 낮추고 돈 버는 능력을 높이는 데** 있다. 그렇지 않으면 '벌면 다 쓰고, 쓰고 나니 없어서 또 벌어야 하는', 무언가를 사느라 '좀처럼 돈이 남아나지 않는' 상태에 머무르게 된다. 쳇바퀴 안에 든 것처럼 '돈이 없는' 운명을 벗어나지 못하는 것이다.

내가 이 책에서 말하고자 하는 바는 이렇다.

— 당신이 나고 자란 가정에서 배운 경제관념의 실체

— 부자의 생각과 습관을 모방함으로써 감정적 의사 결정에서 벗어나기

— 현금 흐름을 시각화함으로써 가뿐하게 돈 모으기

— 돈을 다 써버리기 전에 스스로에게 물어야 할 일곱 가지

— 평소 하는 일 바깥에서 자기만의 가치를 찾아 작은 사업 시작하기

— 돈이 돈을 불려나가는 비밀, 새로운 수동적 소득의 수단

— 게으른 사람도 '누워서 돈 벌 수 있는' 펀드 투자법

'부'라고 하면, 다들 부자가 될 방법을 찾으려고만 한다. '방법'만 잘 찾으면 잠깐의 고생으로 평생을 편히 살 수 있다고 생각하는 것이다. 그러나 방법보다 중요한 것은 바로 마인드다. 경제적 자유에 다다르는 길은 '돈을 제대로 번다, 잘 모은다, 돈으로 돈을 불려

나간다'로 요약할 수 있다. 이 셋을 연결하는 고리 가운데 하나라도 끊어진다면 부유해도 자유롭기는 어렵다. 오래된 사고 회로를 부수고, 생각과 행동 방식을 바꾸어, 새로운 마인드를 갖춘 새로운 라이프 스타일을 확립해야 한다.

나는 열다섯 살에 거리에서 신문을 팔아 돈을 벌기 시작해 스물여덟 살에는 수동적 소득passive income[월세, 이자, 배당금 등 노동을 하지 않고도 얻는 지속적인 소득. '비근로 소득'이라고도 한다]만으로 생활할 수 있게 됐다. 대략 13년 만에 경제적 자유에 다다른 셈이다. 그때 내게 지금의 이 책이 있었다면 경제적 자유에 도달하기까지 걸린 시간이 절반은 줄었을 것이다.

시중에 나와 있는 재테크 서적들을 보면 사고방식을 강조하는 책은 많지만 실천적 활용 기술을 일러주는 책은 그리 많지 않다. 설혹 그런 책이 있다 해도 모두에게 적용할 수 없는, 특수한 사례에 지나지 않는 경우가 많다. 나는 이 책을 쓰면서 기존 재테크 서적들의 빛나는 핵심 메시지를 놓치지 않으면서도 불필요한 부분은 걷어내고 부족한 부분은 메우기 위해 노력했다. 고전과 대가들의 지혜에 개인적인 경험을 결합하고, 사고의 전환과 더불어 실천적 방법도 제시하여 모든 사람이 배우는 동시에 활용할 수 있는 재테크 서적을 만들고자 했다. 책 제목을 '경제적 자유를 위한 첫 수업'으로 정한 것도 누구든 가벼운 마음으로 시작해서 부유하고 자유로운 삶을 살아갈 수 있도록 돕기 위해서였다.

나는 이 책의 많은 부분을 깊은 밤 홀로 있는 시간에 썼다. 경제적 자유라는 주제에 대해 최대한 깊고 밀도 있게 생각하기 위해서였다. 그러니 읽다가 단박에 이해되지 않는 부분이 나오더라도 시간을 들여 몇 번 더 정독해주기를 바란다. 이 책에 서술한 원리와 기술을 실천한다면 머지않은 미래에 나의 다른 수강생들처럼 "선생님, 그렇게 하니 저도 정말로 부유해지고 있어요!"라는 소식을 내게 전하게 될지 모른다.

이 책을 편 지금부터 부와 자유를 얻게 될 당신에게 미리 축하의 말을 건넨다.

2021년 1월 11일

싼야에서

사용 설명서

효과와 이익을 최대화하려면

1 여러 번 읽는다

최소 세 번 이상, 매년 한 번 이상 읽으면서 핵심 메시지를 완전히 장악한다.

2 기록을 늘린다

중요하거나 필요한 부분에 표시를 하고, 여백에는 자기만의 영감 등을 기록한다.

3 질문하고 생각한다

각 장을 읽고 나서 다음 세 가지 질문에 답해본다.

- 이 장에서는 무엇을 배웠나?
- 어떻게 하면 배운 것을 지금 바로 활용할 수 있을까?
- 어떻게 하면 배운 것이 주변 사람들에게 도움이 될까?

4 과제 완성

과거의 경험과 미래의 목표를 돌아보면서, 각 장에서 배우고 느낀 것을 써본다.

5 교류 확대

밑줄 친 부분이나 영감을 준 문장, 질문과 생각 등을 사진으로 찍어 SNS에 공유한다.

6 한 걸음 더 나아가기

당신의 가장 좋은 친구 3명에게 이 책을 선물하고 '돈을 제대로 벌고, 잘 모으고, 돈이 돈을 불려나가는' 여정에서 10년 이상 서로를 격려하고 토론하며 풍요와 자유를 누리는 삶을 함께 실현해나간다.

차례

CHAPTER 4

남다르게 돈 벌기

개인 비즈니스의 시대, 자기만의 강점으로 돈 벌기

CHAPTER 5

곱셈의 사고
돈이 당신을 위해 일하게 하라

재테크
마인드

돈 개념 재구축

CHAPTER

1

1

가정에서의 경제관념

**나는 왜 돈이 있으면
금방 다 써버리는가**

우리의 돈 개념을 결정하는 것이 무엇인지 생각해본 적 있는가? 바꿔 말하면, 우리에게 부를 지배하는 법을 가르치는 것은 누구인가? 단 몇 초라도 곰곰이 생각해본 뒤에 답하기를 바란다.

이 질문을 던졌을 때, 많은 사람들이 대답을 하지 못했다. 어째서일까? 모든 질문에는 답이 있다. 그런데도 답을 찾지 못했다면 당신에게는 그것이 문제 되지 않기 때문이다. 아니면 질문 자체가 잘못되었거나, 답을 찾는 방향이 잘못되었을 수도 있다.

다시 앞의 질문으로 돌아가보자. 누가 우리에게 부를 지배하는 법을 가르치는가? 아무리 생각해봐도 딱히 떠오르는 답이 없을 것이다. 그렇다. 사실 근본적인 문제는, 아무도 우리에게 부를 지배하는 법에 대해 체계적으로 가르쳐주지 않았다는 데 있다.

99% 보통 가정에서의 돈 교육

문제를 뿌리 끝까지 파헤쳐 들어가보면 우리가 나고 자란 가정의 영향을 발견하게 된다. 가정의 영향을 말할 때 우리는 흔히 '어릴 때 집에서 이렇게 배웠기 때문에 지금 이런 문제가 생겼다'는 데 집중한다. 그런데 여기서 우리는 중요한 한 가지 가능성을 놓치고 만다. 혹 가정에서 아무것도 가르치지 않았기 때문에 문제가 생긴 것이라면? 실은 무엇을 가르친 것보다 가르치지 않은 것의 영향이 더 크고 깊을 수 있다. 보이지 않는 부분의 영향은 언제나 보이는 부분의 영향보다 큰 법이므로.

부에 대한 지배력은 어떤 가정에서도 체계적으로 가르치지 않지만 평생에 걸쳐 우리에게 영향을 미치는 대단히 중요한 문제다. 별 의미 없는 자질구레한 돈 개념을 이것저것 주입시키는 정도가 99%의 보통 가정에서 이루어지는 돈 교육의 실상이다. 그런데 대부분의 사람들이 나고 자란 곳이 바로 이 99%의 보통 가정이다. 여기서 보통 가정이란 중산층이거나 중산층 이하 소득 수준의 가정이라고 대략 정의해두겠다. 이렇게 정의하는 이유는 어떤 우열을 가르기 위해서가 아니다. 실상을 냉정하게 인식하고 그 토대 위에서 문제를 돌파하기 위해서다. **문제를 돌파하기 위한 첫 단계는 현상을 정확히 인식하고 받아들이는 것이다.**

돈에 대한 의식은 어떻게 형성되는가

질문을 하나 던져보겠다. 당신은 태어나서 처음으로 돈을 써본 경험을 기억하는가? 나는 기억한다. 대여섯 살 때 집에 엄청나게 많은 손님이 밀려든 적이 있다. 손님들에게 내줄 사이다가 부족해지자 어머니는 나를 불러 지폐 한 장을 건네며 말했다.

"집 앞 슈퍼마켓에 가서 사이다 좀 사 오거라."

50위안짜리 지폐였다. 그날 나는 사이다를 사고 나서도 동네 친구들을 불러내 어깨를 으쓱이며 말했다.

"너네 먹고 싶은 거 있으면 다 골라봐. 오늘은 내가 살게!"

난생처음 돈에 대한 지배권을 갖고 그것을 쓰러 나갔을 때 기분이 어땠을까? 당연히 즐거웠다. 친구들이 좋아하는 모습을 보니 자부심 비슷한 감정도 들었다. 나는 그렇게 돈을 쓰면 즐거움을 살 수 있다는 걸 알게 됐다. 그럴 수 있었던 것은 어머니가 덧붙인 말 한마디 덕분이었다.

"30위안이면 충분할 거야. 잔돈은 가져도 돼."

과연 사이다를 사고 나니 20위안 이상을 거슬러 받을 수 있었다. 그게 심부름 값이 됐다. 당시의 나는 너무 어려서 어머니의 의도를 잘 알 수 없었는데, 나중에 심리학을 공부하고 재테크에 눈을 뜬 뒤에 크게 깨달은 것이 있다. 난생처음 돈을 써보았을 때 나는 돈 쓰는 즐거움만이 아니라 공돈을 모으는 즐거움까지 같이 얻었던 것이다.

그런데 대부분의 사람들이 태어나 처음으로 돈을 써본 경험에는 크게 두 가지 문제가 존재한다. 하나는 돈을 어떻게 써야 하는지 말해주는 사람이 없다는 것이고, 다른 하나는 자신을 위해 돈을 쓰는 게 아니라 부모님의 심부름으로 무언가를 대신 사는 일이라는 것이다. 즉 자주적인 선택이 아니라 일종의 학습된 경험으로 남는 것이다. **태어나서 처음으로 돈을 써보는 경험은 우리의 돈 쓰는 '회로'를 만들어내면서 다음 몇 가지 사실을 각인시킨다.**

첫 번째— 수중에 돈이 얼마가 있든 대체로 액수가 적어 그 자리에서 다 써버리게 된다.

두 번째— 돈에 대한 교육을 받은 적이 없기 때문에 자주적인 선택을 내릴 방법도 알지 못한다. 하여 당신은 첫 번째 사실을 통해 평생 영향을 미칠 중요한 결론을 내리게 된다. "돈을 쓰니 돈이 없네. 돈이란 이렇게 유한한 거야." 당신은 그렇게 두려운 마음이 들기 시작한다.

세 번째— 두 번째 사실을 통해 언뜻 객관적인 것처럼 보이는 결론을 내리게 된다. "돈은 유한한 것이니 아껴 써야 돼." 당신은 이렇게 불안감도 품게 된다.

네 번째— 난생처음 돈을 써보는 것은 완전히 새로운 경험이어서 모종의 '흥분'을 자아낸다. 이 느낌은 두고두고 남아 '돈을 쓰면 즐겁다'는 기억으로 새겨지며, 이러한 기억은 훗날 감정적 소비를 하게 만드는 원인이 된다.

이러한 경험이 만들어내는 참혹한 결과는 돈을 다 써버리는 게 아니라, 나중에 돈을 쓸 때에도 처음 경험했던 소비 양상을 반복하게 된다는 데 있다.

목적은 보호였어도

여기까지 읽었다면 이런 생각이 들 수도 있다. '우리 부모님도 그런 의식이 있었다면 내게 돈을 좀 더 넉넉히 주셨을 텐데!' 하지만 당신 부모님이 당신에게 돈을 넉넉히 주지 않은 것은 돈이 없어서가 아니라 걱정 때문이었을 것이다.

부모는 자녀가 돈을 함부로 쓰게 될까 봐, 너무 많은 돈을 가지고 있으면 삶의 태도가 망가질까 봐 걱정됐을 것이다. 말하자면 돈을 넉넉히 주지 않은 것은 부모로서의 본능이자 자식에 대한 보호책이었다. **하지만 이런 보호는 당신에게 제약이 됐을 뿐이고, 좀 더 정확히 말하면 돈에 대해 제한적인 신념을 형성하게 만들었을 뿐이다.**

사실 부모도 자녀에게 돈을 줄 때는 두려운 마음이 들게 마련이며, 자녀는 돈을 받을 때 이 두려운 마음을 함께 전달받게 된다. 부모에게서 처음 돈을 받을 때 무의식에 '돈이란 언제나 충분치 않은 것'이라는 제한이 형성되는 것이다.

그 결과, 시간이 흘러서도 버는 돈은 항상 충분치 않고, 돈이란 언제나 쓰기에 부족한 것이며, 영영 제대로 모을 수 없는 것이 되어버린다. 월급을 받으면 다음 월급을 받기도 전에 다 써버려서 없고, 돈을 아무리 벌어도 모은 돈은 없는 상태에 놓이는 것이다.

지금이라도 이 사실을 깨달았다면 변화가 시작될 수 있다. '돈이 없다'는 의식은 어디까지나 삶에 대한 당신의 관점이었을 뿐, 삶의 진실 자체는 아니기 때문이다.

생물학적 나이와 재정적 나이

모든 사람에게는 생물학적 나이, 즉 태어나서 지금까지 지나온 성숙의 시간이 있다. 그런데 우리 삶의 다른 영역에도 나이가 있다. 이런 다른 영역의 나이와 생물학적 나이를 비교해보면 각 영역에서의 발전 정도와 앞으로 더 강화해야 할 방향이 무엇인지 알 수 있다.

그중 내가 특히 중요시하는 영역은 감정 관리, 부에 대한 지배력, 대인관계에서의 소통 능력이다. 나는 종종 나 자신의 감정적 나이와 재정적 나이, 소통 능력 나이가 몇 살인지 자문해보곤 한다. 이런 식으로 비교해보면 각 영역에서 내가 어떤 수준에 있는지 이해하는 데 도움이 되기 때문이다. 100% 정확하다고는 할 수 없어도 이들 나이를 비교해보면 자기 발견의 기준과 방향이 좀 더 뚜렷해진다.

재정적 나이도 마찬가지다. 당신의 현재 생물학적 나이는 몇 살이고, 부를 지배하는 능력은 몇 살인가? 당신의 재정적 나이는 생물학적 나이와 일치하는가? 일치하지 않는다면, 어느 쪽이 더 성숙한가? 당신은 무엇을 했을 때 재정적 나이가 더 성숙해졌는가? 혹 재정적 나이가 생물학적 나이보다 많다면, 그것은 무엇을 잘한 덕분이었나? 재정적 나이를 기준으로 자신의 상황을 돌아보면 다음 걸음을 내딛는 데 큰 도움이 된다.

내가 관찰한 바로는, 많은 사람들의 재정적 나이가 실제 나이보다 어려 아직 유아 단계에 머물러 있었다. 이 말은 곧 그들의 재정적 두뇌 또한 어린 시절 이후로 제대로 갱신되지 않았다는 뜻이다. 일부 사람들만이 실제 나이보다 재정적 나이가 성숙하다. 그리고 극소수 사람들만이 그보다 더 성숙한 부의 감각으로 인지, 행동 등 모든 면에서 다른 이들을 크게 앞질러 간다.

세상의 무수한 사례가 우리에게 말해주는 것은, 우리가 재정을 장악하지 않으면 재정이 우리 삶을 제약한다는 사실이다. 우리는 재정적으로 성인이 되어 부를 장악해야만 자기 삶의 진정한 주인으로 살아갈 수 있다.

2

재테크는 곧 생활테크다

감정의 자유를 포기해야
더 큰 자유를 얻을 수 있다

어떻게 해야 자기 자신을 잘 알 수 있을까? 거울 속을 들여다보는 것만으로는 온전히 알 수 없다. 거울은 어디까지나 한 사람의 일면만을 비추기 때문이다. 스스로를 제대로 이해하고 싶다면 학교나 직장, 사회 속에서의 자신을 들여다봐야 한다.

마찬가지로 당신이 진정 부와 재테크에 관한 지식을 얻고 싶다면 돈보다 큰 시스템 속에서 돈의 전모를 들여다보는 것이 가장 좋다. 재테크를 우리 삶 안으로 들여 다시 바라보면, 단순히 숫자의 증감이 아닌 우리 자신의 삶의 방향과 목적을 중심으로 이해하게 된다. 우리는 재테크의 전모를 깊이 이해한 뒤에야 정확한 방향으로 나아갈 수 있다.

재정 상황은 생활을 반영한다

당신이 재테크를 하는 목적은 무엇인가? 부모님께 잘 해드리고 싶어서, 더 큰 집으로 이사하고 싶어서, 혹은 그저 안정감을 얻고 싶어서일 수도 있다. 어쨌거나 지금보다 나은 재정 상황에 도달하기 위해서일 것이다. 지금보다 더 나은 삶, 더 나은 미래를 위해서.

우리의 재정 상황은 학업 성적과 비슷한 면이 있다. 성적은 기본적으로 특정 단계에서의 학습 상태를 반영하는데, 재정 상황 역시 어떤 시기의 생활 상태를 반영한다. 성적은 우선적으로 능력을 반영한다. 여러 과목에서의 능력이 출중하면 높은 점수를 얻을 수 있다. 다른 한편으로 성적은 경쟁력도 반영한다. 남들은 따라오지 못하는 자기만의 강점이 있다면, 그 부분에서 높은 점수를 얻을 수 있다. 그런데 능력과 경쟁력은 조금 다르다. 능력은 어디까지나 자기 자신에게서 나오는 것이지만, 경쟁력은 다른 누군가와 비교함으로써 나오는 것이기 때문이다.

지금 당신의 재정 상황도 이런 두 가지 능력의 종합이라 할 수 있다. 만약 재정 상황이 엉망이라면 당신의 생활 상태도 엉망일 가능성이 매우 높다. 가장 직관적으로는 직장에서의 직무 능력이 낮을 가능성이 높다. 냉정하게 현실을 직시하자. 학교를 졸업한 뒤에는 현재 가진 능력과 향후 발전 가능성이 모두 우리의 소득 수준에 반영된다. 따라서 소득 수준이 업무 수준의 중요한 지표가 되는 것이다. 업무 수준이 높아지면 소득 수준도 높아지고, 업무 수준이 낮아지면 소득 수준도 낮아진다.

그렇다면 재정 문제를 해결하는 관건은 업무 능력을 높이거나 당신만의 경쟁력을 갖추는 것이다. 지속적인 업무 수준 향상으로 재정 상황을 개선해야 당신 삶도 한결 나아질 수 있다.

재테크는 단순히 관리의 기술이 아니다

우리는 종종 돈 많은 사람들이 "내게 돈이란 그저 숫자일 뿐"이라고 말하는 것을 듣게 된다. 이런 말을 들은 사람들은 대부분 '돈 자랑하느냐'며 불쾌해하지만, 그건 사실 돈 자랑이기 이전에 한 가지 중요한 사실을 암시하고 있다.

바로 **돈이란 곧 숫자**라는 사실이다.

당신 지갑에 있는 현금이며 계좌에 있는 돈을 보라. 무엇인가? 그렇다, 숫자다. 감정을 걷어내고 객관적으로 보면 돈은 일단 숫자인 것이다. 요컨대 숫자를 잘 이해할수록 더 많은 돈을 가질 수 있다.

재테크의 '테크'란 단순히 관리, 처리의 기술이기 이전에 '이성'을 의미한다. 지금 당신이 가진 돈이 많든 적든 그것은 최종적으로 재테크의 결과, 즉 이성의 결과이며, 그 결과는 숫자를 통해 드러난다. 우리는 어디까지나 숫자를 통해 결과를 가늠하고 판단하는 것이다. 따라서 우리 자신이 이성적이어야만 우리의 부도 늘어날 수 있다.

앞서 언급한 '돈 많은 사람'이 말하고자 했던 핵심 역시 항상 이성을 유지하고, 숫자에 대한 민감성을 높이고, 숫자화된 사고를 확립해야 한다는 것이다. 부의 사고방식은 이성적 사고, 즉 숫자화된 사고다.

작은 만족을 버리고 큰 만족을 얻어라

그렇다면 이성이 부족한 행동은 무엇일까? 내가 관찰한 바로는, 많은 사람들이 감정을 해소하는 데 많은 돈을 쓰고 있었다.

예를 하나 들어보자. 어느 날 단순한 말 한마디가 기분을 망쳐놓았다. 당신은 망친 기분을 풀기 위해 필요하지도 않은 물건을 사느라 돈을 잔뜩 썼다. 정신을 차리고 보니 내가 저런 걸 왜 샀지, 후회만 밀려든다. 내가 저 쓸모없는 물건 같다는 생각마저 든다. 그런데 기분이 나빠지기만 하면 또다시 미친 듯이 돈을 쓰게 된다. 이런 일이 쌓이면 쌓일수록 감정이 누적되면서 기분은 더 나빠지고 돈은 돈대로 쓰게 된다.

어쩌면 당신은 끊임없이 물건을 사는 습관 때문에 돈이 남아나지 않는다고 생각할지 모른다. 하지만 근본을 파고들면 감정이 당신 앞길을 막는 가장 큰 비용인 셈이다. 한 가지 주의할 점은, 여기서 말하는 '감정'에는 부정적 감정만이 아니라 긍정적 감정, 즉 기쁘거나 즐거운 감정도 포함되어 있다는 사실이다. 블랙 프라이데이를 예로 들어보자. 수많은 업체가 엄청난 할인율을 내세우며 열심히 판촉 활동을 한다. 사람들은 환호성을 지르며 필요하지도 않은 물건까지 충동적으로 구매하기 바쁘다. 여기서 부정적 감정이라고는 전혀 찾아볼 수 없지만, 분명 감정적 소비에 해당한다. 과거 내가 신동방[중국 최대의 교육 그룹]에서 강사로 일하던 때였다. 수업을 준비하고 진행하려면 노트북이 꼭 필요했는데, 해마다 노트북을 바꾸는 동료 강사가 있었다. 노트북 가격만 수만 위안에 달했다. 이전에 쓰던 것도 멀쩡해 보였는데 왜 바꿨지? 나는 호기심에 그에게 이유를 물어보았다.

"지난 10년간 노트북을 열 대나 새로 사던데, 무슨 이유라도 있어요?"

돌아온 대답은 완전히 예상 밖이었다.

"새것으로 바꾸면 기분 좋아지잖아요!"

그렇다. 바로 이것이 전형적인 감정적 소비다. 해마다 습관적으로 휴대폰을 바꾸는 것도 마찬가지다. 정말로 해마다 새 휴대폰이 꼭 필요한가?

나는 지금 근검절약만이 답이라는 말을 하려는 게 아니다. 누구든 사고 싶은 것이 있고 그것을 살 돈이 있다면 당연히 살 수 있다. 내가 말하려는 핵심은, **재테크의 본질은 선택권을 확장하는 데**

있다는 것이다. 경제적 자유의 본질은 선택을 실현할 자유다. 내게 선택권이 있고 선택을 실현할 수 있다면 과거의 생활 방식을 고수하든 그렇지 않든 그 또한 자유다. 그런데 한번쯤은 질문해볼 필요가 있다. 당신이 더 많은 돈을 벌고 싶은 이유는 무엇인가? 휴대폰이나 노트북을 더 자주 새것으로 바꾸기 위해서였는가?

지금 가진 돈이 많든 적든 우리는 '경제적 자유'에 대한 사고 습관을 갖출 필요가 있다. 할인을 한다고 해서 결국 옷걸이 신세가 될 운동기구를 살 거라면 차라리 그 돈으로 해외여행을 다녀오는 게 낫지 않을까? 물건을 사는 것보다 여행을 다녀오는 게 더 낫다는 말이 아니라, 같은 돈으로 내릴 수 있는 선택은 여러 가지라는 뜻이다.

감정이나 스트레스는 최대한 억누르자는 말을 하고 싶은 게 아니다. 때로는 감정을 해소하기 위한 소비가 필요할 수 있다. 하지만 그것은 어디까지나 자신의 의지로 선택한 것이어야 한다. 감정에 휘둘려 무의식적으로 결제하고 보는 식이어서는 곤란하다. 성인은 자기 자신에 대해 책임을 지는 존재이며, 그중에서도 가장 중요한 것은 자기 감정에 책임을 지는 것이다. 당장의 감정을 해소하기 위해 무엇이든 골라 일단 결제부터 하기보다는 친구들과 수다를 떨거나 달리기, 요리, 음악 감상 등 자기만의 방법을 찾는 것이 좋다. 마음이 평온할수록 감정을 해소하느라 '지르는 비용'을 크게 아낄 수 있을 것이다.

당장의 감정을 해소하는 것은 작은 만족에 지나지 않는다. 더 높은 차원의 정신적 추구야말로 큰 만족이다. 돈 관리는 곧 감정 관리임을 기억하라. 감정 해소에 매달리는 대신 잠잠히 이성을 회복할 때 경제적으로 더 큰 자유를 누릴 수 있다.

3

정확한 돈 개념 수립

숫자에 대한 민감도를 높이고, 가치에 대한 인식을 새롭게 하라

며칠 전, 한 수강생이 나를 찾아와 이렇게 말했다.

"선생님, 저 올해 안에 1억 위안(약 187억 원)을 벌어서 경제적 자유를 달성하려고 해요. 도와주세요!"

나는 너무 놀라 입을 다물지 못했다.

"지난 3년 동안 연평균 수입은 얼마였는데?"

"10만 위안(약 1874만 원)요!"

"매년 똑같이 10만 위안? 조금도 늘지 않고?"

"네."

"그럼, 남은 반년 안에 1억 위안을 어떻게 벌 계획이지?"

"계획은 아직 없어요."

이런 발상이 얼마나 기상천외한가는 논외로 하자. 중요한 것은 정확한 돈 개념의 부재다. 이 수강생에게는 아직 1억 위안이 어떤 돈인지 정확한 개념이 없는 듯했다. 지금 이 책을 읽고 있는 당신도 아마 이렇게는 생각해보지 않았을 것이다. 1억 위안이라는 돈은, 매년 10만 위안씩 1000년을 벌어야 하는 액수다.

돈 개념 1단계: 돈이 다 어디로 갔지

많은 사람들은 돈에 대해 별 의식이 없다. 막연한 감각이 있을 뿐이어서 종종 이렇게 말하곤 한다. "돈을 언제 이렇게 다 썼지?" 혹은 이렇게. "왜 이렇게 돈이 없는지 모르겠어." 사람들은 대개 돈이 다 떨어지고 나서야 현실을 알아차린다. 그렇지만 부유한 이들은 돈이 들고 날 때마다 무슨 일로 얼마가 들어오고 나갔는지 정확히 알고 있다.

정말 그럴까 싶다면, 다음 질문들에 1초 안에 답해보라.

- 오늘 당신은 얼마를 썼는가?
- 어제는 얼마를 썼는가?
- 지난 한 주 동안은 얼마를 썼는가?
- 지난 한 달 동안은 얼마를 썼는가?
- 지난 1년 동안은 매일 평균 얼마를 썼는가?

처음 두 질문은 비교적 대답하기 쉬웠을 것이다. 오늘 쓴 돈이야 바로 기억이 날 것이고, 어제 쓴 돈도 잠깐 생각하면 곧 기억이 날 테니까. 그런데 지난주, 지난달, 지난해에 쓴 돈은? 의식적으로 기억하고 있는가? 가계부나 영수증을 보지 않고, 따로 계산해보지 않고 바로 대답할 수 있는가? 대답할 수 없다면 평소 돈에 대한 의식이 없는 것이다. 이렇게 살다 보면 돈이 왜 없는지도 알 수가 없다.

돈 개념을 한 차원 높이고 싶다면 위 질문에서 '썼는가'를 '벌었는가'로 바꾸어 다시 한 번 답해보라. 아마 처음부터 말문이 막힐 것이다. 이제껏 살면서 '오늘' 얼마를 벌었다는 식으로 계산해본 사람은 많지 않을 테니까.

다들 자신의 재정 상태를 획기적으로 바꾸고 싶다고 말하면서도 오늘은 얼마를 벌었는지, 또 얼마를 썼는지 계산해보지 않는다. 당신은 오늘 쓴 돈이 오늘 번 돈보다 많은가 적은가? **돈이 들고 나는 것을 의식하고 계산하고 비교할수록 돈은 당신 수중에 더욱 넉넉히 머물게 될 것이다.**

돈 개념 2단계: 무엇이 얼마인가

우리 모두 중학교 경제 과목 시간에 익숙하게 들은 말이 있다. 화폐의 가치는 곧 물건의 가격이라는 것. 돈 개념 2단계는, 지금처럼 개방된 시장에서 얼마만큼의 돈이란 곧 어떤 물건의 가격이라는 명확한 인식이다. 돈이 정확히 무엇과 등가인지를 알지 못하면 돈에 대한 정확한 인식도 가질 수 없다. 그 결과, 당신은 당신이 인식하는 수준 이상의 돈은 벌지 못하게 된다.

아래 질문에 세 가지 이상을 3초 안에 답해보라.

- 1위안짜리는 무엇인가?
- 10위안짜리는 무엇인가?
- 100위안짜리는 무엇인가?
- 1000위안짜리는 무엇인가?
- 1만 위안짜리는 무엇인가?
- 10만 위안짜리는 무엇인가?
- 100만 위안짜리는 무엇인가?

처음 몇 가지 질문은 비교적 대답하기 쉬울 것이다. 중국에서 1위안으로는 연필 한 자루, 성냥 한 갑, 아이스크림 하나, 우표 한 장을 살 수 있고, 10위안으로는 지하철 티켓, 중고책 한 권을 살 수 있다. 100위안은 상의 한 벌, 온라인 강의 1회, 영화 티켓 두 장, 커피 세 잔 정도를 살 수 있는 금액이다. 그런데 1000위안부터는 대답하는 속도가 느려지지 않는가. 그럼 1만 위안은? 열심히 생각해봐도 딱히 떠오르는 게 없을지 모른다. 그렇다면 10만 위안, 100

만 위안짜리는? 처음부터 대답이 막혀버리지 않는가.

왜일까? 뒤로 갈수록 평소 자신이 자주 사본 물건의 가격이 아니기 때문이다. 저런 고가의 물건을 주의 깊게 볼 일도 거의 없었을 것이다. 때문에 10만 위안짜리 물건이나 서비스가 무엇인지, 즉 10만 위안이 무엇과 등가인지 알지 못하는 것이다. 비교적 쉽게 대답할 수 있었던 건 우리 일상에서 흔히 쓰이는 것들이라 생활 속에 가까이 있고, 그 가격을 확인할 일도 많다. 즉 위 질문에 대한 대답은 어느 정도 당신의 소비 수준을 반영하며, 당신의 소비 수준은 상당 부분 당신의 소득 수준을 반영한다.

우리는 일상적인 소비 수준을 넘어서는 물건에 의식적으로 주의를 기울일 일이 없다. 그 물건이 필요해지는 때에야 처음으로 가격을 확인해보는 식이다. 요컨대 **우리의 숫자 민감도 범위는 곧 우리의 소득 수준 범위**라는 뜻이다. 많은 이들의 생애 첫 소득은 높지 않은 편이다. 이 말은, 세상에 존재하는 상품들 대다수의 가격을 의식할 일 없이 살아간다는 뜻이기도 하다.

돈 개념 3단계: 비율을 따져보기

돈 개념에 대해서는 앞서 말한 두 단계 외에 가장 중요한 마지막 한 단계가 남아 있다. 마지막 단계를 언급하기 전에 이번에도 질문을 하나 던져보고자 한다.

- 극장에 가서 영화를 보는데 생수가 한 병에 8위안이다. 당신은 이 생수를 살 것인가, 말 것인가?

  목이 말라 죽을 것 같은 극단적인 상황은 제외하도록 하자.

  아마 많은 사람들이 생수를 사지 않을 것이다. 마트에서는 1위안, 편의점에서도 2위안이면 살 수 있는 생수가 8위안이라니, 너무 비싸지 않은가! 그런데 당신이 생수를 사지 않기로 결정한 이유는 무엇인가? 가격이 너무 비싸서? 무려 6위안이나 더 비싸서!

  그렇다면 이번에는 상황을 조금 바꿔보자.

- 극장에 가서 영화를 보는데 생수가 한 병에 4위안이다. 당신은 이 생수를 살 것인가, 말 것인가?

  아까와 마찬가지로 사지 않겠다는 사람이 있겠지만, 이번에는 사겠다는 사람도 있을 것이다. 사기로 한 이유는 무엇인가? 겨우 2~3위안밖에 안 비싸서!

  그렇다면 다시, 이번에는 장소를 바꿔보자.

- 호텔에 하루 묵는데 생수 한 병의 룸서비스 가격이 8위안, 1층 매점에서 파는 가격은 4위안이다. 당신은 룸서비스 가격으로 생수 한 병을 마실 것인가?

일부는 1층까지 내려가기도 귀찮고 가격도 4위안밖에 차이 나지 않는다며 룸서비스로 마실 테고, 일부는 4위안이라도 아끼기 위해 1층까지 내려갔다 올 것이다. 또 다른 일부는 4위안이든 8위

안이든 비싼 것은 마찬가지이므로 생수를 사 먹지 않을 것이다.

당신은 어떻게 하겠는가? 어떤 것을 택하든 맞고 틀린 것은 없다. 그런데 위 세 가지 상황 모두에서 생수를 사지 않는 사람이 있을까? 있다면, 그 사람은 이미 돈 개념을 잘 갖추고 있다고 봐도 무방하다. 돈 개념 3단계는 **절대적인 숫자 자체가 아닌 숫자들 사이의 관계, 즉 비율에 대한 감각이다.**

단순히 숫자만을 본다면 첫 번째 상황에서 8위안짜리 생수는 평소 편의점에서 구입하는 것보다 6위안 더 비싸다. 두 번째 상황에서는 2위안 더 비싸다. 세 번째 상황에서 룸서비스 생수 가격은 1층 매점에서 사는 것보다 4위안 더 비싸며, 둘 중 어느 쪽을 택하든 편의점에서 사는 것보다 각각 6위안, 2위안 더 비싸다. 그런데 많은 사람들은 세 번째 상황에서 생수가 2위안, 6위안 더 비싼 것에 대해 큰돈이 아니라고만 생각한다. 말 그대로 액수가 작기 때문이다. 그 정도 돈은 영화 관람료나 호텔 숙박비에 비하면 아껴도 큰돈이 아니고, 써도 큰 낭비가 아니라고 생각하는 것이다.

그렇다면 여기서 비교 기준을 비율로 바꿔보자. 새로운 통찰을 얻게 될 것이다. 첫 번째 상황에서 8위안짜리 생수는 편의점에서 사는 것에 비해 300% 더 비싸다. 두 번째 경우, 4위안짜리 생수는 편의점 생수보다 100% 더 비싸다. 세 번째 상황에서 룸서비스 생수는 1층 매점에서 파는 생수에 비해 100% 더 비싸며, 둘은 편의점에서 사는 것에 비해 각각 300%, 100% 더 비싸다. 비율로 환산해보니 어떤가. 지금 수중에 돈이 많든 적든, 저 생수를 사고 싶은 마음이 사라질 것이다.

이런 예는 수없이 많다. 작년에 베이징에서 우연히 한 친구를 마주친 적이 있다. 친구는 대학을 졸업한 뒤 언론사에 입사했고, 누구나 부러워할 만한 연봉을 받고 있었다.

그런 그녀가 대뜸 내게 물었다.

"어떻게 하면 나도 너처럼 돈이 많아질 수 있을까?"

나는 그녀에게 물었다.

"넌 보통 밖에서 점심 먹을 때 얼마짜리 주문하니?"

"한… 50위안짜리?"

"그럼 난 얼마짜리 먹을 것 같아?"

"너도 비슷하게 먹겠지. 아니, 한 80위안짜리 먹나?"

그녀의 말에 나는 웃으며 대답했다.

"난 보통 30위안짜리 먹어. 그래서 내가 너보다 돈이 많은지도 모르지."

"겨우 20위안 차이로 돈이 더 많다고?"

"한 끼로 치면 20위안 차이지만, 전체 식비로는 40%쯤 차이 나는 거니까."

물론 20위안 더 비싼 음식을 맛있게 먹고 행복감을 느낄 수도 있다. 하지만 나는 40%를 아꼈을 때 더 큰 행복감을 느낀다.

펀드 투자를 예로 들어보자. 수익률이 40%나 되는 펀드를 찾을 수 있을까? 거의 불가능하다. 100위안을 은행에 예치해두면 1년 정기예금 이자가 약 3.5%다. 1년 뒤에 3.5위안 정도를 더 받게 되는 것이다. **비율로 계산하는 습관은 가치에 대한 인식을 새롭게 하고, '비싸다'는 기준을 다시 정의하게 만든다. 돈을 쓸 것인가 말 것인가, 어떻게 활용할 것인가에 대한 결정도 새롭게 한다.**

4

금전 두뇌 속 '암세포'를 죽여라

**재테크를 시작할 때
범하기 쉬운 네 가지 잘못**

당신이 지금보다 부유해지고 싶다면 일단 금전 두뇌가 건강해야 한다. 그런데 재테크를 처음 시작할 때 특히 빠지기 쉬운 함정이 있다. 문제는 이 함정이 대개 외부에 있는 게 아니라 자기 내부 요인에 의해 촉발된다는 것.

비유하자면 이것은 금전 두뇌에 번지는 암세포와 같다. 듣기만 해도 오싹해지지 않는가. 본래 당신의 금전 두뇌는 돈 관리를 잘 돕게 되어 있다. 하지만 금전 두뇌 속 암세포들이 분열을 반복하다가 당신의 머릿속을 완전히 장악해버리면, 당신의 돈 관리 능력은 쇠약해진다. 금전 두뇌 속 암세포들은 시시각각 당신이 부유해지는 것을 막고, 끝내는 빈털터리로 전락하게 만들 것이다.

이런 것들이 단순히 심리적 차원이나 사고의 잘못에 지나지 않는 것처럼 보일지도 모른다. 하지만 금전 두뇌 속 암세포들이 우리 삶에 지속적으로 미치는 영향은, 실제 암세포가 우리 건강에 끼치는 악영향 못지않다. 지금부터 이 암세포들을 하나하나 들춰내 부숴버리자.

암세포 하나
: 뭐든지 '남들' 따라 — 군중 심리

경제적 자유를 가로막는 첫 번째 잘못은 '군중 심리'다. 사람들은 어째서 그토록 남들을 따라 하는 걸까? 그 전에 먼저 답해보아야 할 질문이 있다. 당신은 재테크가 무엇이라고 생각하는가?

아마 대부분이 이렇게 대답할 것이다.

"재테크 상품을 구입하는 거요."

"예를 들면?"

"펀드, 주식, 부동산 같은 거요!"

"그렇게 생각하는 이유는?"

이때 99%의 사람들은 이렇게 대답한다.

"다들 그렇게 하니까요!"

가장 기본적인 재테크 개념조차 '남들'에게서 온 경우가 많다. 그런데 자신의 재테크 개념을 남들 따라 형성한 것부터가 잘못이다. 사람들이 말하는 펀드, 주식, 부동산 등은 재테크에서 극히 일부를 차지하고 있는 표면에 지나지 않는다. 즉, 그들도 실은 재테크의 일부 수단만을 보유하고 있는 것이다. 더욱이 이런 수단은 어느 정도 초기 자본이 있어야 가능하다. 이러한 '남들' 추종 경향 때문에 다들 펀드나 주식, 부동산이 재테크의 전부인 양 여기고, 자신은 그런 재테크로부터 멀리 떨어져 있다고 생각해 재테크를 시작할 엄두조차 내지 못한다.

그렇지만 이제부터 생각을 다시 정립하길 바란다. **재테크란 어디까지나 돈을 '벌고 쓰고 모으는' 관계를 새롭게 다루는 것이다.** 이것이 본질이다. 재테크에 관한 인식, 관념, 이해를 새롭게 하고 나면 지금 당신이 어떤 단계에 있든 지금 바로 재테크를 시작할 수 있다. 당장 수입이 충분치 않다면 어떻게 해야 잘 모을 수 있을지 생각해보고, 능력을 온전히 발휘하지 못하고 있다면 어떻게 해야 돈을 잘 벌 수 있을지 궁리해보라. 만약 이제까지 모아둔 돈이 어느 정도 있다면, 어떻게 잘 활용할 수 있을지 적극적으로 찾아보라.

이제 막 재테크를 시작하는 사람이라면 돈을 '잘 지키고, 잘 쓰고, 잘 번다'는 순서가 가장 좋다. 이는 이 책에서 돈 관리에 대해 설명하는 순서 그대로이기도 하다. 이제 막 사회생활을 시작한 사람이라면 경험과 능력의 부족으로 수입을 크게 높이기는 어렵다. 하지만 지출을 통제하는 거라면 비교적 간단하다. 따라서 1순위로 두어야 할 것은 돈을 잘 '지키는' 것이다. 돈이 없을 때 가장 좋은 재테크 방법은 돈을 일단 아끼는 것이니까. 돈 '씀씀이'를 잘 관리함으로써 지키는 돈을 최대화해야 한다. 당신이 얼마를 '벌 수 있는가'는 당신 혼자 결정할 수 있는 문제가 아니기 때문이다. 어째서 돈을 잘 지키는 것이 1순위인가에 대해서는 다음 장에서 자세히 살펴보도록 하자.

하던 이야기로 돌아와서, 군중 심리의 특징은 남들이 하니 나도 해야겠다는 것이다. 이를 재테크에 적용하면 남들이 사니 나도 산다는 식의 행동으로 나타난다. 이때 가장 위험한 요소가 바로 '남들'이다. 자기 판단이고 자기 행동인데 남들을 기준으로 삼다니, 이 얼마나 위험천만한 일인가.

실은 자기만의 기준이 없기 때문에 남들을 기준으로 삼는 것이다. 과연 남들이 만든 지도를 보고 자기만의 길을 찾을 수 있을까? 최근 몇 년간 중국에는 부업[주로 SNS 계정을 통한 구매대행을 의미한다]으로 돈 벌기가 크게 유행했다. 그러자 너도나도 남들이 한 결과만 보고 달려들어 부업을 시작하기 바빴다. 결과는 어땠을까? 누구도 예상치 못한 팬데믹 사태로 개인 SNS 계정을 통한 구매 주문이 대폭 늘었지만, 부업 자체에 대해서는 다음 세 가지 문제를 깊이 생각해볼 필요가 있다.

첫째, 당신은 남들에게서 부업의 결과만 봤을 뿐이다. 그 과정은 어떠한지, 어떤 희생이 따르는지, 당신도 그런 희생을 감당할 준비가 되어 있는지는 전혀 알지 못한다.

둘째, 본업도 잘 못하고 있는데 부업을 잘할 수 있을까? 만약 본업의 성과가 부업보다 못하다면, 그런 본업을 과연 본업이라고 할 수 있을까?

셋째, 만약 당신에게 끊임없이 부업을 권유하며 자신이 잘 가르쳐주겠다고 말하는 사람이 있다면, 남들에게 부업을 권하는 그 일이 그들에게는 과연 부업일까 본업일까?

아무리 좋은 제품이 있어도 영업력이나 판로가 부족하다면 아무 소용이 없다. 혹 당신은 부업 때문에 큰돈을 날렸는데 당신에게 부업을 권한 이는 떼돈을 버는 것만큼 잔인한 현실도 없다. 군중심리의 일면이 '남들이 가지고 있으니 나도 가져야겠다'는 욕심이라면, 또 다른 일면은 남들이 할 수 있다면 나도 할 수 있다는 식의 과도한 자신감과 요행심으로 나타난다.

우리는 보통 세상일에는 그럴 만한 이유가 있으려니 할 뿐 그 이상 진지하게 사고하지 않는다. 심지어 어떤 일에 대해서는 '별 노력 없이 얻을 수 있다'고 믿기도 한다. 자신도 남들처럼 '크게 힘들이지 않고 얻을 수 있다'고 생각하는 것이다. 그러나 정작 그들은 엄청난 노력을 기울여 그토록 많이 얻은 것일 수도 있고, 노력에 비해 겨우 이만큼밖에 못 얻었다며 괴로워하고 있을 수도 있다.

자신이 잘 모르는 것에 대해서는 그 리스크에 대해서도 제대로 인지하지 못할 수 있음을 명심해야 한다. 잘 모르는 것에 내재한 어떤 사소한 리스크도 당신에게는 커다란 위협이 될 수 있다. **당신**

이 무언가에 대해 잘 모를수록 리스크는 최대가 된다. 남들이 모두 한 방향으로 달리는 것만 계속 보고 있으면 어리석은 결정을 내리기 쉽다.

중요한 결정을 내려야 할 때는 마음을 차분히 가라앉히고, 결정의 기준이 무엇에서 비롯됐는지 냉정하게 자문해보아야 한다. 직접 조사하여 예산을 세우고 판단한 것인가, 아니면 단지 남들이 기준이었을 뿐인가? 만약 대답이 후자라면 생각의 고삐를 틀어 다시금 똑바로 쥐어야 한다.

암세포 둘
: 욕망이 내리는 결정

성숙의 가장 중요한 지표는 자신의 필요와 욕구를 구분하는 것이다. 자신의 필요와 목표가 무엇인지 정확히 알지 못하면 욕망으로 결정하고 감정으로 소비하게 된다.

소비 자본주의 사회에서 감정과 욕망은 많은 업체의 주요 타깃이기도 하다. 당신의 모든 소비 충동은 얼마든지 설계 가능하다는 뜻이다. 내 경험으로 보건대, 우리의 소비 수준이 어떠하든 간에 그에 상응하는 함정이 우리를 기다리고 있다. 지금 당신에게 100위안이 있다면 100위안의 함정이, 1000위안이 있다면 1000위안의 함정이 당신을 기다리는 것이다. 당신 손에 1만 위안이 있든, 10

만 위안이 있든, 100만 위안이 있든 마찬가지다. 금전 두뇌 속 암세포는 주로 감정과 욕망, 특히 탐욕에 의해 추동된다.

얼마 전, 〈재테크의 함정에 걸려들 뻔한 칠순 노부부〉라는 기사를 보게 됐다. 상하이에 사는 한 칠순 노부부에게 투자회사가 접근해 자신들에게 50만 위안을 입금하면 일주일 후에 170만 위안을 돌려주겠다는 제안을 했다고 한다.

"오늘 50만 위안을 입금하시면 며칠 뒤에 저희가 원금과 이자를 합쳐서 돌려드리도록 하겠습니다. 저희 투자회사는 규모도 크고 회원도 많습니다. 사업자 등록도 되어 있고요. 사람은 도망가도 회사는 어디로도 도망 못 가죠!"

이 말을 철석같이 믿은 노부부는 돈을 이체하기 위해 은행으로 갔다. 다행히 창구 직원과 은행 지점장, 현장에 있던 경찰이 이상한 낌새를 알아차리곤 적극 만류한 끝에 사기 피해를 막아냈다. 그렇게 노부부는 코앞까지 당도한 함정에서 벗어나 거액의 은퇴자금을 지켜낼 수 있었다.

이런 일은 여기저기서 매일같이 일어나고 있다. 사기의 주체와 방법은 다양하지만, 모든 사기에는 한 가지 공통점이 있다. 바로 인간의 약점을 정확히 조준한다는 것. 상대가 원하는 감정과 욕망을 정확히 불러일으키기만 하면 피해자의 눈과 이성은 까마득히 가려진다. 탐욕이 들어앉아 똬리를 틀면 이성은 즉각 마비되어버리는 것이다.

그러니 대단한 기회처럼 보이는 무언가가 당신 눈앞에 나타나거든 가슴에 손을 얹고 자문해보라. 이 사람은 그토록 대단한 기회를 왜 자신이 돈 버는 데 쓰지 않고 내게 가져다주는 걸까? 그토록 얻기 힘든 엄청난 기회가 어째서 지금 내 앞으로 굴러 들어온 걸까? 운을 믿지 말고 실력을 믿어라. **실력이야말로 가장 믿을 만한 운이며, 가진 것을 똑바로 지키는 것이야말로 가장 큰 실력이다.**

별다른 노력을 기울이지도 않았는데 어느 날 갑자기 완벽해 보이는 기회가 굴러 들어오거든 흥분하지 말고 한 발 물러나 냉정하게 생각해보아야 한다. 지금 내가 사기를 당하고 있는 것은 아닌지.

암세포 셋
: 지식을 위한 지식

첫 번째, 두 번째 암세포까지 제거했다고 치자. 세 번째 암세포는 이것이 암세포인지 알아보기조차 쉽지 않다. 때문에 가장 많은 사람들이 이 함정에 걸려든다.

지난 1년간 전국 각지에서 강연을 하며 가장 많이 받은 질문이 있다.

"선생님, 제가 어떻게 하면 경제적 자유에 도달할 수 있을까요?"

나는 이렇게 되묻는다.

"당신에게 경제적 자유란 어떻게 사는 삶입니까?"

이때 대부분의 사람들이 아래 대답을 기계적으로 반복하곤 한다.

"수동적 소득이 지출을 넘어서는 것이죠."

"돈을 벌기 위해 일하지 않아도 되는 것이죠."

"일을 하지 않아도 수입이 있는 것이죠."

그러면 나는 다시 이렇게 질문한다.

"네, 그런 것들은 책에 나오는 경제적 자유의 개념이고요. 여러분 자신에게는 경제적 자유가 어떤 형태의 삶을 의미합니까?"

이 질문을 받은 사람들은 말이 없어진다. 혹은 잘 들리지 않는 말을 우물거리기 시작한다. 무언가 말하고 싶지만 딱 떨어지게 표현할 수 없다는 듯한 표정으로.

"바로 그것이 여러분이 경제적 자유에 이르지 못한 이유입니다. 경제적 자유, 경제적 자유 말은 하지만 실은 자신이 무엇을 원하는지도 정확히 몰라요. 경제적 자유란 뭘까 생각해보지도 않고 책에 나오는 말만 되풀이하고 있으니까요."

더 큰 문제는 지식이나 개념에 대한 이해조차 없이 어디선가 들어본 듯한 말만 무작정 되풀이한다는 것이다. 중요한 것은 지식에 대한 정확한 이해와 자기만의 탐구, 진지한 숙고다.

개념이란 어디까지나 객관적으로 기술된 형태일 뿐이다. 이에 반해 목표는 주관적이다. 더 정확히 말하면, 지극히 사적인 일이다. 그런데 개념 자체가 목표가 된 사람들이 너무나 많다. 어떻게 해야 할까? 해결 방법은 간단하다. 책에 쓰여 있는 개념은 책에 그대로 두고, 당신은 당신만의 정의를 새롭게 내리는 것이다. 객관적 개념의 주관화—즉 **남들의 생각과 표현을 자기만의 것으로 바꾸고, 자기만의 결론을 다시 내려보는 것이다.**

지식을 중시하는 태도는 전혀 나쁘지 않다. 다만 지식을 운용하는 주체가 자기 자신이라는 사실을 잊어서는 안 된다. 지식이라고 해서 꼭 보편타당한 기준이 되는 건 아니다. 기준은 어디까지나 자기 자신이다. 당신에게는 당신만의 경제적 자유에 대한 정의가 있고, 내게도 나만의 경제적 자유에 대한 이해가 있다.

과거 내 강의를 들었던 수강생 중에 평범한 연봉을 받는 화이트칼라 회사원이 있었다. 한번은 그녀에게 "자네에게 경제적 자유란 어떤 모습인가? 책에서 읽은 지식 말고, 자신에게 의미 있는 모습을 그려본다면?"이라는 질문을 던진 적이 있다. 그녀는 곰곰이 생각하더니 이렇게 대답했다.

"일이 너무 힘들거나 바쁘지 않고 정시에 퇴근할 수 있는 것, 퇴근 후에는 제가 좋아하는 취미에 몰두할 수 있는 것, 연봉만큼의 연말 보너스, 매달 정기적으로 저축할 수 있는 안정적인 수입, 주말에는 친구들을 만나거나 여유로운 일정으로 놀러 갈 수 있는 주 5일제 근무 형태요. 3년 동안 돈을 모아 시내 중심가나 외곽에 집 한 채 마련하고, 출퇴근용으로 안전하고 성능 좋은 초소형 전기차를 한 대 사고, 매년 두 번 정도 부모님 모시고 해외여행도 다녀올 수 있는 삶이에요."

굉장히 명확하고 구체적이었다. 그녀에게 경제적 자유는 언제까지 얼마만큼의 돈을 모아, 그 돈으로 무엇을 하겠다는 여러 가지 작은 목표로 이루어져 있었다. 그런 목표라면 빠른 시일 내에(그녀가 말한 3년 내에) 이루는 것도 가능하다. 결과적으로 그녀는 예상보다 1년 빨리, 즉 2년 내에 목표를 이루었다.

그런데 만약 '경제적 자유'라는 개념 자체를 목표로 삼는다면 어떻게 될까? 10년, 20년, 심지어는 50년이 지나도 이루지 못할 가능성이 높다. 막연한 '경제적 자유'라는 것은 너무나 멀리 있는 것이기 때문이다.

나는 사실 '경제적 자유'라는 말도 별로 좋아하지 않는다. 이런 표현에는 이미 상당한 부자유가 암시되어 있기 때문이다. 차라리 '조기 은퇴'가 마음에 든다. 직장에 다니지 않아도 투자 이익만으로 생활할 수 있는 것. 일은 해도 되고 안 해도 되지만, 한다 해도 단지 돈을 벌기 위해서가 아니라 내가 원하는 꿈을 실현하기 위해 하는 것.

나는 20대 후반에 조기 은퇴한 뒤 지금까지 살아오고 있다. 종종 수강생들에게도 너무 호화로운 삶을 바라는 게 아니라면 200만 위안(약 3억 7500만 원)만 있어도 얼마든지 조기 은퇴를 할 수 있다고 말한다. 개념은 차갑고 딱딱하며, 지식이 늘 현실에 그대로 들어맞는 것도 아니다. 개념과 지식은 참고하되, 원하는 바를 구체적으로 그려나가야 진정한 기준과 목표를 세울 수 있다. 그런 다음에야 당신만의 경제적 자유로 향하는 길에서 정확한 한 걸음을 내딛을 수 있다.

당신만의 기준은 무엇인가? **기준이 뚜렷하지 않으면 목표도 불명확해진다. 목적지가 어디인지 확실하지 않으면 제대로 도달할 방법도 없다.**

암세포 넷
: 결과를 원인으로 삼는

재테크만이 아니라 개인적인 성장에서도 앞서 언급한 잘못은 반복적으로 나타난다. 그중 가장 두드러지는 것은 표면적인 결과만 추종하다 못해 결과를 원인으로 간주하는 태도다. 이게 무슨 뜻일까? 얼마 전 SNS에 한 펀드 투자의 성과를 공유한 적이 있다. 약 1년 전 매수해 11개월이 지난 지금 58%의 수익률을 기록하고 있는 펀드였다. 그런데 한 팔로워가 내게 메시지를 보냈다.

"선생님, 그 펀드 뭐예요? 저도 매수하려고요."

이렇게 질문한 다음 같은 펀드를 그대로 매수하면 굉장히 큰 리스크를 안게 된다. 이런 질문을 했다는 것 자체가 펀드에 대해 잘 모르고 있음을 증명하기 때문이다.

펀드는 언제 매수할지 정한 다음 정보를 수집하고 추세를 예측해가며 언제 매도할지도 판단해야 한다. 매수할 줄만 알고 매도할 줄 모른다면 어떻게 성공적인 투자가 되겠는가? 더욱이 이 팔로워는 수익률만 보았을 뿐 펀드 자체에 대한 이해도가 매우 낮은 상태였다. 펀드 투자는 자세한 분석과 예측이 필요하고, 올바른 투자 마인드를 견지하고 있어야 장기적인 수익을 낼 수 있다.

비슷한 결과를 내려면 결과가 아닌 원인을 카피해야 한다. 결과를 고스란히 따라 한들, 그 결과가 다시 새로운 원인이 되어 더 나은 결과를 만들어낼 수 있을까? 꽤나 큰 실망으로 돌아올 가능성이 높다. 펀드 수익률이 이미 58%를 기록했다는 것은 앞으로 더 상승할 여력이 많지 않다는 뜻이기 때문이다. 다른 사람의 수익률만 보고 따라 매수하면 고점 부근에 진입한 셈이어서 수익을 얻기 힘들다. 결과만을 얼른 따라 해서 똑같은 결과를 얻고 싶은 마음은 조급한 투기심이자 요행심일 뿐이다.

5

부자인 사람에게는 좋은 습관이 있다

부자의 생각을 카피하고 부자의 습관을 모방하라

이 세상에서 가장 큰 감옥은 사람의 머릿속이다. 모든 변화는 생각의 전환에서 시작된다. 나는 부자인 사람들은 무엇을 했고 가난한 사람들은 무엇을 하지 않은 것인지 정말로 궁금했다. 혹은 가난한 사람들은 무엇을 했고 부자인 사람들은 무엇을 하지 않았는가, 라고도 할 수 있다. 좀 더 본질적으로 말하자면, 둘의 사고방식에는 무슨 차이가 있을까?

재테크를 다룬 많은 책들이 '빈자의 사고'와 '부자의 사고'에 대해 말한다. 하지만 나는 이런 구분이 허위라고 생각한다. 빈자라는 것은 없기 때문이다. 빈자의 사고라는 것도 실체가 없다.

사실 나는 '빈자'라는 표현도 좋아하지 않는다. 인간의 가능성을 믿기 때문이다. 잠시 돈이 없는 상태가 있을 뿐 영원히 고착된 '가난'이라는 것은 없다. 사람에게는 무한한 가능성이 있다. 부단한 배움과 노력이 있다면, 상황을 얼마든지 개선할 수 있다. 일시적으로 궁핍한 상태는 영원히 돌이킬 수 없는 인생의 종착점이 아니다.

그렇다면 부자의 사고는 실체가 있나? 그렇다. 부자의 사고는 대개 그들의 습관으로 드러난다. 나는 내 주위 부자들을 주의 깊게 연구하다가 그들에게는 다음 네 가지 습관이 있다는 것을 알게 됐다. (덧붙이자면 이 글에서 '부자'는 어마어마한 부를 쌓은 세계적인 부자가 아니라 자수성가한 부자, 순자산 1000만 위안(약 18억 원) 이상을 소유한 자를 말한다)

첫 번째 습관: 사교에 냉담하다

많은 이들이 부유한 이들의 커뮤니티에 끼고 싶어한다. 부자 친구들을 사귀며 자신도 더욱 부유해지고 싶어서일 것이다. 하지만 사람들이 잘 알지 못하는 사실이 있다.

첫째, 부유하거나 잘난 사람은 좀처럼 만나기가 힘들다.

둘째, 지금 당신 처지가 열악하다면 누구를 만나든 당신보다 잘난 사람일 가능성이 높다.

셋째, 당신 자신도 어느 정도 잘난 사람이어야만 다른 잘난 사람을 만날 수 있다.

그런데 사람들은 왜 그토록 부유하거나 잘난 사람을 만나고 싶어하는 걸까? 사람들은 흔히 그들이 매일 같이 놀고먹으며 인생을 즐길 거라고 생각한다. 하지만 진짜 부유한 사람들은(적어도 내가 아는 이들 대부분은) 바로 그렇게 사람들과 어울려 노는 것을 매우 싫어했다. 그들은 사람들이 상상하는 것과 달리 사교를 썩 좋아하지 않는다. 좋아하지 않는 정도가 아니라 굉장히 냉담한 경우가 많다. 미디어에 묘사된 부자들의 생활, 사람들이 상상하는 부자들의 생활, 현실 속 부자들의 실제 생활, 이 셋은 완전히 다른 모습이다. 부자들의 실제 생활이 사람들의 상상과 다른 이유는, 많은 사람들이 부자의 삶이라며 접하는 이미지가 진짜 생활이 아닌 SNS 속 셀럽의 일상이나 유명 유튜버, 인플루언서들의 동영상이기 때문이다. 특히 자수성가형 부자들의 실제 생활은 사람들이 상상하는 화려한 이미지와 완전히 다르다. 그들 대부분은 자기만의 사업이나 전문 영역이 있는 데다 야심과 발전 욕구가 커서 매일 많은 시간을 일에 쏟는다. 회식이나 술자리를 별로 좋아하지 않고, 실질적인 대화를 나누는 정보 교류형 만남이나 사업상의 미팅을 선호한다.

나는 그들이 부유해진 가장 직접적인 원인은 **자기 시간을 중시하고 가치 있게 활용하기 때문**이라고 생각한다. 그들은 전적으로 자기 내면의 선택에 충실한 사람들이다. 그들은 다른 사람들과 어울려 노는 사교 활동보다는 홀로 있는 시간에 더 열중한다. 홀로 있어야 양질의 텍스트를 읽고, 깊이 생각하고, 건강을 돌보고, 자선 활동에도 신경 쓸 수 있기 때문이다. 따라서 부자인 사람들과 정 교류하고 싶다면 그것을 실현할 수 있는 조건은 하나뿐이다. 그들의 시간을 그들 자신보다도 더 귀중히 여기는 것.

누군가는 이렇게 말하고 싶을지도 모르겠다.

"선생님, 저도 사교에 냉담해지고 싶은데 너무 외로워요. 어떡하죠?"

'평범한 수준에서 벗어나고 싶다면 자발적 고독을 택해야 한다' 같은 자기계발서식 교훈은 이야기하지 않겠다. 외로운 건 사실이니까. 그런데 한 가지 확실히 해야 할 것이 있다. 외롭다고 느끼는 감정은 사교 활동이 없어서라기보다는 별달리 할 게 없어서가 아닌가? 다시 말해서 심심함을 외로움이라고 여기고 있는 건 아닌가? 부자인 사람들은 사교에 열중하지 않는 대신 그들 자신이 사랑하는 일에 미친 듯이 열중한다. 외로울 새가 있을까.

누군가는 또 이렇게 말하고 싶을지도 모르겠다.

"저는 그렇게 살 수 없어요. 친구 없이는 살 수 없거든요."

정말 그럴까? 당신이 그토록 사람들을 만나고 싶어하는 이유는 무엇인가? 꼭 사람들을 만나고 싶다기보다는 자신의 존재감과 남들의 인정을 확인하고 싶은 것은 아닐까. 만약 그렇다면, 당신이 하루 종일 하는 일에서는 스스로에 대한 긍정을 느낄 수 없었다는 뜻이 된다. 바로 그래서 사람들이라도 만나 일에서 얻지 못한 만족과 긍정을 느끼고 싶은 것일 테니까. 이때 진짜 문제는 친구의 존재나 외로움 같은 것이 아니다. 자신에게 맞지 않은 일을 하고 있다는 데 있다.

두 번째 습관: 감정 컨트롤

부자인 사람들은 대체로 감정이 절제되어 있다. 자신의 감정을 잘 통제한다고도 말할 수 있다. 감정을 풀어내야 하는 상태가 아니어야 맑은 정신으로 또렷하게 생각할 수 있고, 맑은 정신으로 생각할 수 있어야 가진 것들을 제대로 지킬 수 있기 때문이다. 그렇다면 이런 상태가 무엇인지 잘 모르는, 이렇게 훈련되어 있지 않은 상태는 무엇일까? 바로 '본능'이다. 인생에서 남다른 입지와 성공을 얻고 싶다면 반드시 떨쳐내야 하는 것이 바로 **본능을 따라가면서 사는 것이다.** 한없이 늘어지는 자세, 꾸물대는 태도, 선입견에 매여 있는 생각, 문제를 회피하는 무책임함 등등.

머나먼 원시 시대에는 그런 본능 덕분에 생존할 수 있었을지 몰라도, 오늘날에는 우리의 성장과 발전을 가로막는 제약으로 기능하고 있을 뿐이다. 인간은 본능을 거슬러야 성장하고 발전할 수 있는 존재다. 본능이 당신을 장악할 것 같으면 의식적으로 반反본능의 태세를 취해야 한다. 본능을 거슬러 움직이고 생각하는 훈련이 쌓여야만, 중요한 선택을 할 때 감정에 휘둘리지 않고 이성적인 두

뇌로 결정할 수 있다.

오늘 당신이 어떤 친구 때문에 화가 치밀어 올랐다고 치자. 그 친구를 떠올리기만 해도 숨이 거칠어지고 분노가 온몸을 휘감는다. 그런데 가만히 들여다보라. 이때 당신을 지배하는 진짜 주인이 누구인지를. 당신의 두뇌와 마음을 모두 지배하고 있는 것은 당신 자신이 아닌, 감정이다. 이런 상태에서 일단 벗어나고 싶다면 다음 세 가지를 먼저 바꿔보자.

방법 1. 포커스를 바꾼다

포커스를 바꾼다는 것은 다른 일에 몰두함으로써 문제를 회피하는 식의 '관심사 전환'을 말하는 것이 아니다. 그런 태도로는 문제를 해결할 수 없다. 감정은 근본적으로 치유하거나 해결하지 않으면 끊임없이 되살아나게 마련이다. 포커스를 바꾼다는 것은 스스로에게 던지는 질문을 통해 주의력의 초점을 감정에서 이성으로 되돌리는 것이다.

사람을 극심하게 휘두르는 감정은 크게 세 가지다. 불안, 공포, 분노. 불안이라는 감정은 대개 허둥지둥하거나 우유부단한 행동으로 나타난다. 불안감이 밀려들면 스스로에게 질문해보라. '이게 그렇게 중요한가?' 그렇게까지 중요하지 않다면, 진짜로 중요한 것은 무엇인가? 공포는 보통 무지나 좋지 않았던 기억에서 비롯된다. 공포가 밀려들 때는 이렇게 자문해보라. '그래서, 죽나?' 죽지 않는다면 그대로 밀고 나가도 좋다. 분노는 대체로 자신의 능력 부족이나 기대에 대한 실망에서 비롯된다. 그럴 때는 이렇게 질문해보라. '이게 돌이킬 수 없는 최종적인 결과인가?' 그렇지 않다면 어떻게 해야 더 나은 결과를 만들어낼 수 있는가?

방법 2. 몸동작을 바꾼다

"풀 죽은 듯 고개를 푹 숙인다"거나 "초라하게 어깨를 웅크린다"는 말이 있다. 우리의 몸동작은 감정과 미묘한 관계에 있다. 고개를 푹 숙이는 것만으로도 왠지 풀이 죽고, 어깨를 웅크리는 것만으로도 좀 더 외로워진다. 그렇다면 풀이 죽거나 외로울 때 의식적으로 그 반대 동작을 취해보면 어떨까? 가슴을 쭉 펴고 고개를 높이 들어보는 것이다.

특정한 몸동작은 그것과 관련된 감정을 불러일으킨다. 특정한 감정이 특정한 몸동작을 만들어내듯이, 이를테면 두 사람이 대화를 나눌 때 한 사람이 상대방의 이야기에 흥미를 느끼면 자신도 모르게 고개를 좀 더 앞으로 내밀게 되듯이 말이다. 반대로 무심코 등을 뒤로 빼고 있다면, 그 사람은 상대방의 이야기에 지루함을 느끼고 있을 가능성이 높다. 그러므로 몸동작을 바꾸는 것도 감정을 전환하는 효과적인 방법이 될 수 있다. 지쳐서 피곤하다면, 허리를 수직으로 세우고 고개를 조금 치켜들어보자. 이렇게 5초만 유지해도 정신이 맑아지는 것을 느낄 수 있을 것이다.

방법 3. 속도를 바꾼다

감정이 폭발하면 대개 속도가 빨라진다. 때문에 누군가의 정서적 상태를 두고 '급하다'고 표현하기도 한다. 어떤 감정을 누그러뜨리는 방법은 그 상태에 반대되는 행동을 취해보는 것이다. 느리게, 천천히. 동작을 느리게 하고 숨을 천천히 쉬어보는 것.

심리적 병증 가운데 '감정적 식사Emotional Eating'라는 것이 있다. 감정적 식사는 크게 두 가지 양상으로 나타난다. 하나는 특정 감정이 일 때 특정 음식이 먹고 싶어지는 것이고, 다른 하나는 특정 감정이 일 때 폭식을 하는 것이다. 이런 문제는 어떻게 극복할 수 있을까?

내가 생각해본 두 가지 방법이 있다. 하나는 '먼저 물 한 잔을 마시는 것'이다. 특정 감정이 일어날 때 특정 음식이 먹고 싶어진다면, 그것을 먹기 전에 큰 컵에 물을 따라 천천히 마시는 것이다. 특정 감정과 섭식 사이에 물이라는 완충재를 끼워넣는 방식이다. 그런 다음 느린 걸음으로 천천히 걷는다. 여기까지 하는 데 어느 정도 시간이 걸리기 때문에 그사이 감정도 완화되기 마련이다. 아마 대다수 사람들은 물 한 잔을 마시는 단계에서 감정이 많이 누그러져 있을 것이다.

다른 하나는 '50번 이상 씹는 것'이다. 물을 한 잔 마시고 나서도 특정 음식이 먹고 싶다면 감정이 아직까지 남아 있다는 뜻이다. 그렇다면 먹고 싶은 음식을 먹되, 입에 넣고 50번 이상 씹은 뒤에 삼킨다. 이렇게 하면 적어도 폭식의 속도라도 늦출 수 있다. 물론 의식적인 행동과 제어만으로 모든 감정을 없앨 수는 없다. 하지만 **감정의 수준을 통제 가능한 범위까지 낮출 수 있고, 그것이 다른 일에 미치는 영향을 최소화할 수 있다.** 이것이 부자인 사람들의 감정 컨트롤이다.

세 번째 습관: 재무 의식

보통 사람들에 비해 부자들에게서 좀 더 두드러지게 나타나는 특성은, 모든 것에 대한 명확한 의식과 한계에 대한 확정이다. 부자들은 사실 돈이 아닌 다른 것들을 돈보다 더 중요하게 여긴다. 돈은 어디까지나 결과일 뿐임을 잘 알고 있기 때문이다. 앞의 일들을 제대로 해놓으면 결과는 자연스럽게 따라오게 되어 있다.

그렇다면 이 '앞의 일들'이란 무엇인가? 바로 '재무 의식'이다. 앞에서도 재테크란 '돈을 벌고, 쓰고, 모으는' 관계를 새롭게 다루는 것이라고 언급한 바 있다. 재무 의식 또한 돈을 버는 의식, 쓰는 의식, 모으는 의식으로 나눌 수 있다.

첫째, 버는 의식: 수입을 높일 모든 방법을 강구한다

부자들은 돈을 벌 수 있는 어떤 가능성에든 항상 관심을 갖고 있다. 가까운 기회든 먼 기회든, 돈을 버는 데 필요한 믿을 만한 정보를 수집할 방법을 갖추어놓고 있다.

당신이 조기 은퇴를 통해 원하는 삶을 좀 더 일찍 살아가고 싶다면, 남들이 뭘 하는지 두리번거리면서 이것저것 따라 하기보다 자기만의 채널을 통해 다양한 정보를 수집·검토해보고, 부가 수입을 창출할 수 있는 여러 방법을 찾아보아야 한다. 어떤 방법이든 좋다. 한계를 설정하지 마라. 당신만의 지식과 노하우로 강의를 하거나 커뮤니티를 운영해도 좋고, 야간이나 주말에 부업을 해도 좋다. 업종을 바꾸거나 연봉을 많이 받을 수 있는 회사로 이직을 고려해보는 것도 좋다. 배달이나 청소, 운전 등 몸을 쓰는 일로 현금 흐름을 증가시킬 수도 있다.

중요한 것은 시간적 여유, 체력, 아이디어 등 무엇이든 간에 자신이 가진 자원을 이용해 지금보다 나은 수입을 만들어내는 것이다. 수단, 직업적 귀천 의식, 남들의 시선 따위는 신경 쓰지 마라. 당신이 잘할 수 있는 일, 당신에게 잘 맞는 일이기만 하면 된다. 원래 직업에서 얻는 것이 아닌 추가 수입은 경제적 독립과 조기 은퇴 둘 모두에 중요한 역할을 한다.

둘째, 쓰는 의식: 지출을 최대한 줄인다

부자들은 많은 시간과 노력을 들여 자신의 돈 흐름에 관심을 기울인다. 필요와 욕망을 명확히 구분하고, 필요가 아닌 욕망에는 거의 지출하지 않는다.

감정을 해소하기 위한 소비나 남들 눈에 잘사는 것처럼 보이기 위한 소비에는 철저하리만큼 돈을 쓰지 않는다. 돈을 어떻게 쓸 것인지 미리 계획을 세우고, 그 계획대로만 돈을 쓴다. 좀 더 현명한 방법은 돈을 되도록 많이 남기는 것이다. 목표에 부합하는 지출을 하면서도 많은 돈을 남길 수 있었다는 것은 뿌듯한 발전의 증거다.

부자들은 돈을 쓸 때 지출의 목적도 중시하지만, 비용 대비 효율도 중시한다. 돈을 쓰지 않아도 될 방법이 있다면 더더욱 좋다.

셋째, 모으는 의식: 저축과 투자가 1순위

돈을 제대로 모으고, 돈으로 돈을 불려나가는 것은 경제적 자유의 비결이자 제1의 임무다. 저축과 투자야말로 부를 유지하게 해줄 뿐 아니라 앞으로 돈 버는 일을 더욱 수월하게 만들어줄 든든한 기반이다.

당신이 이제 막 돈을 벌기 시작하는 단계에 있다면 마음의 준비를 단단히 해야 한다. 첫 10년은 돈 버는 일이 굉장히 힘들고 괴로울 수 있다. 상관없다. 중요한 것은 그 고생을 낭비하지 않는 것이다. 10년 고생 후에는 돈 버는 일이 좀 더 수월해지게 만들어야 한다. 10년 뒤에는 나이가 든 데다 체력도 예전 같지 않아 고생을 할 기회조차 얻기 힘들다.

이 시기에는 '내가 돈을 버는' 단계에서 '돈이 돈을 버는' 단계로 전환해야 한다. 전환의 조건과 방법은 돈을 열심히 버는 시기인 초

반 10년 동안 준비하는 것이 가장 좋다. 준비해야 할 것 중 하나인 투자 원금을 마련하는 데에도 역시 저축이 필요하다. 또 다른 준비는 공부다. 어떻게 투자하고 리스크를 관리할 것인지, 어떻게 적시에 손실을 멈추게 할 것인지 제대로 공부해야 한다.

돈을 모으는 비결은 일정 시기에 일정 금액을 규칙적으로 모으는 것이다. 이 과정에서 돈을 모으는 것 자체가 하나의 습관으로 자리 잡게 된다. 습관이 자리 잡을 때까지는 어느 정도 고통이 따르더라도 끝까지 지속해야 한다. 고통이 따르는 건 저축 자체가 본능을 거스르는 노력이기 때문이다. 사람의 본능은 돈이 있으면 다 써버리는 것이다.

당신이 본능을 이겨낼 수 있다면 저축은 습관이 될 수 있다. 일정 시기에 일정 금액을 꾸준히 모으는 습관이 자리 잡으면 일정 시기에 일정 금액을 투자하는 습관도 자리 잡을 수 있다. 돈을 잘 '벌고 쓰고 모으는' 의식을 확립하고 구체적인 실행으로 열매를 맺어 나가면 샘에서 물이 솟아나듯 돈이 점점 더 불어날 것이다. 이때쯤이면 당신이 돈을 위해 일하는 것이 아니라, 돈과 시간과 복리가 당신을 위해 일하게 된다. **금전적으로만 부자인 것이 아니라 시간의 주인이 될 수 있는 것이다.**

가뿐하게 돈 모으기

모은 돈이 많을수록
인생이 더 자유로워진다

CHAPTER

2

1

돈을 모아야 위험에 대비할 수 있다

재정적 틀을 인식하고
생애 첫 목돈 모으기

나는 경주용 자동차 애호가이기도 하다. 그런데 이런 취미 때문에 알게 된 사실이 하나 있다. 세상에서 가장 빠른 경주용 자동차의 최고 속도가 무려 시속 450km에 달한다는 것. 평균적으로 고속철도가 시속 350km, 비행기가 시속 800km인 것과 비교해보면 이게 어떤 속도인지 확실히 와닿을 것이다. 자동차가 고속철도보다도 빠를 수 있다니! 그렇다면 언젠가는 비행기보다 빨리 달리는 날도 오지 않을까?

그런데 좀 더 조사해보니 시속 1000km를 낼 수 있는 자동차 엔진이 기술적으로는 이미 개발돼 있다고 한다. 그런데 왜 시속 1000km로 달리는 자동차는 세상에 존재하지 않을까? 어째서 현존하는 경주용 자동차의 최고 속도는 시속 1000km의 절반에도 미치지 못하는 걸까? 생산 기술이 부족해서? 이유는 너무나도 단순하고 놀라웠다. 현재 기술로는 시속 1000km를 제어하는 브레이크를 만들 수 없어서였다. 시속 1000km로 달릴 수는 있는데, 멈출 수가 없는 것이다! 이런 차가 세상에 나온다면 그 차 운전자는 물론 도로 위의 다른 운전자들까지 대참사를 맞게 될 것이다.

나는 자동차 속도는 엔진과 페달에 의해 결정되는 줄만 알았다. 그런데 알고 보니 자동차의 최고 속도는 브레이크에 의해 결정되는 것이었다. 부의 축적 속도도 마찬가지다. 그렇다면 부의 축적 속도를 결정하는 '브레이크'는 무엇일까? 바로 저축이다.

사람들은 대개 부자가 되기 위해 돈을 많이 버는 법이나 더 많은 투자법에 대해서만 알려 들 뿐, 저축이 진정한 관건이라는 사실은 간과한다. 당신이 저축한 돈은 얼마나 되는가? 어떤 사람은 10만 위안, 어떤 사람은 5만 위안, 어떤 사람은 몇 천 위안이라고 대답할 것이다. 아예 없다고 답하는 사람도 많을 것이다. 그런데 저축이라는 기반 없이 돈을 버는 데만 힘쓰는 것은 아무 의미 없음을 알아야 한다. 아무리 신나게 달릴 수 있다 한들, 멈출 수 없다면 차도 사람도 부서지고 마는 것과 같다.

당신도 한번쯤 이런 이야기를 들어보았을 것이다. 당첨금이 500만 혹은 1000만 위안인 복권에 당첨된 사람이 몇 년간 흥청망청 돈을 쓰다 예전 생활로 돌아가버렸다든지 전보다 더 가난해졌다는 이야기 말이다. 만약 당신에게 저축하는 습관이 없거나 왜 저축을 해야 하는지 모르겠다면, 다음 네 가지 질문에 답해보면서 생각을 다시 한 번 정리해보길 바란다.

질문 하나
: 당신의 재정적 틀은 어떻게 이루어져 있는가?

부를 이루고 싶다면, 그러기 위해 새로운 시야를 얻고 각오를 다지고 싶다면, 그 전에 반드시 해야 할 작업이 있다. 바로 재정 이력을 작성해보는 것이다.

재정 이력이란 무엇인가? 여기에 답하기 전에 먼저 이력이 무엇인지 생각해보자. 우리는 태어나 자라면서 이런저런 경험을 하고 배움과 깨달음을 얻게 된다. 그 과정에서 많은 것을 흡수하고 또 세상에 내놓기도 한다. 일정한 나이가 되면 노력에 따라 작든 크든 성과도 얻게 된다. 이 성과는 학교에서의 성적일 수도 있고, 회사에서의 실적이나 승진일 수도 있다. 당신이 추진해 업계를 뒤흔든 어떤 사업이나 프로젝트일 수도 있다.

이런 크고 작은 성적, 성과를 연도별로 간단히 나열한 것이 바로 '이력'이다. 더 정확히 말하면 당신 인생의 성적표라고도 할 수 있다. 앞으로도 당신은 항목을 하나씩 더해가면서 당신만의 성적표를 계속 만들어나가게 될 것이다. 나는 종종 사람들에게 "인생이란 자기만의 총 성적표를 만들어가는 과정"이라고 말하곤 한다.

남들은 과정에 관심이 없더라도 당신만은 관심을 기울여야 한다. 지나온 과정에 어떤 일들이 있었는지, 어떤 부분이 총 성적에 영향을 미쳤는지, 당신 자신만은 꼭 알아야 한다. 과거의 성적을 통해 우리는 지나온 시간을 이해할 수 있고 미래를 전망할 수 있다. 총 성적표를 통해 과거에 무엇을 했는지, 어떤 성취를 이루었는지 확인할 수 있다. 또 무엇을 하지 않았는지, 얼마만큼의 시간을 낭비했는지 돌아보고, 앞으로 어떤 점을 개선할 것인지, 어떤 삶을 살고 싶은지 그려볼 수 있다.

부의 성취는 우리 인생에서 대단히 중요한 부분을 차지한다. 우리는 이제까지 살아온 삶이나 직업적 경력에 대해서는 남들에게 이야기할 때가 가끔 있지만, '부'를 기준으로 자신의 과거를 돌아보거나 재정 이력/성적표를 작성해본 적은 없을 것이다.

재정 이력이란 간단히 말해서 돈을 기준으로 자신의 이력을 정리해보는 것이다. 지난 20년간 나의 재정적 영역에는 어떤 일들이 있었나? 나는 이제껏 진보했나, 답보했나, 퇴보했나? 나는 어떤 문제에 부딪혔으며, 어떻게 개선했는가? 재정 이력을 통해 우리는 지나온 시간을 돌아볼 수 있고, 자신의 재정적 틀을 이해할 수 있다.

재정 이력 작성법

1. 세로로 긴 종이의 한 면이 가득 채워지도록 표를 그린다.

2. 맨 윗줄의 다섯 칸에는 각각 '나이, 번 돈, 쓴 돈, 모은 돈, 목돈 지출'이라

고 쓴다.

3. 항목을 적은 맨 윗줄 아래로 총 20개의 줄을 긋는다(총 20년 이력인 경우).
4. 현재 나이에서 시작해 과거로 거슬러 올라가면서 기술한다.
5. 숫자는 최대한 정확하고 상세하게 기입한다.
6. 평소 기록해두는 습관이 없었다면, 카드 사용 내역 등을 찾아서라도 지출 금액은 최대한 정확히 계산해서 기입한다.

당신의 재정 이력은 다음과 같은 중요한 사실들을 말해준다.

1. 과거는 이미 지나갔다. 그러나 아무런 변화 없이 계속 살아간다면, 과거를 그대로 되풀이할 가능성이 매우 높다.

2. 지난 20년간 총 50만 위안을 벌었다 해도 당신은 50만 위안이라는 돈을 직접 본 적이 없거나, 50만 위안 전체를 통째로 본 적은 없었을 것이다.

3. 지난 20년간 이러저러한 이유로, 특히 당시에는 너무나 불가피한 이유로 목돈을 한 번에 다 쓴 적이 있을 것이다.

4. 많은 사람들이 "돈이 없다"고 말하지만, 이 말은 사실 "돈을 전혀 못 벌었다"는 게 아니라 "돈을 제대로 모으지 못했다"는 뜻임을 알 수 있을 것이다.

질문 둘: 왜 꼭 저축을 해야 할까

왜 꼭 저축을 해야 할까? 이 문제를 생각해보기 전에, 다른 질문을 하나 던져보겠다. 저축을 하는 사람과 저축을 하지 않는 사람의 차이는 무엇일까? 어떤 사람은 사고방식의 차이, 어떤 사람은 습관의 차이, 어떤 사람은 끈기의 차이라고 답할 것이다. 다 맞는 말이다. 하지만 내가 내놓고 싶은 답은 **위험에 대응할 수 있는 능력의 차이**다.

똑같이 서른인 A와 B가 있다고 치자. A는 현재 10만 위안의 저축이 있고, B는 월급을 받으면 거의 다 쓴다. 그런데 어느 날 A의 아버지가 갑자기 쓰러져 병원에 실려 간다. 급하게 병원비가 필요해진 상황에서 저축이 있었던 A는 급한 불을 끌 수 있었다. 같은 일이 B에게도 일어난다면 어떨까? 수중에 돈이 없으니 급하게 대출을 알아보거나 친척들에게 부탁을 해야 할 것이다. 어떻게든 돈을 마련하지 못한다면 아버지가 아프거나, 심지어는 죽어가도 어찌할 방법이 없다. 즉 **저축을 해야 하는 가장 큰 목적은 위험에 대비하기 위해서다.**

평생 아무 위기도 겪지 않는 사람은 없다. 갑자기 닥쳐오는 위기는 통제할 수 없지만 수중의 돈은 얼마든지 통제할 수 있다. 예상치 못한 위기 자체는 막을 수 없을지언정 저축이 있으면 적어도 절망하지 않을 수 있다.

최근 온라인에는 직장인이라면 언제든 직장을 때려치워도 1년 이상 생활할 수 있을 정도의 퍽유머니Fuck you Money가 있어야 한다는 말이 떠돈다. 그만한 돈이 있어야 부당한 상사의 괴롭힘을 참지 않고 언제든 사표를 던질 수 있기 때문이다. 과격하게 들릴 수 있지만 일리 있는 표현이다. 평소에 모아둔 돈이 없다면 회사에서 어떤 부당한 처우를 받더라도 월급 때문에 참을 수밖에 없다.

요컨대 **저축의 두 번째 목적은 선택지를 넓히기 위해서다.** 저축이 있으면 원치 않는 일을 억지로 하지 않아도 된다. 자신이 진정 원하는 일을 하기로 결정할 수 있다.

한번은 한 수강생이 나를 찾아와 상담을 청한 적이 있다.

"선생님, 저 내년에 퇴사하고 작가로 새 출발을 하려고 해요. 제게 뭔가 도움이 될 만한 말이 있을까요?"

결심은 굳건해 보였지만, 나는 내심 걱정이 됐다.

"그동안 모아둔 돈은 얼마나 되는데? 투자 이익 같은 수동적 소득은?"

"없어요. 앞으로 글을 써서 돈을 벌 거예요!"

"책 한 권 쓰려면 보통 1년 정도 걸리고, 출판사에서 편집하는 데 반년, 원고료는 책이 출간된 후 반년쯤 지나서야 받아. 다 합쳐서 최소 2년은 걸리는데, 그동안은 어떻게 생활하려고?"

"부업을 하면 되죠."

"글을 쓰는 데 전념하지 않으면 좋은 글이 나오기 힘들 텐데…….

어느 정도 돈을 모은 다음에 퇴사하는 게 낫지 않겠어?"

이 수강생은 알 듯 말 듯한 표정으로 고개만 끄덕일 뿐이었다. 사실 글쓰기는 의미 있는 소득으로 연결될 수단이 많지 않은 데다 실제 소득으로 이어지기까지 상당히 오랜 시간이 걸리는 일이다. 아니, 사실 직업보다는 취미에 더 가깝다고도 할 수 있다. 그것도 돈과 시간이 굉장히 많이 드는 취미. 내 말은 작가 되기가 그만큼 어렵다는 게 아니라 자본금이 생각보다 많이 필요한 일이라는 뜻이다. 나 역시 수동적 소득으로 어느 정도 안정적인 현금 흐름을 만들어낸 뒤에야 본격적으로 글쓰기를 시작할 수 있었다.

사람들은 흔히 "지금은 무엇이든 할 수 있는 시대"라고 말한다. 맞는 말이다. 객관적으로는 분명 다양한 가능성과 선택지가 존재한다. **그런데 그런 선택을 할 수 있는 자본력이 뒷받침되어 있느냐는 다른 문제다.** 세상에는 분명 많은 문이 존재한다. 하지만 어떤 문을 열고 들어가기 위해서는 열쇠가 있어야 한다. 내가 야심이 커서 더 많은 문을 열어보고 싶다면, 그만큼 많은 열쇠를 쥐고 있어야 한다.

돈을 모으는 첫 번째 목적이 위험에 대비하기 위해서이고, 두 번째 목적이 선택의 자유를 누리기 위해서라면, 세 번째 목적은 무엇일까? 내 생각에는 **원하는 삶을 좀 더 일찍 살아가기 위해서다.** 나 자신이 살기를 원하는 '진짜 내 인생' 말이다. 그런 삶을 살아갈 때에야 비로소 삶이 내 것이 됐다고 말할 수 있을 것이다. 삶의 방향은 물론 하루하루의 생활을 전부 타의에 따르는 것이 아닌, 자신의 뜻대로 만들어나가는 삶.

위험 대비, 선택지 확대, 진정한 내 삶. 바로 이것이 저축을 꼭 해야 하는 세 가지 이유다. 혹 이것만으로는 저축하고자 하는 동력이 충분치 않다면 이렇게 한번 생각해보자. 당신은 위험에 대한 대비가 없어 불안한 삶, 선택의 폭이 좁아 타협해야 하는 삶, 지겹고도 괴로운 삶이 언제까지 지속되기를 바라는가?

질문 셋: 버는 돈이 적은데도 저축을 꼭 해야 할까?

"저는 버는 돈이 너무 적은데 저축까지 하면 생활은 어떻게 하죠?" 라고 말하고 싶은 이도 있을 것이다. 중국 고전에 나오는 글귀 하나를 들려주고 싶다. "악은 아무리 작은 악도 행해서는 안 되고, 선은 아무리 작은 선도 행하지 않으면 안 된다." 돈을 모으는 것도 마찬가지다. 액수는 중요하지 않다. 저축은 좋은 노력이므로 지속할 가치가 있다.

모든 일은 사소한 것에서 시작해 습관으로 이어지는 법이다. 사소한 것에서 시작해 습관으로 자리 잡은 것만큼 견고한 것도 없다. 습관으로 자리 잡으면서 행동이 바뀌고, 행동이 바뀌면 두뇌와 생각이 바뀐다. '푼돈 모아봤자'라고 생각하는 사람들도 많다. 그들은 언젠가 큰돈을 벌게 되면 그때 가서 모을 거라고 말한다. 하지만 그들이 단 하루라도 돈을 모으기 위해 인내한 적이 있을까? 작은 돈을 모으지 못하면 큰돈이 들어와도 지키지 못한다. 돈 모으는 습관이 없는 상태에서 돈이 많아지면 그만큼 많이 쓰게 되어 있기 때문이다. 심지어 돈이 많다는 생각에 더 많이 써버려서 오히려 돈은 이전보다 적어질 수도 있다.

누구나 돈 많은 사람이 되고 싶어한다. 그런데 돈이 '많으려면' **잘 벌기보다는 잘 지킬 줄 아는 것이 훨씬 더 중요하다.** 돈을 아무리 많이 벌어도 제대로 지키지 못한다면, 혹은 번 돈이 돈을 다시 만들어내지 못한다면, 처음부터 벌지 못했던 것과 무엇이 다른가? 따라서 수입이 적다는 것은 저축하지 않을 이유가 될 수 없다. 오히려 수입이 많지 않으므로 번 돈을 남겨야 할 이유가 더 크다.

수입이 적은 시기에는 주로 일을 해야 돈을 벌 수 있다. 하지만 일해서 돈을 벌 수 있는 시기는 통상 15~20년 정도에 불과하다. 더욱이 요즘은 조금만 나이를 먹어도 금세 신규 노동력으로 대체되는 시대다. 일해서 돈을 버는 데에는 한계가 있다는 뜻이다. **인생의 가능성을 최대화하고 싶다면, '유한'으로 '무한'을 창조하는 법을 배워야 한다.**

당신이 매주 40시간 일해서 번 돈 가운데 얼마가 다시 남의 주머니로 들어가고, 얼마가 최종적으로 당신 주머니에 남는가? 고생해서 번 돈을 한 달 안에, 1년 안에 다 써버린다는 것은 자신의 한정된 노동력을 탕진해버린 것과 같다. 번 돈을 모아 합리적으로 활용하면 자신의 노동력을 돈으로 바꿔 보존한 것이 된다. 즉 **돈을 모으느냐, 그렇지 않느냐는 다시 말해서 우리 자신의 노동력을 가치 있게 만드느냐, 무가치하게 만들어버리느냐와 같다.**

"돈 그거 모아서 무슨 소용이냐, 쓰고 다시 벌면 되지"라고 말하는 사람도 있다. 물론 돈을 다시 벌 수는 있다. 그런데 그렇게 쓰고 나서 벌고, 번 돈을 또다시 쓰면 돈을 버느라 들인 시간과 노력도 돈과 함께 사라져버리고 만다. 따라서 일해서 번 돈은 마지막 한 푼까지 최대한 수중에 남겨놓아야 한다.

질문 넷: 첫 목돈은 몇 년에 걸쳐 얼마를 모아야 할까?

나는 생애 첫 목돈으로 200만 위안(약 3억 7500만 원)을 모을 수 있으면 인생을 바꿀 수도 있다고 믿는다. 자산 규모를 말하는 게 아니다. 순전히 현금으로 200만 위안. 이유는 간단하다. 200만 위안의 재테크 수익률 8%는 (비교적 어렵지 않다) 약 16만 위안이다. 요컨대, 200만 위안에서 매년 16만 위안이라는 돈이 '자라날 수 있는' 것이다.

이 16만 위안으로 일하지 않고도 살 수 있다면 생활이 얼마나 윤택할까! 사실 이렇게 많이 쓸 필요도 없다. 지금 내 한 달 생활비는 6000위안(약 112만 원)이 조금 넘지만, 200만 위안을 모으기까지는 한 달 생활비가 3000위안(약 56만 원)을 넘지 않았다. 1위안으로 해결할 수 있다면 절대 2위안을 쓰지 않을 만큼 아끼면서 살았다. 만약 당신에게 이런 습관이 없다면, 앞서 말한 필요와 욕구의 구분을 염두에 둔 채 필요에 따라서만 돈을 쓰려고 노력해야 한다. 욕구에도 조금은 쓸 수 있겠지만 아예 쓰지 않는 것이 가장 좋다.

지금처럼 매달 6000위안을 쓰면 1년 생활비는 8만 위안 정도다. 목돈에서 얻는 수익의 절반이다. 그럼 이듬해에도 수익률이 똑같이 8%라고 가정할 때, 내 손에 들어오는 돈은 더 많아지게 된다. 이듬해에는 원래 갖고 있던 200만 위안에 8만 위안을 더한 208만 위안에서 수익을 얻을 테니까. "그렇다면 8% 수익률을 지킬 수 있는 방법은 무엇이냐"고 묻고 싶은 사람도 있을 것이다. 그 방법은 200만 위안을 모으는 과정에서 공부해야 하는 것이다.

다시 한 번 강조하자면, **당신이 번 돈은 아직 완전히 당신 돈이 아니다. 당신이 모은 돈만이 전적으로 당신의 돈이다.** 모은 돈으로 인생에 풍요를 더하는 것과 돈을 벌기 위해 평생 일해야 하는 것은 천지 차이다. 전자는 돈이 당신을 위해 일하는 것이고, 후자는 당신이 돈을 위해 일하는 것이다. 이런 차원에서 의미 있는 목돈이 대략 200만 위안이라는 것이다.

그렇다고 기뻐하기에는 아직 이르다. 당신의 현재 수입으로 200만 위안을 모으려면 몇 년이 필요한가? 만약 1년 수입이 10만 위안이라면 200만 위안을 모으기까지는 20년이 걸린다. 이마저도 단 한 푼도 쓰지 않고 모아야 가능한 얘기다. 이 사실은 우리에게 중요한 진실 한 가지를 말해주고 있다. **아끼기만 해서는 결코 큰 돈을 모을 수 없다**는 것. 절약 말고도 다양한 우물이 필요하다. 바로 합리적 투자다. 단숨에 큰돈을 얻으려 하지 마라. 그럴 필요도 없다. 조금씩, 꾸준히 돈을 모으고 돈이 돈을 만들어내는 과정에서 돈이 불어나는 양과 속도가 당신이 돈을 쓰는 양과 속도보다 많고 빠르면 된다. **부를 축적하는 가장 강력한 무기는 인내심이다.** 인내심이 부족한 사람은 비합리적 욕망과 비현실적 목표로 인해 많은 돈을 써버리거나 큰돈을 잃기 십상이다.

지금까지와는 다른 삶을 살고 싶다면, 진정 내 삶의 주인으로 살고 싶다면, 200만 위안을 모으는 것이 가장 강력한 동력원이 될 것이다. 지금 당신이 돈을 많이 쓰고 있다면 꼭 기억하기를 바란다. 당신이 쓴 것은 돈이 아니라 외로움이었고, 당신이 모으는 것은 돈이 아니라 꿈이라는 것을. 당신이 돈을 모으는 과정에서 확보해나가는 것은 다름 아닌 미래의 당신 삶의 선택권이다.

2

돈을 모으기 어렵게 만드는 것들

'빈털터리'가 되기 쉬운
네 가지 돈 쓰는 습관

나는 그동안 여러 사람들을 관찰하면서, 항상 궁핍하고 어려움에 시달리는 사람들은 대체로 다음 네 가지 유형 안에 든다는 것을 발견하게 됐다. 아래 네 가지 유형을 보면서 당신은 이 중 몇 가지 유형에 속하는지 체크해보길 바란다. 이 중 단 하나에만 속해 있어도 빈털터리로 전락하는 것은 시간문제다.

첫 번째: 과거 때문에 쓴다

많은 사람들이 과거의 어떤 감정을 해소하느라 돈을 쓴다. 감정의 내적 소모는 무섭다. 온종일 시달린 어떤 감정 때문에 시간과 기력이 소모되고, 삶이 정체되기 때문이다. 하지만 더 무서운 것은 감정의 외적 소모다. 바로 이것이 감정의 가장 무서운 부분이다. 내적으로는 기력을 갉아먹고, 외적으로는 돈을 소모시키는 것.

많은 사람들이 부정적인 감정이나 일하면서 받은 스트레스를 해소하기 위해 돈을 쓴다. 한번은 사업상 미팅을 위해 한 호텔에 갔다가 1~2분 정도 여유가 있어 프런트 직원과 몇 마디 대화를 나눈 적이 있다.

"받는 월급은 충분해요?"

"겨우 살 만해요."

"월급을 주로 어디에 쓰는데요?"

"먹는 데요!"

"먹는 비용을 조금 줄이면 다른 데 쓸 돈이 늘지 않겠어요?"

차마 싼 것만 먹으라고야 할 수 없는 일이지만, 어떤 식으로든 먹는 데 쓰는 돈을 줄이면 그것을 다른 데에 쓰거나 저축을 더 할 수 있지 않겠냐는 제안이었다. 그런데 직원이 갑자기 정색을 하며 대답했다.

"그럴 순 없어요. 하루 종일 일하느라 고생했는데 맛있는 거 하나 못 먹어요?"

나는 이 대답을 들으며 프런트 직원에게 있어 진짜 문제는 식비를 줄일 수 없다거나 저축을 하지 못한다는 데 있는 것이 아니라, 해소해야 할 '고통'을 불러일으키는 일을 하는 데 있다고 느꼈다. 그는 일을 하면서 쌓인 고통을 해소하기 위해 맛있는 음식을 먹는 데 번 돈의 상당 부분을 지출하고 있었다. 이는 지금 당장 기분이 좋아지기 위해서라기보다는 과거의 어떤 감정 때문에 하는 소비다.

돈을 벌어 얼마간이라도 모으기 위해서는 자신에게 보람과 의미가 있는, 최소한 고통스럽지는 않은 일을 찾는 것이 좋다. 어느 정도 만족과 성취감을 얻을 수 있는 일을 하면 돈을 버는 동시에 많이 쓰지 않을 수 있다. 재정적으로도 감정적으로도 버는 셈이다.

많은 사람들이 돈을 쓰면 즐겁다고 말한다. 그렇다, 그런 즐거움도 즐거움일 수 있다. 그런데 돈을 쓴 뒤에 맞닥뜨린 결과는 무엇인가. 텅 빈 잔고라는 두려움은 아니었는가.

아래 질문에 답해보면서 자신의 무의식을 체크해보자.

- 돈을 쓰면서 기분이 좋아졌다면, 그 전에는 얼마나 기분이 안 좋았나?
- 기분이 안 좋았던 이유는 무엇인가? 꼭 돈을 써야만 해소되는 종류의 것이었나?
- 돈을 써서 지금은 즐거워졌다 치자. 그 후에는? 더 즐거워졌는가 아니면 더 괴로워졌는가?
- 돈을 쓰지 않아도 기분이 좋아질 수 있는 다른 방법은 없는가?
- 혹 기분이 좋아지는 것 이외에 돈을 쓰는 다른 이유가 있다면 무엇인가? 예를 들면 어떤 문제가 생겨서 해결해야 했다든가 등등.

두 번째: 오늘을 위해 쓴다

소비주의 시대인 지금은 SNS 플랫폼에서도 소비를 충동질하고, 수많은 광고들이 온갖 아름다운 것들을 시시각각 우리에게 알려주고 있다.

"사람은 지금을 사는 존재야!"

"지금 써도 다시 벌 수 있어."

"오늘의 술은 오늘 취하기 위해 존재하는 것."

이게 다 무슨 말일까. 내일은 없단 말인가?

기업들은 이런 식의 소비관을 알게 모르게 우리에게 끊임없이 주입시키며 소비를 충동질한다. 그중 우리 주변에서 가장 흔히 볼 수 있는 수단은 포인트 적립, 회원 카드, 선불식 충전 카드, 할인 행사, 경품 추첨 등이다. 이 모든 것이 설계된 목적은 단 하나다. 당신 주머니에서 더 많은 돈을 빼내는 것. 매장에서 엄청난 할인 폭을 본 누군가가 소리 지른다. "어머, 이 옷이 500위안이라니! 200위안이나 아꼈어!" 하지만 그 옷을 사지 않으면 당장 500위안은 확실히 아낄 수 있다.

뭔가를 사는 데 꼭 필요한 것이 아니라면 포인트 적립 카드나 회원 카드는 가급적 만들지 않는 것이 좋다. 심리학적으로 사람은 초기에 어떤 비용을 투입하면 이후 점점 더 많이 투입하는 경향이 있다. 평소에 햄버거를 1년에 네다섯 번 정도 먹던 사람이 선불카드에 금액을 충전한 뒤로는 1년에 여덟아홉 번 정도 먹게 되는 식이다. 특정 매장의 선불카드를 충전하고 나면 대체로 이전보다 이용 횟수가 늘어난다. 그 과정에서 자연히 소비 규모와 빈도도 늘어난다. 평소보다 돈을 더 빨리, 더 많이 쓰게 되는 것이다.

더욱이 선불카드를 충전하면 그 돈을 처음부터 거기에만 묶어두는 것이 된다. 똑같은 햄버거를 똑같이 1년에 네 번 먹을 거라면, 각각 다른 브랜드의 햄버거를 먹을 수도 있지 않은가.

무엇보다도 장사 잘되는 것 같았던 매장에서 왜 몇 달 만에 선불식 충전 카드를 내놓은 것일까? 혹시 운영이 어렵다는 신호는 아닐까? 그렇게 해서라도 당장 현금을 확보해 다음 달 직원들 월급을 주고 임대료를 내야 하는 형편은 아닐까? 만약 그렇다면 이 선불카드의 최대 리스크는 바로 매장이 폐업할 가능성이다.

이러한 여러 가지 문제와 리스크에도 불구하고 선불카드를 만든다면, 선불카드라는 무덤에 자신의 '돈을 묻어버리는' 것과 같다. 혹 당신이 햄버거를 너무 좋아한 나머지 그곳을 마치 개인 식당처럼 매일 이용할 게 아니라면 말이다.

개인적으로 여러 가지 할인 형태 가운데 가장 이해할 수 없는 것은 '창고 정리 대방출'이다. '창고 정리'라고 쓰여 있는 곳을 지날 때면 몰려든 사람들로 엄청나게 붐비는 광경을 볼 수 있다. 그런데 생각해보자. 창고를 왜 정리하는 걸까? 많이 팔릴 거라고 예측해서 잔뜩 구매해놨는데 생각만큼 팔리지 않아 재고가 쌓여서? 그렇게 경영이 악화되는 바람에, 매장을 닫기 전에 마지막으로 대대적인 할인 판매를 하는 걸까? 창고를 정리해야 한다는 것은 사실상 사람들이 원하지 않아 팔리기 힘든 물건들을 정리한다는 뜻이다. 아무도 찾지 않는 불필요한 물건들을 단지 싸다는 이유만으로 앞다투어 몰려가 사는 셈이다. 이런 구매는 할인 폭만큼 이득을 보는 게 아니라, 구입한 물건이 불필요한 만큼 손해를 보는 것이다.

비슷한 예로 '면세점'이 있다. 사람들은 duty free(면세)가 free(무료)로 느껴지는지 면세점에서 꼭 무언가를 집어 들곤 한다. **할인은 무언가를 구입할 일이 있을 때 마침 받는 것이지, 구매를 해야 하는 이유가 아니다.** 할인이 당신을 유혹하거든 지금 이 말을 꼭 떠올리길 바란다.

충동적인 소비를 하게 되는 것은 손해를 두려워하기 때문이다. 사람들은 포인트 적립이나 할인, 경품 추첨, 회원 카드 발급이라는 문구를 볼 때마다 좋은 기회를 놓칠까 봐, 손해를 볼까 봐 두려워한다. 바로 그래서 넘어가는 것이다. 그렇지만 실상을 똑바로 보자. 당신은 그것을 구입하기 전에 아무런 손해도 입고 있지 않았다. 당신은 원래 그것 없이도 잘 살고 있었다. 무슨 손해를 입을 수 있을까? 손해가 없는데도 '손해를 본 것 같은' 느낌은 기업과 매장에서 심혈을 기울여 설계한 감각, 즉 가짜 손해일 뿐이다. 그런데 당신이 이 감각에 빠져들면, 진짜 손해가 발생한다.

세 번째: 미래를 위해 쓴다

오늘을 산다며 지금 돈을 다 써버리는 것은 돈을 모으지 못할 뿐 아니라 미래의 돈까지 쓰고 싶은 핑계일 뿐이다. 이런 종류의 핑계는 대단히 많다. 그중에서도 가장 그럴 듯한 핑계는 '미래를 위해 돈을 쓴다'는 말이다. "오늘 이 돈을 씀으로써 나는 더욱 멋진 미래를 만들어갈 것"이라는.

물론 미래를 위해 돈을 쓸 수 있다. 더 나은 미래를 만들기 위해 지금 돈을 써야 하는 어떤 일이 있을 수 있다. 그래서 그렇게 쓰려고 했는데 결과적으로 '날려 먹는' 일이 없도록, 몇 가지 판단 기준을 제시하고자 한다.

첫째, 현재와 미래는 연결되어 있다는 사실을 잊지 말자. 더 나은 미래를 만들기 위해서라지만, 지금 돈을 쓰면 미래에 그 돈은 없다. 미래가 지금보다 나으려면 써버린 돈 이상을 어떤 식으로든 채워놓아야 한다.

둘째, 미래를 위해 돈을 쓴다고 할 때 그것이 정말 자신의 성장과 발전을 위한 비용인지, 그저 돈을 쓰기 위한 핑계인지 냉정하게 구분해보라. 전에 어떤 사람이 성수기에, 그것도 꽤 비싼 여행 상품을 구매한 적이 있다. "왜 하필 성수기에 그렇게 비싼 돈 들여 여행을 가려고 하느냐"고 묻자 그는 핑계인 듯 핑계 아닌 전형적인 대답을 했다.

"이 여행은 내가 나중에 더 열심히 일하기 위한 거야."

그러나 내가 알기로 그는 반년 전 퇴사한 뒤 쭉 쉬고 있었다. 이제는 슬슬 새로운 일을 찾아야 할 시점에 여행이라니.

물론 정말로 꼭 여행을 가고 싶었을 수도 있다. 단순히 현실 도피를 하고 싶었던 것일 수도 있지만. 무엇이 진짜 이유인지 나는 알 수 없다. 하지만 그가 말한 이유가 '나중에 더 열심히 일하기 위해서'라면 상당 부분 자기 합리화이지 않을까.

셋째, '미래를 위해 돈을 쓰는' 방식 가운데 가장 멋있게 들리는 말은 '나를 위해 투자한다'는 것이다. 자기 자신에게나 남들에게 이렇게 말하는 사람들이 많다.

"세상에서 가장 좋은 투자는 지식과 경험을 쌓는 것."

"배움에는 돈을 아끼지 마라."

"미래에 가장 후회되는 것은 현재를 너무 바쁘게만 산 것."

"젊을 때는 훗날의 보상을 계산하지 말고 자신의 성장과 발전에 투자해야 한다."

심지어 이렇게 말하는 사람도 있다.

"집은 언제든 살 수 있다. 부동산이 아닌 지식에 투자하라."

어디선가 한번쯤, 아니 꽤 많이 들어본 말 아닌가? 그것도 여러 종류의 교육기관들로부터. 당신이 보상을 따지지 않고 당신 두뇌에 투자할 때 손해가 없는 것은 당신이 아니라 바로 그 교육기관들이다. 두뇌와 지식이야말로 모두에게 가장 좋은 투자일까? 그건 사람마다 다르다. 당신은 이미 당신 두뇌와 수십 년을 함께 살아왔다. 어떤가? 투자할 만하던가? 결과가 썩 신통치 않더라도 투자를 계속 진행하는 게 좋을까? 자신의 두뇌에 투자하느니 좋은 주식을 사는 게 낫겠다는 생각이 한번쯤은 들지 않던가? 세상에는 두뇌가 뛰어난 사람이 있는가 하면 다른 방면이 뛰어난 사람도 있다. 투자는 전망이 밝은 쪽에 해야 한다. 자신의 강점이 무엇인지 정확히 알고, 그것에 투자해서 능력을 발휘해야 한다. 무작정 열심히 노력하는 것보다 '맞는' 노력을 하는 것이 훨씬 중요하다. 노력의 방향과 지점이 맞지 않으면 백날 노력해봤자 헛수고가 될 뿐이니까. 결과도 보상도 따지지 않고 자신의 지적 성장에 투자하면, 정말로 발전하는 것은 다양한 교육 프로그램을 갖춘 교육기관들이지 당신이 아니다.

더욱이 어차피 투자인데, 왜 결과를 따지지 말아야 하나? 그것부터가 이미 손해임을 인정하는 것이 아닐까? "모든 공부가 '당장' 돈 버는 능력으로 이어지지 않을 수 있다"고 말하고 싶은 사람도 있을 것이다. 그렇다면 '나중에' 돈을 벌 수 있다는 '사실적 근거'라도 현재에는 있어야 하지 않을까. 나중에도 돈을 벌기 힘든 가장 큰 근거는 **공부에, 지식에, 미래에 투자한다고 하면서 지금 돈을 제대로 지키지 못하는 행태**에 있다.

많은 돈과 시간에 노력까지 들였다면 한번쯤은 결과를 따져보아도 되지 않을까. 그래도 정 두뇌에 투자하고 싶다면, 끝없이 무언가를 배우는 노력만 전전하는 것은 별로 좋은 방법이 아니라고도 덧붙이고 싶다. 진실로 사람을 성장하게 하는 것은 배움 자체가 아니라, 그 과정에서의 진지한 숙고다. 당신은 무언가를 배우러 다니는 시간 이외에 얼마나 많은 시간을 스스로 탐구하고 또 숙고해 보았는가? 무언가를 배운 후에는 거기서 자신이 무엇을 얻었는지, 무엇이 얼마만큼 나아졌는지, 수입의 증감까지도 포함해서 한번 평가해보라. 그렇게 모든 유익을 종합적으로 평가해본 뒤에 다음 학습 과정에 참여하기로 결정해도 늦지 않다.

네 번째: 미래의 돈을 쓴다

'미래의 돈을 쓰는' 것은 앞의 세 유형보다 훨씬 더 참혹하다. 이것은 일단 하기만 하면 100% 확실하게 가난뱅이로 전락한다. 차후에도 인생에 해 뜰 날이 전혀 없을 뿐 아니라 당신 자식 대에까지 해악이 미칠 수 있다.

미래의 돈을 쓴다니, 무슨 뜻일까? 지금은 전혀 당신 돈이 아니고 잠시 사용권이 있을 뿐인데, 이미 써버려서 갚아야 하는 성격의 돈을 말한다. 가장 대표적인 예가 신용카드다. 카드론, 신용 대출, 마이너스 통장도 마찬가지다. 존재감을 추구해서든, 남들이 하니 나도 따라 하는 군중 심리든, 아니면 SNS에서라도 남들에게 잘사는 것처럼 보이고 싶은 마음에서든, 많은 사람들이 이 미래의 돈을 쓴다. 자신의 욕망을 당장 충족시키기에는 능력이 받쳐주지 못하니 미래의 돈을 당겨쓰는 것이다.

혹 당신에게도 미래의 돈을 당겨쓰는 습관이 있다면 아래 설명을 잘 읽어보고 빠져나오기 힘든 무서운 덫에 발도 들이지 말기를 바란다. 아래는 신용카드 소비 예다.

---

1. 신용카드는 당신 능력보다 많은 돈을 쓸 수 있게 해준다. 그러나 신용카드 한도는 진짜 당신 돈이 아니라 당신이 빌린 돈일 뿐이다. 기억하라, 갚을 필요가 없는 돈만이 진짜 당신 돈이다.
2. 다달이 월급을 받을 때마다 지난달에 사용한 신용카드 대금을 갚아야 한다면 당신의 재정은 영원히 적자의 악순환을 벗어나지 못할 것이다.
3. 매달 신용카드 대금을 갚아야 한다면 당신은 회사를 위해 일하는 것도 아니다. 은행을 위해 일하고 있는 것이다.
4. 신용카드를 사용하면 소비가 훨씬 더 쉬워진다. 그 결과, 돈이 있던 사람도 종국에는 돈이 부족해서 허덕이게 된다.
5. 쓸 돈이 부족하다는 것은 신용카드를 쓸 이유가 되지 못한다. 은행이나 카드사에서는 당신의 상환 능력을 보고 한도액을 설정한다. 이 한도액에 반영된 상환 능력은, 당신의 원래 수입이 충분하다는 것을 의미한다.
6. 혹시라도 카드 대금을 제때 갚지 못하면 붙는 이자는 당신을 더 큰 수렁에 빠뜨릴 것이다.
7. 혹 할인 혜택 때문에 신용카드를 사용하는 거라면, 사용한 금액을 24시

간 내에 바로 상환하길 바란다. 그래야 신용카드를 통한 구매란 단지 내 돈 쓰는 노릇에 지나지 않는다는 것을 실감할 수 있다.

8. 진짜 내 돈이 아닌 돈은 최대한 쓰지 마라. 누군가의 목숨이라도 구해야 하는 절체절명의 순간이 아니라면.

마지막으로 꼭 하고 싶은 말이 있다. 지금 자신이 미래를 위해 혹은 미래의 돈을 쓰는 거라고 굳게 믿고 있다면 당장은 마음이 편할 수 있다. 하지만 미래를 위해 돈을 쓰는 것보다 더 좋은 것은, **미래를 위해 돈을 모으는 것**이다. 굳이 쓰려고 하지만 않아도 돈은 저절로 당신 손에 남는다. 사실 무분별한 소비의 기저에는 인생의 장기적인 목표가 부재하다는 문제가 있다. 자신이 정확히 무엇을 원하는지 모르기 때문에 그저 무엇이든 원하고 있는 것이다. 정확히 무엇을 사고 싶은 것인지 모르기 때문에 그저 무엇이든 사고만 싶은 것이다.

그러므로 내외부의 적을 물리치고 과거와 현재, 미래를 위해 소비를 낮출 수 있는 가장 좋은 방법은 삶에 장기적인 목표를 세우고 그것을 추구하며 사는 것이다.

3

내 돈의 주도권 되찾기

'때'와 '양'을 정해놓고 돈을 모으는 세 가지 전략

"돈 쓸 줄 아시나요?"라고 묻는다면, 많은 사람들이 이렇게 대답할 것이다.

"돈 쓰는 게 뭐 어렵나요? 원하는 거 고르고 결제하면 되죠!"

맞는 말이다. 돈을 쓴다는 것이 어디까지나 소비 행위만을 의미한다면 말이다. 그러나 그것은 **별 생각 없는 단순한 결제 행위일 뿐 의식적이고 계획적인 지출이라고 할 수 없다.**

돈을 쓸 줄 안다는 것은 단순한 소비 행위와 다르다. 돈을 제대로 쓰기 위한 첫 단계는 안 쓸 줄 아는 것이다. 그중 강제 저축은 스스로에게 데드라인을 설정하고, 돈을 원칙에 따라 다루는 방식이다.

내가 열다섯 살에 처음 수입이 생긴 이후 지켜온 세 가지 저축

방식이 있다. **미리 저축하고, 쓰면서 저축하고, 의식적으로 저축하는 것.** 이렇게 세 가지 커다란 틀 아래에 소소한 열 가지 노하우가 있다. 이 방법들 가운데 여러분에게도 잘 맞는 게 있다면 가볍게 시도해보기를 바란다. 어느 하나만 성공해도 분명 큰 도움이 될 것이다.

방법 하나:
미리 저축 — 저축 먼저 하고 남은 돈을 쓴다

요즘 사람들은 대부분(특히 젊은 사람일수록) 돈이 들어오면 일단 써버리는 습관이 있다. '쓰고 남으면 그게 잔고'라는 식이다. '지금 쓸 돈을 일단 쓰고, 남으면 저축도 하는 거지'라고 생각하지만, 대부분 지금 쓰는 단계만 있고 그다음은 없다.

돈을 잘 모으지 못하는 사람들이 흔히 하는 말이 있다.

"쓰기에도 부족한데 어떻게 모아요?"

그렇지만 쓸 돈이 부족하기보다는 일단 쓰고 보는 습관이 있는 것이다. 1000위안이 있든, 5000위안이 있든, 1만 위안이나 5만 위안이 있든, 돈이 있으면 일단 쓸 생각부터 한다. 그러니 돈을 아무리 열심히, 심지어 여러 해에 걸쳐 벌었어도 수중에 남은 돈이 거의 없는 것이다. 당신은 월급 통장이나 공과금 통장, 간편 결제 계좌 이외에 저축만을 위한 계좌가 따로 있는가?

중국 알리페이의 데이터 분석에 따르면, 청년층의 99%가 따로 저축을 하는 습관이 없다고 한다. 그들이 돈을 모아야겠다고 생각하는 이유조차 '쓸 돈이 어느 정도는 있어야 해서'다. 어쩌다 모인 돈조차 '쓸 돈'인 것이다! '저축'이란 자신이 의식적으로 모은 돈이다. 덜 써서 남은 돈은 말 그대로 '잔고'일 뿐이다. 그렇다면 어떻게 해야 돈이 있으면 일단 쓰고 보는 습관에서 벗어날 수 있을까? 간단하다. 돈이 어쩌다 남아 있게 두지 말고, 의식적으로 모으는 습관을 들이면 된다. 구체적인 방법은 순서를 바꾸는 것이다. 즉 **'쓰고 남으면 그게 잔고'가 아니라 '저축부터 하고 남은 돈을 쓰는' 것**.

내가 이제까지 계속해서 강조했던 말을 기억하는가? 재테크란 돈을 '벌고 쓰고 모으는' 관계를 새롭게 다루는 것이라는 말. 다음부터는 월급 같은 큰돈이 들어왔을 때 일정 금액을 저축으로 돌리고, 남은 돈으로 생활하는 것부터 시도해보라. 돈이 생기면 가장 먼저 분리해서 저축해놓는 이 돈을 나는 '요지부동 자금'이라고 부른다. 수입이 많든 적든, 흔들림 없이 강제 집행하는 저축이라는 의미에서다. 이렇게 저축한 돈은 목숨이 왔다 갔다 하는 긴급 상황이 아닌 한 절대 건드려서는 안 된다. 바로 이런 의미에서도 '요지부동'이어야 하는 돈이다. 혹시나 생활비가 떨어지면 일단 조금만 빼서 쓰고 월급을 받으면 원래대로 채워놓자는 생각도 금물이다. 내가 쓴 돈 내가 다시 채워놓겠다는데 뭐가 문제냐 싶을 수도 있지만, 이런 행동은 자기기만일 뿐이다. 요지부동 자금을 건드리지 않는 목적은 습관을 견고하게 들이기 위해서다.

돈을 쓰기 전에 저축부터 하는 구체적인 방법으로는 '일정 금액 저축'과 '일정 비율 저축' 두 가지가 있다.

사회 초년생이라면 수입이 많지 않아 소득세 세율도 최소 구간일 가능성이 높다. 이럴 때에는 일정 금액을 저축하는 방식을 추천한다. 매달 월급을 받으면 일단 200~300위안 정도를 무조건 저축 계좌로 이체하는 것이다. 처음이라 습관이 들지 않았다면(혹은 어쩌다 그냥 '잊었을 뿐'이라면) 자동 이체 서비스를 이용하는 것도 좋다. 그렇게 저축 계좌로 옮긴 다음에 남은 돈만으로 생활하는 것이다.

수입이 어느 정도 늘었다면 그때부터는 일정 비율로 저축하는 방식을 추천한다. 수입의 20%에 해당하는 금액을 먼저 저축으로 돌리는 것이다. 혹 세율이 높아지는 바람에 실수령액이 별로 늘지 않았다면 수입의 10% 정도로 조정해도 좋다. 하지만 실수령액이 높은 편이라면 저축액 비율을 50%로 잡아도 좋다.

나는 처음부터 수입의 50%를 요지부동 자금으로 저축했다. 채 10위안이 안 되는 공돈만 생겨도 같은 비율로 저축부터 했다.

이렇게 하면 크게 두 가지 장점이 있다. 하나는 가용 자금이 크게 줄어 쓸 돈이 많다고 느껴지지 않는다는 점이다. 충동 소비를 하게 될 일이 현저히 줄어들고, 돈을 쓸 일이 있을 때마다 이 돈을 꼭 써야 하나 한 번 더 생각해보게 된다. 다른 하나는 수중에 돈이 많지 않으니 좀 더 계획적으로 쓰게 된다는 점이다. 사고 싶지만 꼭 사지 않아도 되는 것, 사야 하지만 지금은 안 사도 되는 것 등을 냉정하게 구분해서 꼭 사지 않아도 되는 것은 사지 않기로 하고, 나중에 사도 되는 것은 지금 사지 않게 된다.

지금 내 수입은 10년 전과는 비교할 수 없을 만큼 달라졌지만, 여전히 수입의 95%는 일단 저축부터 하고 있다. 나 자신에 대한 엄격함을 유지하기 위해서이기도 하고, 모은 돈만이 진정한 내 돈이라는 생각 때문이기도 하다.

방법 둘:
쓰면서 저축 — 아끼고 남기면서 저축한다

'쓰기 전에 저축 먼저' 하는 습관의 핵심은 **돈을 대하고 사용하는 과정 전체에 관철되어야 한다.**

돈은 쓸 때는 아끼고, 아껴서 남긴 돈은 다시 모으는 것이다. 그런데 왜 우리는 돈을 아끼거나 남기지 못하는 걸까? 우리는 항상 돈을 쓰고 있기 때문이다. 왜 항상 돈을 쓰고 있는가? 돈 쓰는 일이 즐겁기 때문이다. 더 정확히 말하면, 돈 쓰는 일은 우리에게 '지금 즐거움을 누리고 있다'고 느끼게 만들어준다.

돈을 아낄 수 있느냐 없느냐는 무엇이 진정한 '즐거움'인가를 다시 정의하는 데 달려 있다. 당신도 아래 두 질문에 답해보기를 바란다.

'무엇이 나를 행복하게 하는가?'

'그것보다 더 나를 행복하게 하는 것은 무엇인가?'

내 친구 페이페이에게도 이 두 가지 질문을 던져본 적이 있다.

"널 행복하게 하는 게 뭐야?"

그녀는 "밀크티 한 잔"이라고 대답했다.

"그럼 그것보다 더 너를 행복하게 하는 건?"

"밀크티를 한 잔 더 마시는 것!"

아, 이건 미처 생각지 못한 대답이었다. 그것은 내가 각기 다른 두 질문을 던진 의도에서 너무 멀리 벗어나 있는 대답이었다. 내 두 번째 질문은 좀 더 '장기적인' 것에 대한 물음이었다. 그런데 페이페이의 대답을 통해 우리는 많은 사람들이 '지금 누리는 낙'에 푹 빠져 사는 이유를 짐작해볼 수 있다. 기호나 취향의 차원 이전에 '또 다른 차원의 행복'이라는 건 아예 보이지도 않을 만큼 장기적인 목표와 넓은 시야가 결여되어 있는 것이다. 잠시 계산기를 한 번 두들겨보자. 매일 밀크티 한 잔을 마시는 습관이 있다면 하루에 30위안, 1년이면 1만 950위안이다. 만약 밀크티를 사 마시지 않고 이 돈을 모은다면 1년에 1만 950위안씩 더 모을 수 있을 것이다. 가까운 곳으로 해외여행도 다녀올 수 있는 돈이다. 이런 것도 '또 다른 차원의 행복'이 될 수 있다.

시야를 좀 더 멀리 가져가보자. 밀크티 한 잔 같은 지출을 아껴 매일 30위안씩 저축하면 동업으로 소규모 밀크티 매장도 열 수 있다. 그럼 밀크티를 훨씬 적은 비용으로 실컷 마실 수 있을 것이다. 이런 것 역시 '또 다른 차원의 행복'이 될 수 있지 않을까.

여기서 끝이 아니다. 좀 더 현실적인 문제로 돌아와보자. 지출 중에는 '후속 지출'이 따르는 성격의 지출이 있다. 달달한 밀크티는 한 끼 식사의 절반에 육박하는 고열량 음료다. 매일 같이 마시다 보면 군살이 늘어나 관리가 필요해질 수도 있다. 헬스장을 이용한다고 가정하면 1주에 500위안, 1년이면 52주이므로 총 2만 6000위안이 든다. 여기에 매일 마시는 밀크티 값까지 더하면 1년에 총 3만 6950위안이 드는 것이다. 그런데 밀크티를 마시지 않으면 이런 후속 비용도 따르지 않으므로 1년에 3만 6950위안을 아끼는 셈이다. 이 돈으로 해외여행을 갈 수도 있고, 학위를 받는 학업을 이수함으로써 자신의 경쟁력을 높일 수도 있다.

계산을 좀 더 멀리 밀고 가보자. 이 돈을 소비에 쓰지 않고 모은다면 미래에 더 큰 수익을 가져다줄 투자 원금이 될 수도 있다.

돈이 많지 않을 때에는 아끼는 것이 곧 버는 것이다. 따라서 기존의 일시적인 낙을 더 **장기적인 행복의 선택지**로 대체하는 것이 문제의 뿌리를 바꾸는 핵심이자 돈을 모으는 관건이다. 그렇게 되면 '지금 누리는 낙'을 위해 돈을 쓰는 것이 아니라 '더 장기적인 행복'을 위해 돈을 모을 수 있게 된다.

이는 사고만이 아니라 행동의 전환이기도 하다. 지금 가진 돈이 충분하지 않을수록 '작은 즐거움'이나 '지금 이 순간의 낙'을 좀 더 '큰 즐거움'이나 '장기적인 행복'으로 바꿀 수 있어야 한다. 지금까지의 분석은 우리에게 중요한 사실 한 가지를 더 암시하고 있다. 바로 **'시간'이 우리의 네 번째 '돈 개념'을 이루고 있다는 것.** 시간의 차원에서 돈 씀씀이를 다시 바라보면, 우리의 돈 개념은 다시 한 번 새로워지고 돈을 다루는 행동도 사뭇 달라진다. 제아무리 푼돈이라도 충분히 긴 시간을 내다보며 계산해보면 의미 있는 큰돈이 되기 때문이다.

평소라면 밀크티 한 잔에 30위안, 까짓것 별거 아닌 돈이라고 생각했을지 모른다. 이렇게 생각한다면 30위안 같은 푼돈을 써버리는 것쯤은 아무 일도 아니게 된다. 그런데 그 돈에 365를 곱해보라. 어떤 숫자가 나오는가? 그 숫자에 대해 5초 이상 가만히 생각해보라. 다른 어떤 선택지들이 떠오르는가? 그럼에도 밀크티를 포기할 수 없다면 다시 10이나 20을 곱해보자. 만약 당신이 밀크티가 아닌 다른 선택지를 선택한다면 새로운 차원의 행복을 얻게 될 뿐 아니라 '돈을 모으는' 의식과 '돈을 남기는' 습관도 기르게 될 것이다. 나아가 미래에는 '그 돈으로 다시 돈을 불리는' 기회를 갖게 될지 모른다.

돈을 쓰면서 모으는 방식의 핵심은 '작은 낙을 큰 행복으로' 바꾸어, 아끼거나 남긴 돈을 다시 모으는 데 있다. 여기에 다시 시간을 적용해서 돈 씀씀이를 계산해보면, 돈은 곧 '시간 비용'이기도 하다는 사실을 발견할 수 있다. 흔히 시간이 곧 돈이라고 하지만, 시간이 돈에 어떤 역할을 하는지에 대해서는 많이들 간과하고 있다.

예를 들어, 당신은 친구와 동업을 한다. 이 친구에게는 오늘 대금 10만 위안을 결제할 일이 있는데, 하필이면 이날 결제 기기가 고장 나 7일 뒤에야 복구되었다. 그렇다면 질문. 이 돈을 지금 바로 결제하는 것과 7일 뒤에 결제하는 것 사이에는 무슨 차이가 있을까? 많은 사람들이 "그게 무슨 차이냐"고 대답할 것이다. 대금을 받기까지 7일 더 기다리게 된 쪽은 조금 안됐지만 말이다. 당신도 그렇게 생각하는가? 현재 내 투자 수익률로 따져봤을 때, 10만 위안을 투자했다면 7일 뒤에 수익 3만 위안을 얻었을 것이다. 똑같은 10만 위안이라도 7일 늦게 받으면 10만 위안을 13만 위안으로 굴릴 기회를 놓치게 되는 것이다. 이 말은 곧 7일 뒤에 받는 10만 위안은 이미 3만 위안의 손실이 발생한 금액이라는 뜻이기도 하다. 여기에 화폐 자체의 인플레이션을 감안하면 손실 폭은 더 커진다.

우리가 오늘 버는 돈과 내일 버는 돈은 설령 같은 액수라도 전혀 같은 돈이 아니다. '시간'이 '돈 가치'를 변화시키고 있기 때문이다. 오늘의 100만 위안과 10년 뒤의 100만 위안이 완전히 다른 가치를 갖듯이 말이다. 지금 이 순간에도 돈의 가치는 계속 하락하고 있다. 다시 말해서 지금 돈 쓰는 것을 좋아할수록 돈을 더 늦게 모으게 될 뿐 아니라, 돈 모으는 시기가 늦어질수록 같은 가치의 돈을 모으기 위해서는 더 많은 돈을 모아야 하므로 경제적 자유에 도달하는 것이 그만큼 더 어려워진다는 뜻이다.

그러므로 '오늘 모으는 돈'과 '몇 년 후에 모으는 돈' 역시 그 가치가 완전히 다르다. 늦어진 만큼의 시간은 돈으로 돈을 불려서 더 큰 가치로 만들어낼 수 있었던 시간이기도 하다. 지금 어떤 물건을 사면, 물건을 사는 데 지불한 돈만이 아니라 **'그 돈을 모을 수도 있었던 기회'와 '그 돈으로 돈을 더 불릴 수도 있었던 기회'까지 동시에 잃은 것이 된다.**

매일 저축

앞에서 언급한 '쓰면서 모으기'와 '미리 모으기'를 결합하여 발전시킨 또 다른 방법이 있다. 바로 '매일 모으기'다. 매일 돈을 쓰기만 한다면 그 돈이 그날 '다 쓸 돈'처럼 느껴진다. 그러므로 '쓰기 전에 저축부터' 하는 방법을 매일 반복하는 것이다.

매일 아침 일어났을 때 혹은 아침식사를 할 때 일단 10위안 정도를 저축으로 돌린다. 이렇게 1년간 모으면 3650위안이 된다. 만약 당신의 경제적 형편이 좋다면 매일 저축하는 금액을 올려도 좋다. 자신이 감당할 수 있는 정도면 된다. 금액이 얼마인가는 중요하지 않다. 최소한 1년간 중단 없이 지속하는 것이 훨씬 더 중요하다.

동일 금액 저축

돈을 '쓰면서 모으는' 방법 가운데 좀 더 고단수 방법은 '동일 금액 저축'이다. 매일 반복되는 성격의 고정 지출과 같은 금액을, 지출과 동시에 저축으로도 돌리는 것이다. 많이 쓰면 많이 저축할 수 있고, 적게 쓰면 적게 저축하게 된다. 이렇게 하다 보면 잔고에서 돈 줄어드는 속도가 2배로 빨라진다.

이 방법을 처음 활용할 때에는 소비 욕구를 통제하기 쉽지 않을 수 있다. 또 다달이 중반부를 넘어서면서부터는 생활비 고갈로 힘겨울 수 있다. 그런데 이 방법은 바로 그렇게 소비 습관을 압박하기 위한 수단이기도 하다. 쓸 돈이 고갈되는 시점에는 저축이 어느 정도 쌓인 상태가 되는 것이다. 다시 밀크티를 예로 들어보자. 총 900위안의 예산 안에서 한 달 동안 밀크티를 사 마시기로 했다면, 밀크티를 한 잔 마실 때마다 밀크티 가격인 30위안을 저축으로도 돌린다. 만약 밀크티를 매일 한 잔씩 마신다면 매일 30위안은 밀크티를 사는 데, 30위안은 저축하는 데, 다시 말해서 하루에 60위안을 쓰게 될 것이다. 이렇게 되면 밀크티 예산은 15일 만에 동이 나, 한 달(30일 기준) 중 15일만 밀크티를 마실 수 있다. 하지만 당신의 저축 계좌에는 450위안이 늘어 있다.

똑똑한 사람이라면 이런 상황을 미리 예상해 한 달 중 15일 정도만 밀크티를 마시기로 결심할 수도 있다. 매일 마셨던 밀크티를 이틀에 한 번 마시는 식으로 자기 행동을 절제하고 조율하는 것이다. 이렇게 살다 보면 습관 자체가 달라져서 소비 빈도가 현저히 낮아진다. 중요한 것은, 이런 습관과 행동의 변화로 450위안의 저축이 더 생겼다는 사실이다. 이 방법은 수입은 꽤 높은 편이지만 아직 돈 모으는 습관은 없는 사람에게 적합하다.

'미리 저축'하는 방식과 '쓰면서 저축'하는 방식의 핵심을 장악했다면 자기만의 방법으로 바꾸어 다양하게 적용해볼 수도 있다. 한 수강생은 '일정 금액 저축'과 '동일 금액 저축' 방식을 결합하여 매일 어딘가에 돈을 쓸 때마다 지출 금액과 상관없이 무조건 5위안을 '요지부동 자금'으로 저축했다. 이렇게 매일, 매주, 매달 계속하다 보면 소비 횟수가 많아질수록 저축 금액이 높아지기 때문에 소비 빈도를 낮추는 데 큰 도움이 됐다고 한다.

이렇듯 '저축'과 '저축을 실행하는 과정'은 돈 자체를 모으는 일이기도 하지만 매사에 대한 판단력과 자기 통제력, 그리고 돈에 대한 자각을 높이는 일이기도 하다. 이런 결과는 한 푼의 노력으로 여러 푼의 이익을 얻는 '이익의 최대화' 사고방식에도 부합한다. 이 또한 즐거움이지 않겠는가?

방법 셋:
의식적 저축 — 주기적으로 저축한다

앞에서도 알 수 있듯, 돈을 제대로 지키고 모으는 데 중요한 지표는 '때'와 '양'이다. 그런데 당신이 지금 돈이 많지 않은 시기라면, 때보다 양이 훨씬 더 중요하다. 매달 월급을 받을 때마다 일정 금액을 저축하는 것이 정시 저축이다. 이렇게 저축하는 것은 매달 한 번뿐이기 때문에 빈도가 낮다. 이럴 때에는 양에 더 초점을 두어야 한다. 정해진 금액을 미리 저축한 뒤 생활함으로써 저축 의식을 높이고, 초보적으로나마 저축 습관을 들일 수 있다.

경제적 형편이 나아진 뒤에는 양보다 때가 훨씬 더 중요하다. 이때는 수입이나 현금 흐름이 모두 안정적이기 때문에 정해진 양만으로는 저축을 최대화할 수 없다. 따라서 시간적 요소를 더해 저축 빈도를 높일 필요가 있다. 이것이 바로 '의식적 저축'이다.

아래 세 가지 방법을 참고해보자.

1. '점증법' — 저축 금액을 매일 조금씩 늘린다. 예를 들어, 1년 중 첫째 날에는 1위안, 둘째 날에는 2위안 … 마지막 날에는 365위안을 저축하는 방식이다. 이렇게 하면 1년간 저축한 총액은 6만 6795위안이 된다.
2. '1378법' — 저축 금액을 매주 늘린다. 1년 중 첫 주에는 100위안, 둘째 주에는 200위안 … 마지막 주에는 5200위안을 저축하는 방식이다. 이렇게 하면 1년간 저축한 총액은 13만 7800위안이 된다.
3. '기념일 법' — 명절이나 기념일마다 고정 금액을 저축한다. 1년 중 이런저런 기념일이 115일쯤 되므로 200위안씩 저축하면 1년간 2만 3000위안을 모을 수 있다.

실제로 적용할 때 기억해야 할 네 가지

1. 양입계출量入計出. 실제 본인의 소득 수준과 지출 규모에 따라 매번 저축할 금액을 다르게 정할 수 있다. '1378법'을 적용하되 첫째 주에 10위안, 둘째 주에 20위안, 52주째에 520위안을 저축하여 1년간 1만 3780위안을 저축하는 것도 나쁘지 않다.
2. 능력껏 최대한의 금액을 정해진 때에 저축하는 것을 지속함으로써 저축을 양치질이나 샤워처럼 일상적인 습관으로 만든다. 뜻하지 않게 중단되더라도 상관없다. 중단된 시점부터 다시 시작하면 된다! 단, 중단된 원인이 무엇이었는지는 잘 분석해야 한다. 오히려 저축의 긍정적 의의를 발견하게 될 것이다.
3. 저축은 어디까지나 재테크의 시작일 뿐이며 돈 개념을 새롭게 하기 위한 습관이라는 것을 잊지 말자. 이 장의 목적은 '부의 장애 요소를 제거하고, 돈을 모으기 시작하며, 안정적인 저축 의식을 갖도록' 하는 데 있다. 화폐 가치의 지속적인 하락 때문에 돈을 모으기만 하는 것으로는 충분치 않다. 중요한 것은 돈을 '어디에 모을 것인가'다. 이에 대해서는 뒤에 이어지는 장에서 자세히 다루도록 하겠다.
4. 현 단계에서 목표를 너무 높게 잡을 필요는 없다. 일단 저축을 시작해서 지속하는 것만으로도 충분하다. 모은 돈이 없으면 화폐 가치 하락을 경험할 기회조차 없다.

빠르게 정리해보자. 돈을 모으는 구체적인 방법으로는 '일정 금액 저축'과 '일정 비율 저축', '매일 저축', '동일 금액 저축', '점증법', '1378법', '기념일 법' 등이 있다. 이 가운데 자신에게 잘 맞는 방법을 골라 일단 저축을 시작해보자. 이 책에서 소개한 여러 가지 방법을 활용해보며 자기만의 방법을 만들어낼 수도 있다. 자기 자신을 알아가는 것 못지않게 중요한 것이 바로 이렇게 '자기만의 방법을 만들어가는' 것이다.

서구의 재테크 관련서에 흔히 나오는 "저축은 쓸모없는 짓"이라거나 "돈을 모으겠다는 생각은 낡아빠진 것", "저축이 당신을 가난하게 만든다" 같은 말은 함부로 믿지 마라. 그 나라들의 현실과 배경은 우리와 같지 않다. 일례로 미국 사람들은 저축하지 않는 습관이 있고 소비를 미덕으로 여긴다. 그러나 그렇게 자유롭게 돈을 쓰기만 한 결과, 그들이 어떤 위기에 처했는지 보라. **어떠한 이론이나 행동에는 '시대적 배경'과 '개인의 실제 상황'이라는 중요한 두 가지 대전제가 있다.** 이 두 가지 대전제를 벗어난 결론은 현실적이지도 않을뿐더러 실현 가능하지도 않다.

기억하라, 저축을 시작하기에 너무 늦은 때란 없다. 저축을 시작하는 순간 당신 삶에는 새로운 순환이 시작될 것이다.

4

푼돈을 모으고 큰돈을 아껴라

기준을 높게 세워야 한정된 수입으로도 많은 돈을 모을 수 있다

정말 많은 사람들이 푼돈은 세세하게 따지면서도 큰돈은 아무렇지도 않게 덜컥 쓰는 경향이 있다. 50위안짜리 물건 하나 살 때는 몇 날 며칠 가격 비교 사이트를 들락거리면서, 집이나 차를 살 때는 돈이 아닌 시간을 아끼려 든다. 왜일까? 큰 결정일수록 고려해야 할 요소와 변수가 많아 머리가 복잡해져서일까.

나는 이런 문제에 대해 단순한 원칙 하나를 제안하고자 한다. 바로 **푼돈을 모으고 큰돈을 아끼라는 것.** 푼돈이란 말 그대로 써도 그만, 안 써도 그만인 자잘한 돈이다. 작게 시작해서 크게 모아나가는 것이다. 반면 큰돈을 아끼는 것은 한 번에 큰돈이 나가는 소비를 하지 않거나, 큰돈이 드는 것을 싸게 사서 결과적으로 큰 금액을 아끼는 것이다. 한 번에 크게 아끼는 돈은 대개 오랫동안 푼

푼이 모아온 저축액에 상당한다. 예를 들어, 매일 10위안을 아끼면서는 30년쯤 그렇게 살아야 10만 위안을 모을 수 있는 데 반해, 집을 사는 것 같은 규모가 큰 지출에서는 단번에 10만 위안 이상을 아낄 수 있다. 이 두 가지를 함께 하면 모으는 동시에 아끼기도 하므로 돈이 모이는 속도와 양이 2배가 된다.

재정적 현실을 바꾼다는 것의 본질은 돈을 사용하는 방식을 바꾸는 것이다. 스마트한 소비로 돈을 아끼는 것만으로도 변화는 시작된다. 물론 당신의 부도 달라질 것이다. 더 많은 돈을 아끼고 싶다면 다음 네 가지 기준을 참고해보자.

기준 하나: 일상에서의 소비를 주시한다

의, 식, 주, 교통, 전자기기 등 일상에서 쓰는 돈을 수년에 걸쳐 아끼면 이 또한 큰돈이 된다. 일상생활의 기준을 조금만 바꿔도 소비를 크게 줄일 수 있다.

의의 기준은 '브랜드'가 아닌 '편안함'으로.

식의 기준은 '가격'이 아닌 '건강함'으로.

주의 기준은 '평수'나 '호화로움'이 아닌 '안전함'으로.

교통의 기준은 '속도'나 '고급스러움'이 아닌 '도달' 여부로.

전자기기의 기준은 '최신'이 아닌 '쓸 만함'으로.

특히 젊은 시기에는 잘못된 기준에 휘둘려 불필요한 지출이 커지기 쉽다. 많은 청년들이 옷과 음식에 많은 돈을 쓰고 있는데, 이 두 가지에 유독 큰돈을 지출하게 되는 데에는 감정적 소비 외에도 다음 두 가지 심리적 동인이 있다.

하나는 '통제욕'이다.

젊은 시기에는 버는 돈이 많지 않아 집이나 차를 사기는 어렵다. 따라서 주로 옷이나 음식에 돈을 쓰게 되는데, 이 두 가지 소비에서라도 '통제욕'을 발휘해 '유능감'을 느끼고 싶은 것이다.

다른 하나는 '존재감'이다.

정말로 돈을 아끼고 싶다면 아주 간단한 방법이 있다. SNS를 적게 볼수록 당신이 모을 수 있는 돈은 더 많아진다. 젊은 시절의 소비는 과시를 동반하는 경우가 많다. 그렇지만 그렇게 열심히 과시할수록 정작 자신의 처지는 볼품없이 빈궁해지고 만다. 내가 얼마나 잘사는 것처럼 보일지, 남들이 도대체 나를 어떻게 보고 있을지 궁금해 죽겠는가? 당신이 어떻게 살고 있는가는 그들에게 전혀 중요치 않다. 그들도 지금 다 자기 사는 일로 바쁘다!

'돈을 모은다'는 것은 표면적으로는 절제나 절약의 표현 같지만, 본질적으로 남들의 시선과 평가에서 벗어나 '자기 자신에게 집중하는' 삶의 방식이다. 남들에게서 자기 자신에게로 주의를 돌려야만 자신의 진정한 필요에 관심을 기울이게 되고, 자신이 더욱 잘살아가는 데 돈을 쓸 수 있다. 남들 눈에 '잘사는 것처럼' 보이기 위해서가 아니라.

내 경험을 바탕으로 의, 식, 주, 교통, 전자기기의 소비 함정에 빠지지 않기 위한 기준을 공유하고자 한다. 가볍게 참고하면서 당신 삶에도 선택적으로 적용해보길 바란다.

'옷'에 대해

옷에는 크게 '자주 입는 옷'과 '가끔 입는 옷'이 있다.

자주 입는 옷이란 말 그대로 거의 매일 입는 평상복을 가리킨다. 젊은 시절에는 최대한 편하고 저렴한 옷을 고르는 게 좋다. 나는 지금까지도 옷을 고를 때 '입기 편한 것'을 최우선 원칙으로 삼고 있다. 평범한 옷은 청중의 기대감을 낮추고 친근감을 높이는 효과도 있다. 기대치가 낮은 데서 시작할수록 강연 내용의 전달 효과는 높아진다. 무엇보다 그런 옷을 입은 내가 편안해서 가장 좋다.

가끔 입는 옷에는 크게 두 종류가 있다. 하나는 기업의 총회나 계약·협상을 위한 미팅, 자선 행사처럼 공식적이면서도 중요한 자리에 참석할 때 입는 '정장'이다. 다른 하나는 골프 친선 경기나 기업 친목 행사, 신제품 발표회 등 비공식적이지만 중요한 자리에 참석할 때 입는 복장이다. 어느 정도 체면을 차려야 하는 자리이므로 이 역시 한 벌쯤은 반드시 필요하다.

'음식'에 대해

'건강하게 먹는' 습관은 부의 습관 가운데서도 가장 중요하다. 오랫동안 건강식을 유지하면 첫째, 매 끼니에 들어가는 돈을 아낄 수 있다. 사람은 한평생 7~8만 톤의 음식을 먹는다고 한다. 둘째, 기력과 에너지를 적절하게 보충함으로써 시간을 효율적으로 활용할 수 있고 수명이 연장된다. 셋째, 심각한 만성 질병에 걸릴 위험이 낮아지므로 미래의 의료비를 아낄 수 있다.

'주거'에 대해

젊을 때에는 부모님 댁에 머물 수 있는 한 계속 있는 것이 '식'과 '주' 모두에서 지출을 줄일 수 있는 가장 좋은 방법이다. 하지만 불가피하게 따로 살 집을 얻어야 한다면, 월세가 한 달 수입의 20~30%를 넘지 않는 것이 좋다. 또한 출퇴근 시간이 대중교통으로 30분을 넘기지 않는 곳이 좋다. 자기만의 독립된 방이 있는 단기 숙박 시설도 하나의 선택지가 될 수 있다. 회사에서 식비와 주거비 지원을 받을 수 있다면 적극적으로 신청해서 받도록 하자. 사실상의 연봉 상승 효과가 있다.

'교통'에 대해

대중교통을 잘 이용하면 교통비를 크게 아낄 수 있다. 광저우 지하철은 이동 구간이 세 정거장 이내인 경우 기본요금이 2위안(약 380원)에 불과하다. 똑같은 거리를 택시로 이동하면 20위안으로, 지하철 기본요금의 10배다.

만약 차를 사야 한다면 중고차를 추천하겠지만, 당장 일이나 생활을 위해 꼭 필요한 게 아니라면 30대까지는 차를 구입하지 않는 것을 추천한다. 지금 구입해봤자 차를 타는 시간보다 어딘가에 주차해놓는 시간이 훨씬 더 길 것이기 때문이다. 만약 차를 타고 출퇴근하는 데 40분이 걸리고 회사에서는 대략 8시간 일한다면, 차를 이용한 시간은 40분에 불과한데 어딘가에 주차해놓는 시간은 하루 온종일이다. 이때 집이나 직장에 주차장이 따로 없다면 유료 주차장을 이용해야 하니 주차비도 든다. 차를 사지 않는 것이 좋은 또 다른 이유는 차량 구입비와 유지비도 상당한 금액이기 때문이다.

'전자기기'에 대해

내가 지금까지 사용하고 있는 애플워치는 2015년에 생산된 제품이다. 2016년에 2세대 제품이 출시되었을 때 1세대인 이 제품을 구입해 지금까지도 아무 문제없이 잘 사용하고 있다. 최신 전자기기에 대해서는 '가성비'를 따지는 사람이 그리 많지 않은 듯하다. 전자기기를 구입할 때 중요한 것은 그 제품이 '최신인가'가 아니라, 실제로 사용했을 때 '편리한가'다. 나는 전자기기에 대해서는 다음과 같은 기준을 유지하고 있다.

1. 고장 나지 않으면 바꾸지 않는다. 고장 나면 수리하고, 수리한 뒤에도 문제가 있으면 그때 가서 바꾼다.

2. 해당 제품이 필요하다면, 신제품이 나왔어도 한두 세대 이전 제품을 산다. 이전 세대 제품은 크게 할인된 가격에 살 수 있기 때문이다.

3. 판매자와 플랫폼이 신뢰할 만하다면 중고품도 적극적으로 고려한다.

4. 쓰던 기기를 팔고 신제품으로 바꾸는 거라면 나쁘지 않다. 기기의 성능과 외관이 거의 새것 같다면 개인 간 거래로 팔 때 좀 더 많은 돈을 받을 수 있다. 그런데 성능과 외관이 조금 떨어진다면 중고품 전문 업체에 파는 것이 낫다.

각 항목에 대한 제안은 절대적인 기준이 아니므로 종합적으로 따져서 자신의 상황에 맞게 적용하면 된다. 사실 모든 항목의 기준을 완벽하게 맞출 수도 없다. 내가 사는 광저우를 예로 들어, 만약 광저우에서 회사를 다니고 있다면 어떻게든 회사와 가까운 곳에 거주할 집을 구하는 것이 좋을까? 꼭 그렇지만은 않다. 광저우는 중심지에서 지하철 한 정거장씩 멀어질 때마다 월세가 몇 백 위안씩 저렴해지기 때문이다. 예컨대 중심지에 위치한 회사에서 딱 세 정거장 떨어진 곳에 집을 구하면, 회사 바로 근처에 있는 집을 구하는 것보다 월세가 1000위안 이상 싼 집을 구할 수 있다. 출퇴근 시 지하철을 이용한다면 세 정거장 이내이므로 기본요금 2위안만 내면 되고 말이다. 세를 싸게 구하고 교통비를 조금 지불하는 것이 훨씬 이득이다. 그런데 회사 바로 근처에 집을 구하면 한 달 교통비로 100위안은 아낄 수 있을지 몰라도 월세는 1000위안 이상을 더 지출해야 한다. 두 집의 월세 차액을 1년간 모으면 무려 1만 위안 이상이 된다.

기준 둘: 일단 쓰지 않는다

당신은 매번 돈을 쓰기 전에 이 돈을 쓰지 않고도 목적을 이룰 방법이 있는지 생각해보는가? "돈으로 해결할 수 있는 일에 괜히 시간 쓰지 말라"고 말하는 사람도 있다. 이 말이 맞을까? 그건 사람에 따라, 또 상황에 따라 다를 것이다.

돈을 쓸 것인가, 시간을 쓸 것인가. 이에 대한 답은 둘 중 하나가 무조건 옳다기보다 당신이 둘 중 무엇을 더 많이 갖고 있느냐에 따라 달라질 수 있다. 요컨대 당신이 '많이 가진' 것을 쓰고 '적게 가진' 것을 아끼는 게 좋다. 이제 막 사회생활을 시작한 청년이라면 버는 돈에 비해 시간적 여유는 많을 것이다. 그렇다면 돈보다 시간을 쓰는 방식이 낫다. 얼마 되지도 않는 돈을 써버리면 아예 사라져버리지 않겠는가. 하지만 시간이 흘러 일이 많아지고 성과에 대한 압박도 커졌다면, 돈은 전보다 많이 버는데 시간적 여유가 없을 것이다. 이때는 돈과 시간 가운데 더욱 효율을 높이고 자신의 가치를 최대화할 수 있는 쪽을 선택하면 된다. 구체적인 방법에 대해서는 이어지는 장에서 자세히 다룰 것이다. 좀 더 시간이 흐르면 상당한 지위에 올라 수입은 더 이상 문제 되지 않는 반면 시간은 절대적으로 부족할 수 있다. 이런 때는 '돈으로 해결할 수 있는 일이라면 돈을 써서 시간을 최대한 확보'해야 한다.

여기에 새로운 방식을 한 가지 더 제안하고자 한다. **돈을 쓰지 않아도 되는 일이라면 일단 쓰지 않는 것이다.** 돈을 쓰기 전에 스스로에게 한번 물어보자.

그것을 무료로 얻을 방법은 없는가?

없다면, 다른 무엇과 바꿔서 얻을 수는 없는가?

없다면, 빌릴 수 있는가?

부자들은 돈 쓰는 것을 별로 좋아하지 않는다. 대신 두뇌를 활용하는 것을 좋아한다. 적어도 돈을 쓰기 전에 무료로 해결할 수 있는 다른 방법이나 수단은 없는지 부지런히 궁리해본다. 궁리 끝에 방법이 없을 때 돈을 쓴다. 두뇌를 많이 활용할수록 자신의 가치도 올라가고 더욱 부유해질 수 있다.

놀라운 것은 자신의 가치가 올라갈수록 버는 돈이 늘어날 뿐 아니라 돈이 나가기 어려워진다는 사실이다. 내 경우에는 매년 명절이면 여러 브랜드의 협력사들로부터 선물이 오는데, 선물만으로도 일상생활에 필요한 것들을 거의 다 충족할 수 있을 정도다. 집에서 사용하는 여러 가지 전자제품들 역시 협력사로부터 선물 받은 것이고, 밖에 나가면 각계의 친구들이 만나자고 연락해 밥을 사준다. 내가 사는 집 근처에 있는 꼬치구이집 사장님은 나를 볼 때마다 반색을 하면서 말한다.

"지난번에 선생님이 말씀해주신 대로 해서 매출이 3배 늘었어요! 언제든 저희 가게 오셔서 꼬치랑 술 많이 드시고 가세요."

당신이 더욱 유능해지고 많은 사람들에게 도움을 줄 수 있게 되면, 당신의 시간 가치가 돈의 가치를 뛰어넘게 된다. 그때는 온 세상이 당신을 반기고 대접하고 싶어할 것이다.

기준 셋: 구입하지 않고 빌려 쓴다

젊을 때는 수중에 돈이 충분치 않은 경우가 많다. 그럴 때일수록 '구입'하기보다는 '빌려' 쓰기를 택하라. 대개 빌려 쓰는 비용이 구입하는 비용보다 월등히 싸다. 먼저 빌려서 써본 다음 활용도도 높고 자신에게 잘 맞는 물건인 것 같다면 그때 가서 사도 된다. 이렇게 하면 다른 무엇보다 좋은 점이 있다. 처음에 써보지 않고 샀을 때보다 후회하거나 손해 볼 일이 적다는 것이다. 내게는 '대여'와 '구입' 가운데 무엇이 좋을지 판단하는 세 가지 기준이 있다. **바로 '유지 비용'과 '사용 빈도', 그리고 '대등한 가치'의 회수 가능성이다.**

한번은 샤오지에라는 친구가 찾아와 이렇게 말한 적이 있다.

"이번에 여행 가서 항공 촬영을 하려고 하는데, 드론이 많이 비싸더라고. 그래도 촬영을 하려면 사야겠지?"

"사려는 드론이 얼만데?"

"8000위안."

"몇 년 쓸 건데?"

"5년."

"드론 사면 1년에 몇 번 정도 써?"

"열 번쯤?"(사용 빈도)

"그럼 한 번 사용할 때마다 160위안 정도 쓰는 거구나. 괜찮다고 생각하니?"(회당 사용 비용)

"뭐? 너무 비싸!"

"네가 드론으로 촬영한 영상이나 사진을 인터넷에 팔면, 누군가가 160위안에 그걸 살까?"(대등한 가치)

그녀는 고개를 저었다.

"그럼 나도 구입을 권하고 싶진 않은데. 일단 사용 빈도가 낮고, 회당 사용비와 대등한 가치의 돈을 회수할 수 없잖아."

그녀는 내가 추천한 드론 대여 사이트를 둘러보더니 반색을 하며 말했다.

"내가 사려고 했던 드론 대여비가 하루에 22위안이라니! 160위안에 비하면 엄청 싼데?"

이렇게 해서 그녀는 드론을 빌려 촬영을 마쳤다. 이와 비슷한 예는 아주 많이 찾아볼 수 있다. 이를테면, 필요할 때마다 택시를 타는 것이 차를 사는 것보다 싸다. 특히나 지금 당신이 돈을 모으는 단계에 있다면 차를 사는 것은 완전히 불필요하다. 그렇다고 해서 모든 물건을 빌려 써야 하는 것은 아니다. 나는 예전에 1만 6000위안짜리 노트북을 한 대 산 적이 있다. 가격이 꽤 비싸 보일 수도 있다. 그러나 나는 '사용 빈도'와 '유지 비용'을 계산해본 뒤 망설임 없이 구입했다. 나는 그 노트북을 5년 정도 사용할 계획이었는데, 매일 10시간 이상은 써야 했다. 1만 6000위안이라는 가격을 나의 총 사용 시간인 1만 8000시간으로 나누어보니, 시간당 사용 비용이 1위안도 안 됐다. 이 정도면 충분히 싸지 않은가. '대등한 가치'도 계산해보았다. 노트북을 1시간 사용해서 얻은 결과물로 1위안 이상을 벌 수 있나? 물론이다. 그렇다면 구입을 고민할 이유가 없었다.

사려는 제품의 '사용 빈도'를 정확히 추산하기 어렵다면 사용 후에도 환불 가능한 조건의 제품을 구해 일단 써본 뒤 구입이나 대여 여부를 결정할 수도 있다.

이렇게 함으로써 돈도 아끼고, 더 많은 선택도 누리고, 리스크를 낮출 수 있다는 데에도 의미가 있지만, 내적 성장 차원에서는 물질에 대한 소유욕을 낮추는 효과도 있다. 이 과정에서 당신은 무엇이 진실로 자신이 원하는 것이고 무엇은 원하지 않는 것인지 분명히 알게 된다.

기준 넷: 흥정으로 돈을 아낄 수 있는 구간

금액이 적은 거래에서는 흥정으로 돈을 아낄 여지가 적다. 따라서 큰돈을 아끼려면 큰돈이 오가는 거래에서 흥정을 잘해야 한다. 큰돈이 오가는 거래일수록 흥정할 여지도 많아 잘하면 꽤 많은 돈을 아낄 수 있다. 이런 거래에서는 '돈이 들어가는 모든 구간'을 낱낱이 파악함으로써 각 구간에 존재하는 흥정의 여지를 잘 찾아볼 필요가 있다. 보통 사람들에게 가장 큰돈이 오가는 거래인 '부동산'을 예로 들어보자. 집을 사는 과정은 크게 집을 사기 전, 계약, 집을 산 후로 나눌 수 있다. 다음 표를 통해 정확히 어느 지점에 흥정할 기회가 있는지 알아보자.

9개 칸에는 각각 다른 상황이 존재한다. 사람마다 구매 성향이 다르기 때문에 흥정의 내용과 방식도 달라질 수 있다. 그러니 흥정에 대한 거리낌을 떨쳐내고 체면은 잠시 내려놓자. 여기서 아끼는 돈은 모두 당신에게 돌아올, 발품과 고생의 대가다. 표에 적힌 퍼센티지가 얼핏 작아 보일지 모르지만 주택은 다른 상품과 달리 금액 단위가 크기 때문에 액수로 따지면 상당한 돈이다.

시세가 약 500만 위안인 집을 예로 들어보자. 집을 사기 전에 원래는 기존 주택에 대한 부동산세를 50만 위안 내야 하지만, 기존 '1주택 5년 보유' 요건을 채웠다면 12만 5000위안만 내도 된다. 고로, 여기서 이미 37만 5000위안을 아끼게 된다. 계약 단계에서

집을 사기 전	계약	집을 산 후
기존 주택을 2년 이하 보유 (중국에서의 부동산세 세율 약 10%)	매도자와 협상 (통상적으로 매매가의 5~10% 정도를 낮출 수 있다)	일찍 실거주 혹은 임대 (일반적으로 양도에 3개월, 인테리어에 3개월이 소요된다. 이 기간을 한 달이라도 앞당기면 한 달치 임대료를 더 받을 수 있다)
기존 주택을 2~5년간 보유 (부동산세 세율 약 5%)	인테리어가 되어 있지 않은 집 (이 경우 대략 10~30만 위안 싸게 살 수 있어 매매가의 3~8%를 아낄 수 있다)	셀프 인테리어 (혹은 가격을 알아본 뒤 직접 인부를 고용하면 인테리어 업체를 통한 것보다 50~70% 정도를 아낄 수 있다)
기존 1주택 보유 기간 만 5년 이상 (부동산세 세율 약 2.5%, 세율의 75%를 절약)	중개인과 협상 (잘 협상하면 중개 수수료를 절반까지도 낮출 수 있다)	인테리어 자재 (자재상에서 직접 구입하면 일반적인 자재비의 30~50%를 아낄 수 있다)

도 매도자와의 협상으로 가격을 5% 정도 낮추면 25만 위안을 아낄 수 있고, 중개 수수료도 절반으로 낮추면 7만 5000위안을 더 아낄 수 있다. 집을 산 뒤에는 인테리어 시공 기간을 한 달 앞당기면 5000위안의 월세를 한 달 더 일찍 받을 수 있다. 따라서 시공 기간을 세 달 단축시키면 총 1만 5000위안의 임대료를 더 받을 수 있게 된다.

이렇게 하면 보수적으로 계산해도 총 71만 5000위안을 아낄 수 있다. 이 돈이면 중국의 중소 도시에서 소형 주택 한 채를 구입하거나, 적어도 중고가 주택의 계약금을 치를 수 있는 액수다. 눈썰미가 좋다면 '부동산세'와 '매도자와의 협상', '중개 수수료' 항목에서 협상의 여지가 가장 높다는 사실도 발견했을 것이다. 이 세 항목에서 아낀 돈이 전체 아낀 돈의 90%가 넘는다. 또한 집을 살 때는 구옥이든 신축 건물이든 '인테리어가 되어 있지 않은 집'을 택하면 꽤 큰돈을 아낄 수 있다.

기억하라, 큰돈이 오가는 거래에서는 흥정의 여지도 크고 아낄 수 있는 금액도 크다는 것을. **돈이 어디에 있는지, 어디에서 오는지, 어디로 가는지 시시각각 주의를 기울이다 보면 부에 대한 민감도가 커진다.**

돈의 진리는 단순하다. 세상 어디든 거래가 있는 곳에는 흥정이 있다.

5

돈 모으기를 최대화하는 시각화 행동

현금 흐름을 시각화하고 눈으로 결정하라

의식적으로 돈을 모은다는 것은 대다수 사람들에게 습관으로 자리 잡기 어려운 일이다. 내 멘토링 경험을 돌아볼 때, 돈을 모으는 데 관건은 '시각화'였다. 시각화란, 돈이 들고 난 기록을 한눈에 봄으로써 자신이 어떻게 행동했는지를 인식하는 것이다.

그런데 왜 하필 청각이나 촉각이 아닌 '시각'일까? 강의 시간에 수강생들에게 이렇게 질문한 적이 있다.

"인간은 오감을 통해 이 세상에 대한 인식을 구성합니다. 그런데 어느 날 신이 이 오감 가운데 하나만 빼고 다 거두어간다면, 여러분은 죽을 때까지 어떤 감각이 남아 있길 바라나요?"

99%의 수강생이 '시각'을 택했다. 1%의 수강생만이 '미각'이라고 대답했는데, 먹는 것을 너무 좋아하기 때문이라고 했다. 당신의

선택은 어떤가? 아마 높은 비율로 99%의 수강생과 같을 것이다. 미각이나 후각이 사라진다면 맛의 즐거움은 잃겠지만 사는 데 큰 지장은 없다. 청각이나 촉각 역시 사람들과 교류할 때나 음악을 들을 때는 의미가 있지만, 그것이 사라져도 삶 자체가 엄청나게 불편해지지는 않는다. 그렇지만 시각은 다르다. 단순히 빛과 색을 잃는 정도가 아니라 아무것도 알 수가 없다.

우리는 일상생활에서 눈을 통해 대부분의 정보를 얻고 세상을 감지한다. 우리는 하루쯤 밥을 아예 안 먹을 수도 있고, 음악을 듣지 않거나 대화를 하지 않을 수도 있다. 그러나 아무것도 안 보고 살 수는 없다. 단 하루도 말이다. 그런 의미에서 시각화는 새로운 습관을 형성하는 데 가장 효과적인 방식이 될 수 있다.

하나, 손으로 직접 쓴다

내가 친구들이나 수강생들에게 돈 씀씀이를 기록하길 제안하면, 이들이 곧바로 하는 말이 있다.

"아, 가계부 어플이요!"

그들은 신이 나서 사용 경험을 들려주기도 한다. 그럼 나는 그들에게 다시 묻는다.

"오랫동안 가계부 어플을 쓰면서 얻은 가장 큰 수확이 뭐였지?"

많은 사람들이 별 대답을 하지 못한다. 단지 기록을 위한 기록을 하는 데 그치기 때문이다. 수확이 있으려면 기록을 함으로써 얻는 어떤 발견이나 깨달음이 있어야 한다.

나는 그중 한 수강생에게 물어보았다.

"몇 년간 가계부를 써왔다면, 작년 한 해 동안 쓴 돈은 모두 얼마지?"

"어…… 모르겠어요."

"그럼 지난달 한 달 동안 쓴 돈은?"

"어, 그것도……."

"어제도 가계부를 썼겠지? 그럼 어제 하루 동안 쓴 돈은?"

이 친구는 머쓱한지 대답 없이 고개만 수그렸다.

위 질문을 여러분 자신에게도 던지고 대답해보기를 바란다. 대부분 상황이 비슷할 것이다. 분명 꾸준히 기록을 해왔는데도 기억나는 건 하나도 없다. 왜일까?

가계부 어플의 장점은 편리하다는 것이다. 그리고 단점은 너무 편리하다는 것이다.

그렇다. 문제는 가계부 어플을 사용하기가 너무 쉽고 편하다는 데 있다. 아마 처음부터 그렇게 간편하게 이용하라고 설계되었기 때문일 것이다. 복잡하게 표를 그리거나 항목을 설정할 필요 없이, 숫자만 쓱 입력하면 된다. 이 모든 과정이 너무나도 쉽고 간편하기 때문에 딱히 느껴지는 바도 없고 기억나는 것도 없는 것이다.

그렇다면 예전처럼 손으로 직접 써보는 건 어떨까? 우리가 기록을 하는 목적은 단지 잊지 않기 위해서만이 아니다. 쓴 돈, 모은 돈, 번 돈이 각각 얼마인지 눈으로 보고 확인함으로써 자각을 얻고, 반응 회로를 거쳐, 자신의 행동을 조정하기 위해서다. 중요하다고 생각되는 부분에는 동그라미라도 그려넣으면서 '아, 오늘 이렇게 돈을 많이 썼구나. 내일은 좀 적게 써야지'라고 반성하거나 '오늘은 이만큼이나 모았네. 와우! 이렇게 시작했으니 앞으로도 쭉 이어나가야지!'라고 굳은 결심을 하는 식으로 말이다.

손으로 가계부를 쓰는 방법은 간단하다. 우선 너무 크지 않은 노트를 산다. 첫 줄을 네 칸으로 나누고, 그 안에 각각 '날짜, 모은 돈, 쓴 돈, 번 돈' 항목을 기입한다. 그런 다음 매일 각 항목에 해당하는 금액을 써넣는 것이다. 큰돈이든 작은 돈이든 모두 기입한다. 지하철 기본요금인 2위안까지도.

처음 가계부를 쓸 때는 '모은 돈'과 '번 돈' 항목은 연일 텅텅 비어 있고, '날짜'와 '쓴 돈' 항목에만 숫자가 빼곡할 가능성이 높다. 이걸 직접 눈으로 보면 적잖이 허탈하다. '이렇게 돈을 계속 쓰기만 하다니…….' 그러나 사회생활을 시작하면 드디어 '모은 돈' 항목에도 숫자를 채워나가게 될 것이다. 매일 이 작업을 반복하다 보면 마음이 더욱 든든해진다.

더불어 생각에도 변화가 일어난다. 항상 '모은 돈'보다 '쓴 돈'이 많은 걸 보고 나면 돈을 쓸 때 좀 더 신중해진다. 쓰는 돈은 매일 나가는데, 번 돈이 들어오는 날은 한 달에 하루뿐이라는 사실도 발견하게 된다. '번 돈' 항목에 숫자를 기입하는 날에는 뭔가 변화가 필요하다는 생각이 든다.

이렇게 손으로 직접 돈이 들고 나간 걸 기록하는 과정에서 당신의 뇌에도 '새로운 회로'가 형성된다. 돈 쓰는 일에는 허탈함을, 돈 모으는 일에는 즐거움과 성취감을 느끼는 뇌로 변모해가는 것이다. **소비 욕구를 낮추고 돈을 더욱 이성적으로 다루게 되는 것이야말로 손으로 쓰는 진정한 목적이다.** 앞으로는 내가 이 책에서 소개할 다양한 방법으로 소득을 늘려나갈 테니, 월급 받는 날 하루만 '번 돈'을 기입하지 않게 될 것이다.

둘, 최소한의 현금만 가지고 외출한다

나는 한때 소비 욕구를 낮추기 위해, 또 나도 모르게 돈을 써버리는 일이 없도록 외출할 때 50위안만 들고 나가곤 했다. 알리페이나 위챗페이 같은 결제 어플도 휴대폰에서 지워버리고, 심지어는 교통카드도 들고 나가지 않았다.

물론 결제 어플이 편하다는 건 나도 안다. 그런데 결제하기 편하다는 것은 돈을 쓰기 쉽다는 말과 같다. 돈을 쓰기 쉽다는 것은 돈이 쉽게 빠져나간다는 뜻이다. 돈 쓰는 데 걸리는 시간이 적을수록 돈을 더 쉽고 빠르게 쓸 수 있다. 현금으로 결제할 때 30초 걸렸다면, 신용카드를 긁을 때는 10초 걸린다. QR 코드로 결제하면? 1

초면 충분하다. 껌을 사든 아이폰을 사든 1초면 모든 게 끝나는 것이다.

좀 더 본질적으로 말하자면, 결제 어플은 당신이 '돈을 쓰고 있다'는 느낌을 삭제해버린다. 이런 어플을 이용해서 결제하면 돈을 쓰고 있다는 사실조차 인지하지 못한다. 적어도 카드를 쓰면 서명하는 절차라도 있다. 그런데 어플을 통한 결제는, 휴대폰을 꺼내 QR 코드를 찍기만 하면 사려고 했던 것을 즉각 손에 넣게 된다. 손안에서 돈이 빠져나갔다는 느낌조차 없이 말이다. 이런 과정이 반복되다 보면 우리 뇌에는 '휴대폰을 꺼낸다—구입 완료'라는 회로가 형성된다. 쓴 돈이 얼마나 크고 적은지, 돈이 내게서 얼마나 떠나갔는지는 말끔히 지워진 채로. 그러면 한 달이 지난 뒤에야 통장 잔고를 보고 깜짝 놀라게 된다. "무슨 돈을 이렇게 많이 썼지?"

돈을 쓴다는 느낌이 없을수록 돈을 더 많이 쓰게 된다. 이런 변화가 기술적으로는 발전일지 모르나, 생활 습관 면에서는 퇴보라 하지 않을 수 없다. 때문에 나는 예전처럼 현금 결제 방식으로 돌아가 지출 금액을 50위안으로 제한했다. 새로운 습관을 만들기 위해 나 자신을 조금 가혹하게 단련하기로 한 것이다. 이렇게 하면 집 밖으로 나가는 순간 50위안 이상은 절대 쓸 수 없다. 이 사실을 자각하면 나의 뇌 역시 그렇게 살 준비를 한다.

택시를 탈까 생각하다가도 가진 돈이 50위안뿐이므로 지하철을 탄다. 카페에서 글을 쓸까 생각하다가도 가진 돈이 50위안뿐이므로 시립 도서관을 찾아본다. 맛있는 길거리 음식을 먹을까 싶다가도 가진 돈이 50위안뿐이므로 이왕이면 먹지 않는 쪽을 택한다. 점심시간이 되면 50위안을 넉넉히 밑도는 메뉴를 고른다. 뭔가를 사려는 마음이 들 때마다 '오늘 가지고 나온 돈은 50위안뿐'이라는 브레이크가 제동을 건다. 낮에 50위안을 다 써버리면 밤에 집으로 돌아갈 차비마저 없어지므로.

예전에는 소비를 결정하는 기준이 '원하는가' 아니면 '필요한가'였고, 충동적으로 소비해버리는 경우도 많았다. 하지만 50위안만 들고 외출하기를 한 달 정도 지속하자 나 스스로도 깜짝 놀라게 됐다. 예전에 무의식적으로 돈을 쓸 때에 비해 지출이 크게 줄었기 때문이다. 하루 종일 쓴 돈이 30위안, 심지어는 20위안에 불과할 때도 많았다. 50위안을 다 쓰는 날은 없었다.

나중에 생각해보니 이 방법이 효과가 있었던 건 금액 제한 자체가 판단과 결정의 기준이 되었기 때문인 것 같다. '당장 이 음료를 마시지 못하는' 고통보다 '오늘 밤 집까지 걸어가야 하는' 고통이 더 크면 음료를 사지 않는 식이었다. 도저히 어떻게 할 수 없는 제한 때문에 사느냐 마느냐를 고민하는 순간이면 결국 사지 않는 쪽으로 기울어졌다. 당연히 충동적인 소비는 전혀 할 수 없었다. 만약 50위안이라는 제한이 너무 가혹하게 느껴진다면 100위안 정도로 시작해보는 것도 좋겠다.

셋, '돈 에너지' 저금통

돈은 거래의 도구이기 이전에 영적 차원에서는 에너지이기도 하다. 돈을 쓸 때 우리의 총 에너지는 줄어들고, 돈을 모을 때 우리의 총 에너지는 늘어난다. 그런데 막상 현금을 쓰기로 하면 집에서는 잔돈밖에 찾을 수 없을 것이다. 현금이라고는 어딘가에 처박혀 있는 자잘한 돈이 전부인 것이 대다수 사람들의 현실이다. 이는 그 사람의 돈 에너지도 산산이 흩어져 있는 것과 같다.

'돈 에너지' 저금통을 만드는 목적은 '흩어져 있는 돈을 모아놓기 위해서'다. 여기저기 흩어져 있는 자잘한 돈 에너지들을 한데 모으면, 모인 에너지가 다시금 더 많은 돈을 끌어모은다.

나는 집으로 돌아올 때마다 그날 쓰고 남은 돈을 꺼내 이 저금통 안에 넣는다. 그러면 어떤 사람들은 "계속 그렇게 넣어두면 되는 건가요?"라고 묻는다.

꼭 그럴 필요는 없다. 나는 저금통 속에 든 잔돈을 꺼내 50위안이나 100위안 단위로 만들어 다시 사용한다. 외출할 때 10위안짜리 세 장, 20위안짜리 한 장, 그렇게 50위안을 만들어 가지고 나가는 식이다(그래서 1위안이나 5위안짜리는 상자 속에 꽤 오래 머무는 편이다). 이렇게 들으면 굉장히 쉽고 간단한 일인 것 같지만, 막상 이렇게 3주 이상 실천해보면 돈에 대한 인식이 완전히 새로워질 것이다.

넷, 가진 돈 전부를 세어본다

우리는 흔히 무언가를 제대로 느껴보고 싶으면 보는 데서 그치지 않고 만져보지 않는가? 돈도 마찬가지다. 당신은 당신 돈을 현금으로 세어본 적이 있는가? 만약 없다면, 당신에게 돈이란 정말로 숫자에 불과할 것이다. 만져본 적도, 세어본 적도 없다면 당신이 가진 돈이 정말로 존재한다고 어떻게 확신할 수 있겠는가?

이런 이야기를 하면 다들 웃을 것 같지만, 나는 100만 위안까지 모았을 때 지금 같으면 누구도 하려 들지 않을 짓을 하기로 마음먹었다. 당시 나는 신동방에서 강사로 일하고 있었는데 강의료는 시간당 500위안에 매일 12시간씩 강의했고, 여름방학은 60일, 여름방학 계절반은 8월 말이 종강이었다. 보통 9월은 신입생 모집·등록 기간이기 때문에 강사들은 별달리 할 일이 없었다. 그래서 이 시기에 어딘가로 놀러 가는 강사들도 많았다. 내가 100만 위안까지 모은 건 여름방학 계절반 수업을 마친 뒤였다. 그날, 나는 커다란 여행용 트렁크를 들고 은행에 가 트렁크 한가득 돈을 담아 왔다. 은행 직원은 막중한 책임감으로 내 신분을 거듭 확인하고, 내가 무슨 사기나 위협을 당하고 있는 것은 아닌지 물었다. 혹시 가족이 납치를 당했냐고, 경찰에 대신 신고해주겠다고도 했다. 대체 100만 위안이나 되는 돈을 왜 굳이 현금으로 찾으려 하는지 도저히 이해할 수 없다는 눈빛이었다. 하지만 나는 일일이 설명하고 싶지 않았고, 집에 돌아오자마자 경쾌한 음악을 틀어놓곤 트렁크를 열어 돈을 한 장 한 장 세어보았다.

나는 지금 돈 자랑을 하려는 게 아니다. 다만 100만 위안이라는 게 어떤 돈인지 알고 싶었다. 쌓아놓으면 얼마나 무거운지, 옆에서 보면 얼마나 두꺼운지, 만져보면 또 어떤 느낌인지 알고 싶었다. 어릴 때 백만장자, 백만장자 하는 말을 많이 들었는데, 어째서 나는 100만 위안까지 모으고도 백만장자의 기쁨이 없는 것인지도 의문이었다. '부자'라는 게 어떤 느낌인지도 모르겠고, '100만'이 어떤 느낌인지도 와닿지 않았다. 그래서 내 뇌에 100만 위안이라는 돈에 대한 인상을 아주 깊게 새겨놓을 작정이었다. 그렇게 하지 않으면 (많은 부자들이 말하듯) 내게 "돈이란 그저 숫자에 불과"한 무엇이 되어버릴 것 같았다. 돈이 숫자에 불과하다는 말에는 통상적으로 두 가지 의미가 있다. 하나는, 부자들은 돈이 아주 많아서 아무리 써도 숫자에 별 변동이 없다는 의미일 것이다. 열두 자릿수의 돈이 있는 상태에서 여덟 혹은 아홉 자릿수의 돈을 좀 썼다 한들 무슨 대단한 변화가 있겠는가.

다른 하나는, 돈을 꺼내 한 장 한 장 세어보거나 그것을 구체화·시각화해보지 않으면 돈이란 그저 추상적인 숫자에 지나지 않을 뿐이라는 의미다. 이런 상태에서는 그 돈을 알게 모르게 다 써버리기 쉽다. 자신이 가지고 있는 돈에 대해 아무런 의식도 없기 때문이다. 심지어 돈을 쓰고 있다는 의식조차 없을 것이다. 겉으로 드러난 숫자만 바뀔 뿐. 그러다 그 숫자가 네 자릿수에서 세 자릿수로, 다시 두 자릿수로 줄어들면 그제야 돈을 제대로 지키지 못했음을 어렴풋이 깨닫게 될지도 모른다.

따라서 지금 당신에게 돈이 얼마가 있든, 최대한 안전을 확보한 상태에서 그 돈을 모조리 인출해 하나하나 세어보라고 말하고 싶다. 돈에 대한 감각이 완전히 새로워질 것이다. 나는 100만 위안을 모두 세어본 날의 느낌을 지금까지도 또렷이 기억하고 있다. 결론은 100만 위안이 그렇게 많은 돈이 아니었다는 것이다. 당시 나는 돈을 세면서 100위안짜리 지폐를 100장씩 묶어 1만 위안짜리 한 묶음으로 만들었다. 그랬더니 총 100개의 묶음이 되었다. 이 돈 묶음을 몇 개씩 들고 다니며 컴퓨터, 휴대폰 등을 사러 다니면 이동할 때 불안한 것도 불안하겠지만 금세 다 쓸 수 있을 것 같았다. 주방에서 저울을 가져와 무게도 달아보았다. 한 묶음당 115g이었다. 100개의 묶음은 약 11.5kg. 그리 엄청난 무게는 아니었다.

내 머릿속에서 100만 위안은 엄청나게 많은 돈이었다. 숫자로 표기하면 무려 1000000이 아닌가. 그런데 실제로 하나하나 세어보니 그렇게까지 많은 돈은 아니었다. 이러한 경험은 나를 전혀 예상치 못한 새로운 결론으로 이끌었다. '이것은 하나의 시작일 뿐이구나. 앞으로 더 많이 벌어서 최대한 잘 지켜야겠어.'

사람들은 흔히 어떤 생각이 있어야 행동으로 이어진다고 생각한다. 그러나 우리 대부분은 먼저 보고 나서야 행동한다. 그러므로 가능성을 보는 것이 그 가능성을 실현시키기 위한 진짜 첫걸음이다. 방법이 원시적일수록 돈과의 연결은 더 강해지고, 쉽게 쓰지 못하게 되며, 더 잘 모으게 된다.

다시 앞의 질문으로 돌아가보자. 왜 시각화해야 할까? 인간의 가장 큰 본능이 바로 눈으로 결정하는 것이기 때문이다.

스마트하게
돈 쓰기

쓸수록 돈이 남는
돈 사용법

CHAPTER

3

1

평생 쓸 돈이 부족하지 않으려면

써도 써도 돈이 불어나는
4% 활용 법칙

돈을 '쓰는' 것과 '사용하는' 것은 다른가? 이 말을 이상하게 여기는 사람이 많을 것이다. 돈을 쓰는 것이나 사용하는 것이나 그게 그거이지 않나 싶을 것이다. 하지만 분명한 차이가 있다. 무언가에 대한 명명은 그 뒤에 숨어 있는 사고를 반영한다. 더 중요한 것은 이러한 명명이 우리의 인식과 이해를 대표할 뿐 아니라 이어지는 행동을 결정하고, 뿌리 깊은 습관을 형성한다는 사실이다.

명명의 뒷면에 사고가 있다면, 명명의 앞면에는 행동이 있다. 자신의 현재 능력을 넘어서는 어떤 일에 대해 사람들은 제각기 다른 식으로 명명할 것이다. 어떤 사람은 '어려운 일'로, 어떤 사람은 '귀찮은 일'로, 어떤 사람은 '도전'으로 명명한다. 이렇게 명명한 순간부터 사람들은 같은 일을 놓고 전혀 다른 반응을 보이게 된다.

'어려운 일'이라고 명명한 사람은 두려워하며 바라보기만 한다. '귀찮은 일'이라고 명명한 사람은 손 하나 까딱하기 싫어한다. '도전'이라고 명명한 사람은 용기를 내 앞으로 나아가본다. 이렇듯 모든 변화는 명명으로부터 시작된다. 이러한 맥락에서 나는 돈을 다루는 문제라면 '쓴다'는 말보다 '사용한다'는 말을 선호한다.

첫째, 돈을 '써버리는' 사람은 왜 그렇게 써버리는 것일까? 그들 자신은 돈 쓰는 게 좋아서라고 말한다. 돈 쓰는 걸 좋아한다면 써버릴 자유도 얼마든지 있다. 그런데 돈을 벌고 싶은 만큼 벌 수도 있을까? 그렇지는 않은데 쓰는 것만 원하는 만큼 쓴다면 어떻게 될까? 빈털터리로 전락하는 것은 시간문제일 것이다. 이렇게 돈을 써버린다는 것의 또 다른 표현은 바로 '낭비'다.

둘째, 돈을 '사용한다'는 것은 주체적으로 생각하면서 돈을 쓴다는 것을 의미한다. 반면 돈을 '써버리는' 것은 무의식적인 습관이어서 자기도 모르는 사이에 돈이 다 사라져버린다. **돈을 '사용하는' 것이 주체적인 선택이라면, 돈을 '써버리는' 것은 무의식적인 반복일 뿐이다.**

셋째, 돈을 '사용한다'는 것은 돈을 어떻게 사용할 것인지 계산하고 평가하기 시작했음을 의미한다. 돈을 '사용하는' 방식에는 '구입' 하나만 있는 것이 아니다. 돈을 사용하기로 했다는 것은 돈이 당신을 지배하는 것이 아니라 당신이 당신 수중의 돈을 지배하기 시작했다는 것을 의미한다. **돈을 써버리는 것이 단순한 구입이**

라면, 돈을 사용하는 것은 가치의 교환이다.

이 장에서는 돈을 어떻게 합리적으로 이용하고 정확하게 사용할 것인지, 또 어떻게 스마트하게 활용할 것인지 알아볼 것이다.

돈을 잘 사용하는 비결

아직 상품의 가치를 제대로 가늠할 수 없더라도, 생각하는 습관이 길러지지 않은 상태더라도, 합리적으로 돈 쓰는 방법을 잘 모르더라도, 한 가지 참고할 만한 기준이 있다. 바로 **살까 말까 망설여진다면 사지 않는 것**이다.

'망설여진다'는 것 자체가 우리 뇌의 선천적 보호 기제다. 뭔가 위험한 것을 맞닥뜨리면 뇌가 신호를 보내기 때문에 우리 자신도 망설이게 되는 것이다. 그러므로 뭔가를 살까 말까 망설여진다면 일단 사지 않는 것이 좋다. 마찬가지로 지금 기분이 좋은지 안 좋은지 모르겠다면, 그건 기분이 안 좋은 것이다. 무슨 말인지 알 듯 말 듯하다면, 그건 못 알아들은 것이다. 그 사람이 나를 사랑하는지 아닌지 헷갈린다면, 그건 사랑하지 않는 것이다. 무슨 이유 때문에 망설여지든, 망설여진다는 것 자체가 중요한 신호다. 무언가를 확실히 알 수 없는 상태에서 헷갈리거나 망설여진다면, 최종적인 답은 '아니다/안 한다'일 가능성이 높다.

앞서 말한 상황은 모두 '모호한 망설임'에 해당한다. 원인이 무엇인지 잘 알 수 없는 상태에서의 망설임이다. 이런 때에는 과감하게 '아니다/안 한다'를 택하기만 해도 문제의 80%가 해결된다. 남은 20%는 대개 '분명한 망설임'이다. 모호한 망설임과 달리 이유와 원인을 알고 있는 상태에서의 진퇴양난 같은 느낌이다. 스스로도 자신이 왜 이러는 건지 분명히 알고 있다.

예를 들어, 한 직장인 여성이 백화점에서 자신의 3개월치 월급을 탈탈 털어야 살 수 있는 신상 명품 가방을 보았다. 보자마자 마음에 들어서 꼭 사고 싶다. 신용카드 할부를 써서 살 수는 있지만 가방을 사고 나면 1년 이상 허리띠를 졸라매야 할 수도 있다. 당장 이 가방을 살 것이냐, 1년 이상 허리띠를 졸라맬 것이냐. 이렇게 이유도 대가도 분명히 알고 있는 상태에서 갈등을 겪고 있는 것이다. 이런 상황에서는 다음 두 가지를 고려하면 된다.

최상의 결과에 내가 꼭 취해야 할 가치가 있는가?

최악의 상황을 내가 감당할 수 있는가?

이 두 가지 문제를 곰곰이 따져보면 '분명한 망설임'은 곧 '분명한 결론'으로 이어진다. 그렇게 했는데도 '분명한 결론'을 얻지 못했다면 '아니다/안 한다' 쪽을 택하기를 권한다. 많은 돈을 아낄 수 있게 된 것만으로도 99%는 위험성이 최소화된, 나쁘지 않은 결과이기 때문이다. 만약 나중에 이 결정이 잘못됐다고 판단된다 해도, 그때 가서 짊어져야 할 리스크라 해봤자 가방을 조금 늦게 사는 것일 뿐이다. 그런데 망설여지는 상태에서 사는 쪽으로 결정해버리면, 나중에 이 결정을 후회한다 해도 이미 쓴 돈을 되돌리기는 어렵다. 남는 것은 잘못된 결정을 내렸다는 후회와 필요 없는 물건을 갖게 된 결과뿐.

'우유부단'에서 벗어나는 방법은 간단하다. 망설여진다면 하지 않는 것.

평생 부족함 없이 돈을 쓸 수 있는 신기한 '4% 법칙'

우리는 이제까지 돈을 많이 벌어야만 많이 모을 수 있다고 생각했다. 그러나 앞선 장을 통해 '쓰기 전에 저축 먼저' 하는 법을 배웠다. 이제 돈을 '쓰는' 것과 '모으는' 것 사이의 관계도 새롭게 정의할 필요가 있다. '얼마를 모았느냐에 따라 그만큼만 쓴다'는 것으로. 이제까지는 '쓰는' 게 먼저, '모으는' 건 나중이었다면, **지금부터는 '모으는' 게 먼저, '쓰는' 일은 나중으로 돌리는 것이다. 이것은 단순히 순서와 중요도만 바꾸는 것이 아니라, 부의 축적 효율을 높이는 변화이기도 하다.**

과거에 우리는 '쓸 돈이 얼마'인지에만 관심이 있었다. 돈을 모은다는 목표가 없었으므로 쓸 돈은 곧 연 수입 자체라고도 할 수 있었다. 번 만큼이 곧 쓸 돈이었으므로 아무리 해가 바뀌고 또 바뀌어도 수중에 남는 돈은 얼마 되지 않았다. 이제부터는 '얼마만큼의 돈만 써야 하는가'로 질문을 바꾸어보자. 그렇다, 이것은 극기와 제한의 사고다. 여기서 한 발 더 나아가 좀 더 대담한 가설을 세워보자. 이런 극기와 제한이 가능하다면, 한평생 부족함 없이 돈을 쓸 방법도 있지 않을까?

있다. 그것이 바로 '4% 법칙'이다. 매년 총 수입(현재까지 모은 돈 전부)의 4%만 쓴다면 평생 부족함 없이 돈을 쓸 수 있다는 법칙이다.

듣기만 하면 간단한 일 같지만 실제로 실행하기 위해서는 남다른 각오가 필요하다. 어째서 매년 4%만 쓴다면 부족함이 없다는 것인지도 이해해야 한다. 여기에는 얼마간의 투자 원금이 있다는 전제가 깔려 있다. 매년 투자 수익률이 7~8%라면, 전체 돈의 4%만 썼을 때 '매년 투자 수익분'의 50~60%만 지출한 것이 된다. 그럼 처음의 '투자 원금과 남은 수익금을 합친' 돈이 이듬해에 새로이 투자 원금이 된다. 이때에도 계속 7~8%의 투자 수익률을 유지한다면, 당신은 평생 부족함 없이 돈을 쓸 수 있게 된다.

물론 투자 수익률이 항상 그렇게 높지는 않을 수도 있다. 어떤 해는 수익률이 4%밖에 안 될 수도 있다. 그래도 한 해 생활비로 쓰기에는 충분하다. 단지 이듬해의 투자 원금이 올해와 똑같이 유지될 뿐이다. 그러므로 그 전에 자신이 어떤 투자와 잘 맞는지 알아야 한다. 지속적인 인플레이션으로 인해 돈 가치가 계속 하락하므로 같은 100만 위안이라도 10년 뒤에는 지금과 같은 구매력을 가질 수 없다. 투자가 중요한 이유가 바로 여기에 있다. 투자를 통한 인플레이션 헤지[화폐 가치 하락에 대처하기 위해 주식, 토지, 건물, 상품 등을 구입하는 행위를 말한다]로 화폐 가치 하락이라는 리스크를 방어해야 하는 것이다.

우리가 매년 얼마까지 쓸 수 있는지, 수익률은 얼마나 되는지 안다는 것은 얼마까지 모았을 때 조기 은퇴가 가능해지는지, 즉 언제부터 자신이 좋아하는 일을 하면서 원하는 삶을 살 수 있는지 아는 것과 같다.

조기 은퇴에 필요한 돈 = 연 지출(쓰는 돈) ÷ 4%

즉,

조기 은퇴에 필요한 돈 = 연 지출(쓰는 돈) × 25

당신의 연 지출이 10만 위안이라면, 조기 은퇴에 필요한 자금은 250만 위안이 된다. 그러나 생활비를 극도로 아껴 연 5만 위안까지 줄일 수 있다면 125만 위안만 있어도 된다. 물론 위 공식은 어디까지나 원리를 쉽게 이해할 수 있도록 최대한 단순하게 만든 모형일 뿐이다. 실제 현실에서는 125만 위안이라는 목돈을 전부 현금 형태로 은행에 예치해두지 않는다. 보통은 '부동산+은행 예금+펀드' 등의 '포트폴리오' 형태로 구성한다. 자금을 부동산이나 펀드 형태로 유지하는 동시에 여기서 나오는 수익으로 앞서 언급한 방식의 생활을 이어나가는 것이다.

여기에 경제나 투자 상황이 좋지 않을 때를 대비해 5년 정도 버틸 수 있는 응급 자금도 필요하다. 즉 당신의 연 지출이 10만 위안이라면 응급 자금은 약 50만 위안, 연 지출이 5만 위안이라면 응급 자금은 약 25만 위안이 된다.

따라서 당신의 연 지출이 10만 위안이라면 실제 조기 은퇴 전까지 모아야 할 돈은 300만 위안(조기 은퇴에 필요한 자금 250만 위안, 응급 자금 50만 위안)이다. 연 지출이 5만 위안이라면 조기 은퇴에 필요한 자금은 150만 위안이 된다. 즉 연 지출이 적을수록 조기 은퇴 난이도도 낮아져 목표를 더 쉽고 빠르게 이룰 수 있다.

한편, 이 공식은 너무 높은 수익률만 좇을 필요가 없다는 사실을 일깨워준다. 지나치게 높은 수익률은 그만큼 높은 리스크를 의미하기 때문이다. 젊을 때부터 불필요한 욕구와 소비를 절제하고 최대한 적게 돈을 쓰면 좀 더 일찍 자유롭고 홀가분하게 살 수 있다. 4% 법칙이라는 이름대로 4%를 적용해도 되지만, 내 경우에는 2~3%를 적용해서 실행해왔다. 최대한 많은 돈을 아끼고 모으는 동시에 수익률 높은 투자 방식의 비중을 늘려가는 한편, 나 자신이 좋아하고 잘하는 분야에서의 수입으로 안정적인 현금 흐름을 만들어왔다. 그렇게 20대 후반이 되자 평생 부족함 없이 돈을 쓸 수 있는 상태가 되었다.

대다수 사람들에게 돈이 없는 이유는 크게 두 가지다. 하나는 장기적 목표가 없어서, 방향 없는 소비만 하고 있어서다. 고생해서 번 돈을 어찌어찌 다 써버리기만 하는 것이다. 또 다른 이유는 목표 자체가 불합리하거나 비합리적이기 때문이다. 수중에 목돈이 있어도 모조리 부동산을 계약하는 데 쓰고 나서 수십 년 동안 생활비며 원리금 상환에 허덕이는 식이다. 이렇게 되면 사는 것마저 괴롭고, 자유는 요원하기만 하다.

따라서 젊을 때에는 자신에게 좀 더 엄격하게 사는 편이 낫다. 돈 버는 시절의 엄격한 생활은 미래에 풍요와 안정으로 이어지고, 경제적 자유와 조기 은퇴가 좀 더 일찍 실현 가능한 '선택지'가 되기 때문이다.

2

잘못된 결정을 내리지 않기 위해서는

돈 쓸 때의 책임과 손실을 피하는 규칙

시험이나 직업적 성취, 연애, 생활, 부에 이르기까지 삶의 여러 영역에서 단기적인 승리를 가져다주는 요소는 사실 지력이다. 자신이 능력이 부족하다거나 머리가 좋지 않다고 느껴진다면 원하는 열매를 일찍 얻기는 힘들다. 지력을 단기간에 끌어올리기는 매우 어렵기 때문이다.

하지만 인생이라는 기나긴 여정에서 지력보다 중요한 것은 책임감이다. 책임감은 크게 두 가지 모습으로 나타난다. 하나는 자신이 해야 할 일을 하는 것이고, 다른 하나는 그 일을 올바르게 지속하는 것이다. 전자가 밖으로 드러나는 모습이라면, 후자는 안으로 견지하는 태도다. 만약 당신에게 책임감이 있고 책임을 지는 태도가 있다면, 자질은 조금 평범하더라도 장기적으로는 반드시 성공을 얻을 기회가 있다.

그렇다. 경제적 자유를 얻고 싶다면, 돈 개념을 높이고 정확한 관념을 갖는 것 외에도 책임을 질 줄 알아야 한다. 좀 더 직설적으로 말해서, 정말 부유해지고 싶다면 가장 먼저 모든 것에 대해 책임질 각오를 해야 한다. 지난 10여 년 동안의 멘토링 경험을 돌아보았을 때 큰 손실을 만들어내는 책임은 대체로 다음 네 가지였다.

하나, 자신의 잘못

당신은 자신의 잘못을 어떻게 대하는가? 내가 예전에 들었던 한 강연에서는 "부를 늘리고 싶다면 최대한 실수를 하지 말아야 한다"고 했다. 얼핏 들으면 맞는 말 같다. 실수만 하지 않는다면 큰 손실도 없을 것이니. 그런데 문제는 우리가 **현실에서 정말 아무런 실수도 하지 않을 수는 없다**는 것이다. 제아무리 최선을 다한다 해도 그렇다.

그 이유는 첫째, 새로운 뭔가를 얻기 위해서는 새로운 시도가 필요한데, 그건 말 그대로 새로운 시도여서 이전까지 비슷한 경험을 해본 적이 없기 때문이다. 경험해본 적 없는 일을 처음 시도하는데 어떻게 아무런 실수도 저지르지 않을 수 있을까? 둘째, 실수하지 않으려고 최선을 다하다 보면 오로지 실수하지 않기 위한 '조심'에만 모든 노력과 관심을 집중하게 된다. 이런 과도한 조심성은 새로운 시도로 과감히 전진하는 용기와 일 전체의 효율을 크게 떨어뜨린다. 셋째, 오로지 '실수하지 않을' 것만 생각하는 사람은 그러한 자기 암시의 영향으로 인해 오히려 실수를 저지르기가 더 쉬워진다. 넷째, 신의 예측력으로 '미래를 맞출 수 있는' 게 아니라면, 인간적 노력의 '최선'만으로 실수 하나 없이 모든 일을 완벽하게 처리하기는 어렵다.

요컨대 '최대한 실수하지 않는다'는 것은 비현실적인 기대에 지나지 않는다. 실수하지 않는 것보다 중요한 것은 실수를 발견하고 인정함으로써 성장하는 것, 실수를 통해 내가 더 강해지는 것이다. 특히나 지금 젊은 나이라면 실수하는 것을 너무 두려워하지 않아도 된다고 말해주고 싶다. 젊은 시절에 저지르는 실수는 일종의 자산이다. 다만 형태가 돈이 아닐 뿐. '최대한 실수하지 않는' 것이 아무리 바람직하다 해도 현실에 그대로 적용하기는 어렵다.

실수나 잘못을 대하는 가장 좋은 태도는 그것을 '결산'하는 것이다. **실수를 두려워하지 말고, 같은 실수를 반복하는 것을 두려워하라. 실수를 두려워하지 말고, 하나의 실수가 다른 더 큰 실수로 이어지는 것을 두려워하라.** 실수를 결산한다는 것은 다시 말해서 실수를 깊이 돌아보고 숙고함으로써 원인을 분석하고 거기서 얻은 교훈으로 다시는 같은 실수를 반복하지 않도록 하는 것이다. 이러한 결산을 통해 실수 때문에 치른 비용은 나중에 더 큰 실수로 이어지는 비극을 막는 비용이 된다.

둘, 남이 잘못할 수도 있다

나는 택시나 우버 차량의 뒷좌석에 앉으면 늘 그렇듯 습관적으로 안전벨트부터 맨다. 한번은 운전석에 앉은 기사가 이런 나를 돌아보며 말했다.

"제가 운전 경력이 자그마치 10년입니다. 너무 걱정 안 하셔도 돼요!"

그러면 나는 편안히 웃으며 말한다.

"저야 당연히 기사님을 믿죠. 하지만 도로 위의 다른 차들까지 믿진 않아요. 기사님은 안전하게 운전하셔도 다른 운전자들이 실수해서 사고가 날 수도 있잖아요."

현실에서는 언제든 '다른 사람 잘못으로 내가 사고를 당하는' 일이 일어날 수 있다. 가령 내게는 여러 사람과 함께 식당에서 밥을 먹을 때 계산서를 한 번 이상 확인하는 습관이 있다. 최종 결제를 하기 전, 종업원에게 오늘 주문한 음식이 기록된 계산서를 한 장 출력해달라고 부탁한다. 그런 다음 주문한 음식의 가짓수와 추가한 재료의 수량 등이 맞는지 일일이 확인해본다. 맞다는 것을 모두 확인한 뒤에야 최종적으로 결제를 하는 것이다.

물론 이렇게 하면 시간은 조금 걸리지만, '다른 사람 잘못으로 내가 금전적 손실을 입는' 상황은 확실히 피할 수 있다. 많은 사람들이 계산서 끝에 적힌 금액대로 결제한다. 매장에서 주문을 정확히 넣었으리라 믿으면서. 하지만 지난 10년간 내가 발견한 사실은, 음식점에서 계산을 잘못한 경우가 꽤 많다는 것이다. 특히 여러 사람이 여러 종류의 재료를 추가해가면서 먹는 훠궈는 이런 실수가 빈번했다. 식당에서 일부러 손님들을 속인 것이라고는 생각지 않는다. 식당 일은 바쁘고 정신이 없는 데다 종업원이 아무리 정확하게 주문을 받았어도 사람들이 붐비는 시간대에는 의도치 않은 실수가 벌어지게 마련이다.

그런데 당신이 여러 사람을 초대해서 대접하는 입장이라면 이런 식으로 일일이 계산서를 확인하는 일은 번거롭기도 하거니와 체면이 서지 않을 수도 있다. 그렇다면 일단 계산서 화면을 휴대폰으로 찍거나 종이로 출력해 가지고 있다가, 손님들이 다 떠난 뒤에 하나하나 확인해보고 혹여 잘못된 부분이 있다면 식당에 연락해 필요한 조치를 취하면 된다.

이렇게 계산서 내용을 일일이 확인하는 데는 단 몇십 초밖에 걸리지 않는다. 30초 동안 확인해 잘못된 기록을 발견하여 30위안을 아낄 수 있었다면? '겨우 30위안'이라고 생각하는 사람도 있겠지만, 30위안을 아끼는 데 30초밖에 걸리지 않았으므로 1초에 1위안씩 번 셈이다. 이것을 다시 1시간 몫으로 환산하면? 시간당 3600위안을 번 것과도 같다. 여러분은 1시간에 얼마를 벌고 있는가? 대범함이나 소홀함 때문에 잃은 돈은 그 자리에서 바로 벌어 메울 수 없다. 그런데 불필요한 손실을 피해 돈을 아끼면 그것만으로도 그 돈을 바로 번 것이 된다.

식당만이 아니라 편의점, 병원, 약국 등 어딜 가든 마찬가지다. 결제하기 전에 계산서를 잠깐 확인하기만 하면 된다. 어떤 사고든 일어난 뒤에 처리하는 것보다 사전에 막는 것이 가장 빠르고 쉽다. 시스템에는 오류가 없어도 사람이 조작하는 과정에서는 실수가 생길 수 있다. 시스템상의 오류조차 실은 사람의 잘못인 것이다. 그러므로 이런 잘못을 파악하고 넘어가려는 노력은 전혀 불필요한 것이 아니다. 구태여 다른 사람의 잘못으로 내가 사고를 당하는 일을 막지 않을 이유가 무엇이란 말인가? 다른 사람이 잘못했더라도 이를 제대로 확인하고 처리하지 않았다면, 그것은 결국 나의 잘못이다.

셋, '상대적'으로 착각하지 마라

내게는 돈을 버는 것이 '지키는' 것보다 훨씬 쉽고 단순하다. 돈을 벌 때는 해야 할 일을 착실히 하면서 가치를 만들어내기만 하면 된다. 그런데 돈을 지키려면 여러 유혹과 충동을 이겨내고, 업체와 매장에서 설치해놓은 함정도 잘 피해야 한다. 이때 충동은 내면의 감정에서 비롯되기도 하고, 외부의 업체들이 인간의 본성과 생각의 약점을 파고들기 위해 파놓은 '구덩이'에서 비롯되기도 한다.

그중 '상대성'은 우리가 상품 자체의 가치나 가격을 절대적 기준이 아닌 상대적으로 비교·판단하는 사고 습관을 겨냥한 것이다. 예컨대 옷가게에 70위안짜리 옷과 원래 가격은 100위안인데 30% 할인 판매하는 옷이 있다. 당신은 둘 중 어떤 옷을 고를 것인가. 어차피 지불해야 할 금액은 똑같지만 30% 할인 판매하는 옷을 더 기쁘게 고를 것이다.

비슷한 예는 또 있다. 온라인 쇼핑몰에서 전동 칫솔을 사려고 한다. 어떤 곳에서는 제품 가격 150위안에 배송료 10위안이 추가되고, 다른 곳에서는 제품 가격 169위안에 배송료는 무료다. 전자가 9위안 더 저렴하지만 많은 사람들은 후자를 볼 때 구매 욕구가 더 치솟는다. 맥도날드에서는 또 어떤가. 세트 메뉴 가격은 평균 30위안, 햄버거 단품 가격은 22위안이다. 이때 대다수 사람들은 별다른 계산 없이 곧장 세트 메뉴를 고른다. 세트 메뉴가 햄버거 단품보다 8위안밖에 비싸지 않은데도 프렌치프라이와 콜라가 끼어 있다고 생각하기 때문이다. 그도 그럴 것이 햄버거 단품에 프렌치프라이와 콜라를 따로 추가하면 세트 메뉴 가격보다 10위안이 넘게 비싸진다. 여기에 맥도날드에서도 세트 메뉴를 선택해 "18위안 아끼세요"라고 하니, 세트 메뉴를 고르는 게 훨씬 실속 있다는 믿음이 굳어진다.

그렇지만 이런 선택은 세 가지 사실을 간과하고 있다. 첫째, 단품 하나하나의 가격은 누가 정하는가? 맥도날드에서 프렌치프라이는 11.5위안(미디엄 사이즈), 콜라는 9.5위안(미디엄 사이즈)이다.

단품 가격을 이렇게 높게 정한 이유는 세트 메뉴 가격과 비교해서 세트 메뉴가 좀 더 실속 있다고 느껴지도록 하기 위해서다. 둘째, 당신은 처음부터 프렌치프라이와 콜라도 먹고 싶었는가? 먹고 싶은 건 아니었는데, 단지 세트 메뉴가 더 '싸게 느껴져서' 택한 것은 아닌가? 셋째, 맥도날드가 내세우는 "18위안을 아끼세요"라는 문구는 당신이 '원래부터 프렌치프라이와 콜라를 먹고 싶었을 것'이라는 전제를 깔고 있는 표현이다. 그러니, 그 두 가지를 더 먹으라는 암시이기도 하다.

당신의 실제 필요와 상품 자체의 가치만 고려했다면 당신은 햄버거 단품만 샀을 것이다. 그런데 상대적 가격의 유혹 때문에 세트 메뉴를 택하면, 그게 더 실속 있어 보이든 아니든, 필요한 것 이상을 사느라 돈을 더 지불한 셈이 된다. 매장으로서는 같은 수의 고객에게서 더 많은 돈을 벌게 되는 것이다. 콜라도 그렇지만 프렌치프라이도 한꺼번에 대량 생산을 하기 때문에 단가가 매우 낮다. 단가가 낮은 두 제품을 많이 팔면 팔수록 당연히 순이익은 수직 상승한다. 이 순이익은 소비자들이 햄버거 단품을 구매할 때보다 세트 메뉴를 구매할 때 '추가로 내는' 바로 그 돈에 해당한다. 그런데 프렌치프라이와 콜라를 라지 사이즈로 주문하면 그 가격은 또 따로 추가된다.

이렇듯 '상대적'인 비교는 비이성적이고 불합리하며 불필요한 돈을 더 지불하도록 만든다. 이렇게 **특정 숫자를 기준으로 한 '상대**

적' 비교로 의사 결정을 내리는 것을 '앵커링 효과anchoring effect'라 한다. 스타벅스는 왜 전 세계적으로 인기가 많을까? 스타벅스 매장은 병 음료보다 컵 음료가 많이 팔리도록 설계되어 있다. 어느 스타벅스 매장이든 문을 열고 들어가면 가장 먼저 디저트, 런치 메뉴, 병 음료 등이 놓인 유리 진열장을 보게 된다. 여기 있는 병 음료들은 대부분 스타벅스에서 만든 것이 아닌데, 그중 맨 앞에 놓인 에비앙 생수는 가격이 무려 22위안(약 4100원)이다.

매장을 방문한 고객들은 이 생수를 보고 놀라게 된다. "물 한 병이 22위안이라니, 너무 비싸잖아!" 그러다 주문을 하려고 고개를 들면, 스타벅스 음료들이 대체로 35~40위안인 것을 보게 된다. 이미 생수 한 병에 22위안인 것을 봤기 때문에 커피 한 잔에 35~40위안쯤은 별로 비싸 보이지 않는다. 22위안짜리 생수가 다른 상품의 가격을 판단하는 기준으로 작용하는 것, 바로 이것이 앵커링 효과다. 나는 몇몇 스타벅스 매장 직원들과 인터뷰를 해봤는데, 에비앙 생수의 판매량은 사실상 제로라고 한다. 팔기 위해 진열해놓은 상품이 아니라는 의미다. 스타벅스 매장에서 에비앙 생수는 어디까지나 다른 음료들이 싸게 '느껴지도록'(착각하도록) 하는 데 존재 목적이 있는 것이다. 사람은 머릿속에 먼저先 들어온入 관념을 절대화하는 경향이 있다. 이것이 바로 선입견先入見이다. 모든 소비자는 상품을 싸게 사기를 바란다. 그러나 업체나 매장에서 모든 상품을 정말로 싸게 팔 수는 없다. 그렇다면? 싸게 산 것 같은 느낌을 주면 된다!

애플의 가격 정책도 이런 '상대성'과 '앵커링 효과'를 톡톡히 이용한 것이다. 애플은 휴대폰의 정가도 세 종류, 태블릿의 정가도 세 종류다. 그런데 자세히 들여다보면 태블릿, 휴대폰, PC 할 것 없이 판매고가 가장 높은 것은 전부 중간 가격대 제품인 것을 알 수 있다. 애플 제품을 구매할 때 소비자들의 마음속에서는 두 가지 '앵커링 효과'가 일어나기 때문이다. 일단 중간 가격과 낮은 가격의 제품이 모두 싸 보이는데, '상대적'으로는 중간 가격의 제품이 더 실속 있어 보인다. '제일 비싼 걸 살 필요는 없고 제일 사양 낮아 보이는 것을 사기도 싫으니 중간 가격 제품이 좋겠다'고 판단하는 것이다. 보라, 여기서도 벌써 '가장 싼' 것을 '가장 사양 낮은' 것으로 여기고 있지 않은가. 이렇듯 소비자들은 애플에서 제공하는 기기의 성능-사양-가격표를 보고 자신에게 필요한, 딱 맞는 제품이 무엇인지를 따져보는 것이 아니라 느낌으로 구매를 결정한다. 기기의 성능과 사양이 자세히 설명되어 있는 가격표를 보면 가장 기본적인 사양의 저가 제품을 고를 가능성이 높아지기 때문이다.

다른 예를 들어본다면, 이런 찻집이 있다고 가정해보자. 소, 중, 대 찻잔에 담긴 차 한 잔의 가격이 각각 22위안, 24위안, 32위안이다. 그럼 당신은 중간 가격의 찻잔을 고를 가능성이 높다. 만약 세 잔의 가격을 각각 24위안, 28위안, 36위안이라고 한다면? 역시 중간 가격을 고를 가능성이 높다. 후자의 중간 가격이 전자의 중간 가격보다 4위안 더 비싸기는 하지만, 셋 중에서는 '상대적'으로 자신에게 가장 적당하고 합리적인 가격이라고 느껴지기 때문이다. 이러한 **'상대성'은 우리로 하여금 무의식중에 그 물건을 결국 구매하게 하고, 더 많은 돈을 지불하게 한다.**

넷, 날로 먹으려는 요행심

날로 먹으려 들거나 잔머리 굴리는 것, 훔치는 것은 모두 인간의 본성이다. 사람에게는 기본적으로 일하지 않고 놀고먹으려는 요행심이 있기 때문이다. 그러나 이런 요행심이 있으면, 부에 대한 장악력이 떨어지게 되어 있다.

이런 종류의 요행심은 처음에 작은 이익과 편의를 탐하는 형태로 나타난다. 뭐, 그렇게 살아도 큰 지장은 없다. 하지만 이런 마음의 싹을 자르지 않으면 한 번, 두 번 거듭되면서 걷잡을 수 없이 커져 여러 도박적 행위를 일으키며 참혹한 손실을 만들어낸다. 누군가의 말만 듣고 혹은 분위기나 대세에 휩쓸려 P2P 상품에 거액을 투자한다든지, 아무런 시장 조사도 없이 '싸 보이는' 아파트를 덜컥 매입하는 식이다. 진정으로 부를 장악하고 재물을 지키고 싶다면, 지금부터 자신의 일상생활에서 이러한 요행심을 걷어내야 한다.

작년 초, 나는 사업 실무팀과 함께 프로젝트 조사 업무를 위해

한국에 간 적이 있다. 회의를 마치고 다음 날 조식으로 먹을 음식을 사기 위해 다 같이 빵집에 들렀다. 우리는 빵 몇 개를 들고 계산대 앞으로 갔고, 경비 담당자가 현금을 지불했다. 우리는 빵과 잔돈을 들고 빵집을 나왔다. 그렇게 호텔로 돌아오는 길에 경비 담당자가 잔돈을 세어보더니 활짝 웃으며 말했다.

"우와, 사장님! 우리 돈 벌었어요!"

"그게 무슨 말이야?"

"아까 그 빵집에서요, 잔돈을 엄청 많이 남겨줬지 뭐예요?"

"잔돈?"

"아까 우리가 빵 1만 3500원어치 사면서 2만 원을 냈잖아요? 그럼 6500원 돌려줘야 하는데, 1만 5500원을 돌려줬어요! 빵 값은 내지도 않고 2000원을 벌었네요. 1000원짜리 하나를 만 원짜리로 잘못 준 거 같아요."

"그래? 그럼 다시 가서 돌려주고 와야겠네."

"왜요? 우리가 잘못한 것도 아니잖아요."

"그 직원은 현금 계산이 안 맞아서 수십 번도 더 계산해보다가 결국 본인 돈으로 채워넣어야 할 텐데, 그럼 하루 종일 일한 게 헛수고가 되잖아. 너무 억울하지 않겠어? 그리고 이런 식으로 잔돈이나 먹고 튀면 한국에서 우리 중국인에 대한 인상이 어떻게 되겠어?"

"아, 그 생각은… 못 했네요."

"더 중요한 건, 자기 돈이 아니면 가지려고 하면 안 된다는 거야. 돈만 놓고 보면 우리가 번 게 맞겠지. 하지만 이런 식으로 얻는 돈은 누군가가 부당하게 잃은 대가잖아. 공평한 교환이라고 할 수 없지. 아까 자네도 말했지만, 우린 빵도 공짜로 가져온 게 되는 데다 2000원까지 더 받았어. 이건 그 빵집에서 빵도 훔치고 2000원도 훔쳐 온 거랑 같아."

우리는 빵집으로 다시 가 더 받은 잔돈을 돌려주었다. 돈의 영역에서도 얼마든지 내가 벌고 남도 버는 '윈윈'이 가능하다. 반드시 남이 잃어야만 내가 버는 '제로섬'이 아니다. 그러니 자신의 이익을 최대화하겠다고 남에게 손실을 가하려 들어서는 안 된다. 자신의 이익을 최대화할 때는 상대방의 이익도 지켜진다는 전제하에서여야 한다. 이 점을 분명히 인식해야만 당신도 큰돈을 벌고 진정으로 부유해질 수 있다.

전자책 파일만 해도 그렇다. 나는 내가 운영하는 커뮤니티에서는 전자책 파일 공유를 철저히 금지하고 있다. 그 책을 보고 싶으면서도 사지 않고 해적판을 찾는 것이야말로 '훔쳐'서 '날로 먹으려는' 것이기 때문이다. 이따금 커뮤니티에 내가 평소 읽는 책의 제목을 공유하면, 그 책의 파일부터 찾는 사람들이 있다. 책을 찾는 노력도, 구입하는 비용도 치르지 않고 결과물만 얻겠다는 것이 '날로 먹는' '도둑질'이 아니면 무엇이란 말인가.

"선생님, 책 그거 그냥 몇십 위안인데 꼭 가서 사야 돼요?"라고 볼멘소리를 하는 친구도 있다. 그럼 나는 이렇게 대답한다.

"아껴봤자 몇십 위안인데, 그걸 꼭 훔쳐야겠니?"

단지 돈이 얼마인가 하는 문제가 아니다. 합당한 비용과 노력을 쏟지 않고 얻은 것으로는 아무것도 배울 수 없다. 더욱이 날로 먹으려는 시도로 보상을 얻고 나면 정확한 돈 개념과 돈 버는 사고가 형성되기 어렵다.

거저 얻었다고 기뻐하지 마라. 그것은 행운이 아니라 저주다. 그런 기쁨이 쌓일수록 당신은 진정 큰돈을 버는 사람이 아닌 도둑이 될 뿐이다. 오늘 거저 누린 이익은 장래에 반드시 큰 손해로 돌아온다. 눈앞의 작은 이익에 취하는 것이 습관이 되면 장래에 헛고생만 실컷 하게 된다.

'날로 먹지 말라'는 것은 그게 옳으므로 그렇게 해야 한다는 식의 도덕적 권유가 아니다. 작은 비용 좀 치르고 안 치르고가 뭐 그렇게 중요하냐고 생각할 수도 있다. 바로 그것이, 대다수 사람들이 항상 돈 없는 상태로 살아가는 근본적인 원인이다. 날로 먹으려는 태도는 한마디로 인생의 고질병이다. 이런 병은 우리 일상에 너무나도 흔하다. 한번은 수강생 1명이 강의가 끝나자마자 나를 따라오면서 이렇게 말한 적이 있다.

"선생님, 오늘 강의 정말 좋았어요. 강의 내용이 정리된 파일 있으면 하나 주시겠어요?"

"공부를 내가 하니, 네가 하니? 필요한 내용이 있으면 스스로 정리해야지, 왜 거저 얻으려고 하니?"

또 한번은 집을 사고 싶다는 친구가 위챗으로 이렇게 물어온 적도 있다.

"선생님! 저 200만 위안으로 베이징 공항 근처에 있는 집을 하나 사려고 해요. 어떻게 할까요?"

그 친구가 말한 건 저게 전부였다. 그 200만 위안이 계약금인지, 매매가인지에 대한 언급도 없었다. 그 집이 어떤 집인가에 대한 설명도 없고, 다른 집을 좀 더 알아본 것도 아니었다. 그러면서 자신이 어떤 결정을 내려야 할지 도무지 모르겠다는 식이었다. 비슷한 대답을 할 수밖에.

"그 집을 내가 사니, 네가 사니?"

날로 먹는 것에는 반드시 대가가 따른다. 성장의 모든 걸음은 자신의 발로 내디뎌야 한다. 필요한 공부가 있다면 '학비'를 제대로 치르고 스스로 공부해야 한다. 그 과정에 고통이 따른다면 고통을 감수할 각오도 해야 한다. 다른 누가 대신 해주는 것이 아니다. 그런 요행심이 남아 있는 한 당신 인생은 전적으로 당신 자신의 것이라고도 할 수 없다.

부를 일구는 과정에서는 누구도 당신 대신 책임을 져주지 않는다. 작은 손실을 면하면 전체 부의 5~10%를 아낄 수 있을지 모르나, 큰 손실을 피하면 당신의 부 전체를 지킬 수 있다. 날로 먹으려 들지 않아야, 자신이 가진 것을 온전히 지킬 수 있다. 이 세상에 남들이란 없다. 자기 자신이 있을 뿐이다. 당신 자신만이 당신을 해방시킬 수 있고, 당신에게 진정한 자유를 줄 수 있다.

3

돈을 잘 쓰기 위한 생각의 전환

예산을 세우고, 필요한 것만 사며,
생활에 유익을 더하는 법

과거에 인터넷이 발달하지 않았을 때는 뭔가를 사려면 돈을 들고 나가야 했기 때문에 집 밖으로 나가지만 않으면 돈 쓸 일도 없었다. 그런데 지금은 인터넷이 발달해 하루 종일 집에 있어도 클릭 몇 번으로 쇼핑을 끝내고, 그대로 앉아만 있어도 문 앞까지 물건을 배송 받을 수 있다.

요컨대 과거에는 집 밖으로만 안 나가도 돈을 아낄 수 있었다면, 지금은 집 안에만 있어도 돈을 쓸 수 있다는 말이다. 심지어 외출할 때보다 더 많이 쓸 수도 있다. 그러므로 돈 쓰는 규칙을 세울 때에는 온·오프라인을 통틀어 세세히 정해둘 필요가 있다.

첫째, 예산을 먼저 정하고 돈을 쓴다

돈을 그냥 쓰면 무의식중에 막 쓰게 되어 있다. 사전에 아무런 계획도 없었기 때문이다. 일상에서의 소비는 크게 자잘한 일상용품 구매과 큰돈이 드는 물건 구매, 두 종류로 이루어져 있다. 구매 형태는 다르지만 예산을 정하는 방법은 비슷하다. 살 것들의 목록을 정리한 다음 대략적인 총 가격을 설정하는 것이다. 오늘 마트에 갈 계획이라면, 가기 전에 일단 무엇을 살지 모두 적는다.

- 과일
- 우유
- 계란
- 채소
- 조미료

하지만 여기까지는 뭘 살지 잊지 않기 위한 메모에 불과하다. 각각 '얼마만큼'을 살지와 '총 예산'에 대한 내용이 없기 때문이다. 중량 및 수량과 총 예산을 첨부한 형식은 다음과 같다.

- 과일(1.5kg)
- 우유(12개)

• 계란(30개)

• 채소(2.5kg)

• 올리브유(1병)

• 고추장(1통)

• 해선간장(1병)

= 약 170위안

모두 일상적인 소모품으로 중량이나 수량을 표기할 수 있다. 사과를 1개 사는 것과 500g을 사는 것은 전혀 다르다. 이렇듯 자잘한 물건을 사는 경우에는 모든 품목을 적고 각각의 양과 가격, 예상되는 총 가격까지 쓴다. 이 방법은 온·오프라인으로 장을 볼 때뿐 아니라 식비·외식비 등의 예산을 짤 때도 활용할 수 있다.

큰돈이 드는 물건을 구매할 때는 총 예산을 먼저 정하는 것이 좋다. 태블릿을 사기로 했다면 사양이나 브랜드를 정하기 전에 태블릿을 사는 데 얼마까지 쓸 수 있는지를 먼저 정하는 것이다. 가용 예산이 5000위안인 경우, 매장에 가서 직원에게 자신의 예산 범위를 이야기하면 직원이 범위 안에서 사양과 성능이 좋은 제품들을 추천해줄 것이다. 그런데 무작정 가서 아무것이나 소개받다 보면 자신에게 필요한 기능인가와 상관없이 가장 비싼 제품을 사들고 오게 된다. 한마디로, 낭비하기가 쉬워지는 것이다.

인터넷으로 쇼핑을 한다면, 예산을 먼저 정한 뒤 쇼핑몰 플랫폼의 '조건 검색' 기능을 이용, '5000위안 이내'의 제품만 선별한 뒤 '인기순'으로 정렬하면 도움이 된다. 품목명으로만 검색해서 들어가면 이것저것 보다가 아무것도 제대로 고르지 못할 수 있다. 예산을 먼저 정하면 돈과 시간을 아끼면서도 합리적으로 제품을 고를 수 있다. 무작정 가장 좋은 것을 사려 들면 별 제한 없이 덜컥 큰돈을 쓰게 된다.

가용 현금이 많아지면 당연히 구매력도 커진다. 이때도 '큰돈 드는 물품'을 사는지, '자잘한 소모품'을 사는지 구분할 필요가 있다.

예산을 세우기 전에는 해당 물품의 '구매 빈도'와 '양'을 잘 계획해야 한다. 내 경우에는 온라인 강의를 구매할 때는 분기당 한 번만, 한 번에 한 분야에 대해서만 구매한다. 책을 살 때는 한 달에 한 번만, 한 번에 3~5권 이내로 사고, 피트니스 클럽을 이용할 때는 매주 두 번, 한 번에 1.5시간 정도를 이용하는 식이다.

실제로 이런 방식을 적용할 때에는 전날 밤에 다음 날 쓸 돈을 미리 예상해보고 다음 날의 총지출 예산을 세운 뒤 가계부의 '쓸 돈' 항목에 적어둔다. 이렇게 예산을 세운 뒤에는 최대한 그 예산 안에서만 돈을 쓰려고 노력한다.

이상의 예산 세우는 방법은 무척 간단해 보일 수 있다. 그렇다면 다음 두 질문에 답해보기를 바란다.

간단해 보인다면, 정말 그렇게 해보았나?

해보았다면, 그 뒤로도 계속하고 있는가?

둘째, 당장 필요한 것만 산다

내가 수강생들에게 강조하는 말인데, 당신도 세 번쯤 반복해보길 바란다. **"원하는 것이 아닌 필요한 것을 산다."** 어디까지나 '필요'가 기준이어야지, 막연히 '갖고 싶다'는 이유로 사려고 하면 안 된다는 뜻이다. '필요하다'는 것과 '갖고 싶다'는 것은 어떻게 다른가? 이는 지금 당장 사용할 것인가 아닌가에 따라 달라진다.

나는 많은 여성들이 사놓고 입지 않는 옷을 옷장 가득 걸어놓고 있는 모습을 자주 보았다. 어차피 사놓기만 하고 입지 않을 거라면 그 옷이 옷장에 걸려 있든 매장에 걸려 있든 매한가지 아닌가? 그 옷이 매장에 걸려 있을 때에는 옷값에 해당하는 돈이 당신 수중에 있고, 그 옷이 옷장에 걸려 있을 때는 옷값에 해당하는 돈이 매장에 존재한다는 차이가 있을 뿐. 사놓고 읽지 않는 책도 마찬가지다. 그 책들이 내 집 책꽂이에 꽂혀 있든 서점에 꽂혀 있든 아무 차이가 없다. 다른 모든 물품이 다 마찬가지다. 당장 쓸 물건이 아니라면, 그것을 어디에 두든 그냥 거기 계속 놓여 있는 물건일 뿐이다. 그러니 이제부터라도 당장 쓰지 않을 물건이라면 매장 진열대에 좀 더 오래 두는 쪽을 택하도록 하자. 그러면 최소한 그 물건 값에 해당하는 돈이 당신 수중에 더 오래 머물지 않겠는가!

이러한 극기·제한의 훈련을 어느 정도 거치고 나면, 당신의 두뇌에는 돈 쓰기에 관한 새로운 회로가 형성된다. 매번 돈을 쓰기 전에, 이게 정말로 필요한 것인지 자동으로 판단하고 결정을 내리게 될 것이다. 이렇게 돈을 쓰면 최소 세 가지 장점이 있다. 돈을 정말로 잘 쓰는 법을 배우게 되고, 쓸데없는 낭비를 줄이게 된다. 앞의 두 가지 장점을 통해 '단샤리斷捨離'*도 실현할 수 있다. 물건들이 차지하고 있던 자리가 비워지면서 생활 공간은 더욱 넓어지고 마음도 탁 트이게 된다.

여기서 한 걸음 더 나아가, '필요'한 특정 물품만이 아니라 '필요'한 특정 기능(부분)으로까지 기준을 좀 더 세세하게 다듬어볼 수도 있다.

최근에 나는 평소에 쓰는 휴대폰이 아닌 강의·업무용 휴대폰에 꼭 필요한 기능이 있어, 해당 기능이 있는 보조 휴대폰을 알아본 적이 있다. 그런데 아이폰은 가격이 거의 1만 위안에 달했다. 너무 비쌌다. 나는 내게 필요한 기능들을 쭉 적어보았다. 그랬더니 보조 휴대폰에 필요한 기능은 여러 개의 위챗 계정으로 수강생 관리를 하는 정도라는 것, 상담 도중에 그때그때 떠오른 영감을 녹음하는 정도라는 것을 발견할 수 있었다. 휴대폰의 운영 체제가 안정적이고 메모리와 배터리만 받쳐준다면 그걸로 충분하다는 결론도 얻을 수 있었다. 결국 나는 아이폰이 아닌 999위안짜리 샤오미를 선택했

* [옮긴이주] '끊고, 버리고, 떠난다'는 뜻으로 불필요한 물건을 사지 않으며, 사용하지 않는 물건은 버리고, 소유에 대한 집착을 내려놓는 미니멀리즘 라이프 스타일.

다. 내가 원하는 모든 기능을 갖춘, 완벽한 제품이었다.

만약 그때 1만 위안을 주고 아이폰을 사 보조 휴대폰으로 썼다면 필요한 기능을 훌쩍 넘어서는 과잉 기능에, 9000위안이 넘는 돈을 낭비했을 것이다. "혹시 나중에라도 쓸 일이 있을지 모르잖아요?"라고 말하고 싶은 사람이 있을지도 모르겠다. 쓸 일이 있을지도 모른다는 것은 필요 이상의 제품을 구입할 때 많은 사람들이 자신의 구매를 합리화하기 위해 흔히 하는 말이다. 당장 입지도 않을 옷을 한꺼번에 10벌이나 사면서 '언젠가 다 입을 것'이라고 말하고, 초고가 컴퓨터를 사면서 '언젠가 다 쓰게 돼 있는 기능'이라고 말한다. 물론 그럴 수도 있다. 그러나 **우리의 구매 기준은 단 하나, 당장 그것을 쓸 일이 있는가여야 한다.** 우리의 재테크에서는 있는 돈을 잘 지키고 최대한 많은 현금을 수중에 남기는 것이 최우선 임무다. 혹시라도 나중에 쓸 일이 있다면, 그것은 나중에 사자.

'혹시라도 나중에 쓸 일이 있을지 모른다'는 것은 사실이 아닌 가정에 기반하고 있는 말이다. 어차피 가정할 거라면 이렇게 가정할 수도 있다. '나중에 가서도 쓸 일이 없을지도 모른다.'

'~할지도 모른다'는 것은 기준이 될 수 없다. 왜냐하면 그것은 '모르는' 것이기 때문이다. '당장 필요한' 것만 사면, 당장 필요하지 않은 것은 사지 않기 때문에 당장 쓸 일 없는 무언가에 대해 돈을 낭비할 일도 없다.

셋째, 돈을 쓸 때마다 돈이 더해지는 법

대부분의 사람들은 돈을 쓸수록 돈이 더 적어진다. 그러나 이 세상에는 돈을 쓸수록 시간이 흐르면서 돈이 더욱 많아지는 사람들이 있다. 예산을 잘 세워 합리적으로 돈을 쓰고 지금 필요한 것만 사는 것에 이어 한 가지 더 배워야 할 마인드가 있다.

바로, **돈을 쓸 때마다 '소비'를 '투자'로 바꾸는 것이다.** 이것은 돈의 사용에 있어 '뺄셈' 기호를 '덧셈' 기호로, 나아가 '곱셈' 기호로 바꾸어 돈을 쓸수록 돈이 더 많아지게 하는 관건이다. '소비'를 '투자'로 바꾸는 것의 핵심은 '장기적 사고'다. 돈을 씀으로써 투자 효과를 낸다는 것은 '장기적으로 덧셈 기호' 역할을 하는 영역에 돈을 사용하는 것을 의미한다.

현재 20~40살 사이에 있는 사람들에게 '장기적으로 덧셈 기호'의 역할을 하는 영역은 '자아 가치에 대한 투자'다. 즉 '인생 전반의 기본 면적을 다져나가는' 데 80~90%의 돈을 쓰는 것이다. 여기서 '인생 전반의 기본 면적'은 크게 건강과 위험, 공부와 성장, 사적 교류, 성과와 효율이라는 네 영역으로 나눌 수 있다. 현재 돈이 많든 적든, 각각의 영역에서 단숨에 완벽해지려고 할 필요는 없다. 지금 당장 할 수 있는 것부터 하면 된다. 무엇이든 간에 하고자 하는 의지만 있다면 문제보다 방법이 더 많은 법이다. 아래 네 가지 영역에서 투자의 중점이 되는 부분을 간략히 설명하고자 한다.

건강과 위험

신체적·심리적 건강은 모든 투자의 중요한 전제이자 보장이다. 우리 인생이 예금 통장이라면, 건강은 잔고 맨 앞의 숫자 1이고, 나머지 모든 요소가 그 뒤에 붙는 0과 같다. 일단 1이 있어야 0이 붙을 수 있다. 0이 아무리 많이 붙는다 한들 1이 없다면 아무 소용이 없다. 따라서 생명 보험이나 상해 보험, 질병 보험 등을 가입할 사정이 여의치 않다면 얼마간의 돈과 시간이라도 운동과 건강 관리에 투자해야 한다. 만약 이마저도 사정이 여의치 않다면 운동화 한 켤레와 줄넘기 하나만으로도 가능한 가벼운 운동을 권하고 싶다.

공부와 성장

이 측면에서는 천부적 재능, 특기·장점, 관심·흥미 순으로 투자하는 것이 좋다. 자신이 타고난 재능에 가장 많은 시간과 노력을 투자하고, 그다음으로는 비교적 잘하는 것에 투자하는 것이 좋다. 앞의 두 가지를 찾지 못했다면 가장 관심이 가는 분야에 투자하는 것도 좋다. 관심과 흥미를 자기만의 강점으로, 남다른 경쟁력으로, 나아가 전문적 기술·지식·소양으로 발전시키면, 그 전문성으로 많은 돈을 벌 수 있다. 단지 '남들이 좋다고 하는 것'이나 '요즘 잘나가는 것'에 시간과 돈을 투자하려고 하면 안 된다. 그런 것들이 당신의 장기나 관심 분야가 아니라면 탁월하게 잘하는 수준으로 발전하기 어렵고, 아무리 시간이 흘러도 독보적인 성과를 내기 어렵기 때문이다. 어떤 분야에서든 손꼽히게 우수해지려면 천부적 재능에 부지런한 노력까지 겸비해야 한다. 그런데 자신이 잘하지도 못하는 것으로 타인의 천부적 재능과 겨루어 승산이 있겠는가? 자기만의 타고난 재능과 강점이 무엇인지 찾아 거기에 투자해야 한다.

사적 교류

전체 지출 가운데 일정 금액은 관계를 유지하는 데 할당하기를 권한다. 유지하고자 하는 관계의 기준은 마음이 잘 맞는다거나, 서로가 어떤 처지이든 함께할 수 있다는 믿음 같은 것일 수 있다. 유지할 관계의 많고 적음, 관계 유지에 쓰는 돈의 많고 적음은 중요하지 않다. 상대가 수다를 좋아하면 만나서 수다를 떨면 되고, 상대가 파티를 좋아하면 파티를 열 수도 있다. 상대가 사교에 냉담하다면 중요한 날에 선물이나 축하 메시지를 보낼 수도 있다. 어떤 식이든 관계를 유지하는 데에는 돈을 얼마나 썼는가보다 마음을 쓰는 것이 훨씬 중요하다.

성과와 효율

돈이 만능은 아니다. 그러나 돈으로는 최소한 편리함과 효율을 살 수 있다. 이미 앞의 항목들에 투자하고도 얼마간의 금전적 여유가 있다면, 업무 환경과 업무 설비를 개선하는 데 투자하기를 권한다.

일에서의 높은 생산성과 좋은 수행력은 자신의 가치와 성과를 높이고, 이는 더 많은 선택권으로 이어진다.

정말로 돈을 많이 벌고 싶다면, 돈 자체를 벌려고 하기보다 '값어치 있는' 일을 하려고 해야 한다. 진정으로 값어치 있는 일을 하면 당신은 친구들 사이에서든 당신이 일하는 분야에서든 **그만큼 더 가치 있는 존재가 된다.**

4

'손모가지 절단' 방지책

돈을 써버리기 전에 스스로에게 물어야 할 일곱 가지

매년 '솽스이'나 '솽스얼'*이 지나면 '내가 이놈의 손모가지를 잘라야지', '난 이제 흙이나 퍼먹고 살아야 돼'라는 자조가 여기저기 넘쳐난다.

그러나 우리가 인류의 역사를 돌아보았을 때 얻을 수 있는 단 하나의 교훈이 있다면, 사람은 어떤 경우에서도 교훈을 얻지 못한다는 것이다. 헛돈 쓰는 일이 반복되는 것을 막고 싶은가? 그렇다면, 돈 쓸 일이 있을 때마다 다음 일곱 가지 질문을 스스로에게 던져보자.

* [옮긴이주] '솽스이'는 매년 11월 11일에 열리는 온라인 쇼핑 축제로, 중국판 블랙프라이데이라고 할 수 있다. '솽스얼'은 12월 12일 중국에서의 연중 마지막 할인 판매 행사다.

질문 1. 장바구니 법칙
: 이건 다음에 사도 되지 않을까?

욕망의 충족을 지연시키는 방법은 간단하다. **욕망과 충족 사이에 완충재를 하나 두는 것**이다. 사느냐 마느냐 사이에 '나중에 산다'는 제3의 선택지를 하나 더 두어보자. 뭔가를 정말로 사고 싶다면 한번쯤 스스로에게 물어보라. '이건 나중에 사도 되지 않을까?' 이런 장바구니 법칙을 적용하기에 최적인 품목이 세 가지 있다. 바로 옷, 전자기기, 책이다.

모든 온라인 쇼핑몰에서 이런 완충재 역할을 하는 것이 '장바구니'다. 갑자기 할인 판매라도 하면 우리는 평소 필요하지도 않았던 물건들까지 얼씨구나 하고 장바구니에 집어넣게 된다. '어차피 쓸 건데, 지금 싸게 사면 좋지'라고 합리화하면서 말이다. 그러나 온갖 광고는 당신의 소비 충동과 소유욕을 아주 쉽게 끌어올린다. 내가 추천하는 방법은, 그렇게 장바구니에 담아놓은 물건들 가운데 가장 필요하거나 원하는 것 하나만 사고 나머지는 그대로 장바구니에 계속 두는 것이다. 일주일 후에 다시 장바구니를 보자. 한 주 전에 충동적으로 담아둔 것들 가운데 몇 개나 '지금도 여전히' 사고 싶은가. 소비 욕구가 한 주 전 같지 않을 것이다. 그럼 이 지점에서 두 가지 행동을 취한다. 하나는 더 이상 사고 싶지 않은 물건들을 장바구니에서 삭제하는 것이고, 다른 하나는 여전히 사고는 싶지만 당장 필요하지는 않은, 그러나 '언젠가 쓸 일이 있을 것 같은' 물건들은 계속 장바구니에 두는 것이다.

나는 한때 미친 듯이 책을 사들이곤 했다. 하도 많이 사서 올해 안에 다 읽을 수는 있을까 막막할 정도였다. 하루는 책상 앞에 산더미처럼 쌓인 책들을 보는데 가슴이 다 답답해졌다. '다 읽을 시간도 없으면서 왜 이렇게 많이 샀지?' 그렇다. 책을 그렇게 많이 살 수는 있었지만 다 읽을 시간은 없었던 것이다. 오래전에 샀지만 펼쳐보지도 않은 책, 몇 페이지 못 읽고 덮어뒀다가 그대로 오랜 시간이 지난 책이 얼마나 많은가? 사실 이런 책들이 지금까지 있었어야 할 곳은 서점의 서가나 온라인 서점의 장바구니 안이다.

하루가 다르게 기술이 발전하는 IT업계에는 명언처럼 회자되는 유명한 말이 있다. "승리는 영원히 '기다리는' 자의 것이다." 여기서 '기다리는' 자란 어서 빨리 새로운 기기로 교체하고 싶지만 교체하자마자 '신제품이 나오면 어쩌지?' 하며 불안해하는 사람들이다. IT 전문가들마저 "곧 신제품이 나올 테니 기다려보라!"고 말한다. 그러니, 당신도 '기다려보라!' 꼭 신제품으로 교체하지는 않더라도 더 나은 결정을 내릴 수 있게 될 것이다. 정말로 사고 싶은 게 있다면 30일이나 60일, 혹은 90일까지도 기다려보라. 그때가 되면 분명 별로 사고 싶지 않을 것이다. 더불어 이 사실을 명심하기를 바란다. **경제적 자유의 가장 큰 적은 감정이고, 가난의 가장 좋은 친구는 충동이라는 것을.**

질문 2. 현실 대면
: 내가 이 돈을 써서 얻는 게 무엇인가?

대다수 사람들에게 돈 쓰는 일이란 단지 돈을 쓰는 일일 뿐, 무엇에 쓰는지에 대해서는 깊이 생각하지 못한다. 산 물건이 그 값을 하는지에 대해서도 잘 생각하지 않는다. 하여 두 번째 질문의 목적은 '당신이 지불한 돈으로 어떤 가치와 바꾸었는가'를 이성적으로 따져보는 것이다.

상품의 가치에는 크게 정서적 가치, 기능적 가치, 장기적 가치가 있다. 정서적 가치는 그 물건이 가져다주는 행복과 만족감이다. 기능적 가치는 그 물건을 사용함으로써 기대했던 결과를 얻는 것이다. 장기적 가치는 그 물건을 사용함으로써 장기적으로 당신의 생각이나 행동, 심지어 습관에 긍정적인 영향을 미치는 것이다.

더운 날 콜라 한 캔을 마시며 상쾌함을 느꼈다면 정서적 가치를 얻은 것이다. 헤어 드라이기로 젖은 머리카락을 빨리 말릴 수 있었다면 기능적 가치를 얻은 것이다. 책을 사서 읽으며 마음이 차분해졌고 필요한 지식을 얻었을 뿐 아니라 앞으로 살아가는 데 큰 힘을 얻었다면, 정서적 가치와 기능적 가치, 장기적 가치를 모두 얻은 것이다.

스스로에게 좀 더 엄격한 태도로 살면서 더 많은 돈을 남기고 싶다면, 돈을 쓸 때도 더 높은 기준을 적용하면 된다. 투자 수익률을 높여 이익을 최대화하듯 **한 번의 지출로 여러 가지 이익을 누리는 것이다.** 물건을 살 때 이 같은 기준을 적용해보자. 어떤 물건을 구매함으로써 정서적 가치만 얻을 수 있다면, 사지 않는다. 기능적 가치를 얻을 수 있다면, 살지 말지 고민해본다. 장기적 가치를 얻을 수 있다면, 사는 쪽으로 고려해본다. 마지막 두 가지 혹은 세 가지 전체를 얻을 수 있다면, 반드시 산다.

나는 출장길에 공항에서 내리면 콜택시나 콜밴을 자주 이용하는 편이다. 기사의 운전 실력이 안정적이고 무엇보다 뒷좌석이 넓어서다. 차 안에서도 잠시 일을 할 수 있거나, 일하지 않는다면 한숨 푹 잘 수도 있다. 사실 이 책 일부도 출장길 택시 안에서 쓴 것이다. 콜택시나 콜밴은 일반 택시에 비해 다소 비싼 편이라고도 할 수 있지만, 내게는 그 돈에 차량 사용비와 유류비 외에 이동형 업무 공간을 임시로 빌린 돈까지 포함돼 있는 셈이다. 이렇게 따져보면 결코 비싼 금액이라고 할 수 없다. 콜택시를 업무 공간으로 활용함으로써 기능적 가치와 장기적 가치를 모두 얻었기 때문이다. 차 안에서 일을 할 수도 있지만 쉴 수도 있고 기분도 좋아졌으니 정서적 가치도 얻은 셈이다. 중요한 것은 무조건 돈을 많이 쓰면 안 된다는 게 아니다. 당신이 지불한 돈으로 무엇을 얻었는지 알아야 한다는 것이다.

광저우에서 베이징까지 3시간 반 걸리는 노선의 비행기가 있다고 치자. 이코노미석은 800위안, 비즈니스석은 1200위안, 일등석은 3500위안이라면, 당신은 어떤 좌석을 고를 것인가? 나라면 비즈니스석을 고를 것이다. 비즈니스석은 일등석 못지않게 넓고 기내 서비스가 우수하면서도 가격은 3분의 1에 불과하다. 한편 이코노미석과 비교해도 좌석이 넓고 편안해서 노트북을 켜고 일할 수도 있고, 누워서 잠을 잘 수도 있다. 그런데도 가격은 이코노미석의 2배가 되지 않는다. 한마디로 기능적 가치가 충분하다.

그렇다면 장기적 가치는 어떨까? 이는 상황에 따라 다르다. 나는 1년 중 비행기 안에서 최소 150시간 정도를 보낸다. 1시간에 1000자 정도의 글을 쓰므로 150시간이면 총 15만 자의 글을 쓸 수 있다. 만약 비행기 안에서 보내는 시간을 전부 글을 쓰는 데 바친다면, 이렇게 쓴 글만으로 책 한 권을 완성할 수도 있다. 이렇듯 비행기 안에서 보내는 시간을 일하거나 글을 쓰는 데 이용한다면 더더욱 주저할 이유 없이 비즈니스석을 고를 것이다. 1200위안은 내가 책 한 권을 쓸 수 있다는 장기적 가치에 비하면 그리 큰 금액이라고 할 수 없다. 그러나 비행기에서 항상 글을 쓸 수 있는 것은 아니다. 종종 새벽 비행기를 탈 때도 있는데, 그 시간대에는 주로 자야 하기 때문에 비행기 안에서 일을 하거나 글을 쓰기 어렵다. 이런 경우에는 무조건 이코노미석을 고른다. 새벽 비행기를 탈 때에는 달리 고려할 장기적 가치가 없고, 기능적 가치만 만족스러우면 되기 때문이다.

그러므로 기왕 돈을 쓸 거라면 이 돈으로 무엇을 살 수 있는지,

어떤 가치를 얻을 수 있는지 생각해보자. 이왕이면 어느 한 가지가 아닌 여러 가지를 얻을 수 있으면 더 좋지 않은가? 한 발 더 나아가, 그런 여러 가지 가치를 얻으면서도 좀 더 싸게 살 방법은 없는지도 생각해보자.

질문 3. 민감도 제고
: 얼마를 벌어야 저걸 살 수 있는가

지금은 정말 돈 쓰기 쉬운 시대다. 돈을 쓸 때마다 자신이 돈을 쓰고 있음을 실감하는 사람이 얼마나 될까? 이런 시대의 가장 큰 단점은 돈을 쓰기 쉬울수록 돈을 더 많이 쓰게 된다는 것이다. 앞에서도 언급했지만, 숫자에 대한 민감도는 곧 돈에 대한 민감도이며, 돈에 대한 민감도는 많은 부분 돈에 대한 당신의 장악력을 의미한다. 즉 숫자에 민감하지 않으면 자신도 모르게 돈을 잃기 쉽다는 뜻이다. 숫자에 민감하지 않으니 계산에도 능하지 않고, 가치와 가격에 대해서도 명확히 가늠하기 어렵기 때문이다.

다음 예를 보면 당신도 돈에 대한 민감도가 높은지 낮은지 알 수 있을 것이다. 이런 계산을 해보는 것은 돈을 막 쓰지 않게 되는 비결이기도 하다. 자, 당신이 어떤 물건을 사려고 한다. 그럼 얼마가 있어야 할까? 좀 더 정확히 말해서, 그 물건을 충분히 살 수 있으려면 당신은 얼마를 벌어야 할까? 이렇게 질문하면 사람들은

"둘 다 같은 질문 아니냐?"고 반문할 것이다. 자, 2초만 더 생각해 보자. 평소 돈에 대한 민감도가 높은 사람이라면 물건을 사는 데 지불해야 하는 돈과 자신이 벌어야 하는 돈은 서로 다르다는 사실을 알아챘을 것이다. 버는 돈에서는 소득세가 떨어져나가기 때문이다.

소득세율이 20%라고 치자. 이 말은 주 5일 일하면 5일 중 하루치 노동은 소득세를 지불하는 데 쓰인다는 뜻이다. 동시에, 당신이 사려는 물건의 가격 이상으로 돈을 벌어야 한다는 뜻이기도 하다. 그것도 소득세율 20%를 감안해서. 즉, 120위안짜리 보조 배터리를 사기 위해서는 150위안을 벌어야 한다는 의미가 되는 것이다. 여기에 4대 보험 등의 비용도 추가되므로, 당신은 무엇을 사든 그것의 가격보다 더 많은 돈을 벌어야 한다. 앞에서 우리는 30위안이라는 작은 돈도 1년치를 합하면 적지 않은 돈이 된다는 것을 계산해보았다. 그런데 만약 사려는 물건이 보조 배터리가 아닌 30만 위안짜리 자동차라면, 같은 세율을 적용했을 때 37만 5000위안을 벌어야 한다는 계산이 나온다. 37만 5000위안 가운데 7만 5000위안이 소득세로 나가기 때문이다. 요컨대 소득세율이 얼마인가에 따라 당신이 얼마를 벌어야 하는가도 크게 달라진다. 뿐만 아니라 상품의 표시 가격보다 많은 돈을 벌어야 한다는 것은 그 상품의 실제 가격이 표시 가격보다 훨씬 비싸다는 의미이기도 하다.

질문 4. 기회비용
: 그것을 얻기 위해 무엇을 희생할 것인가?

돈으로 무언가를 살 때는 무엇을 살 것인가만이 아니라, 그것이 자신에게 어떤 가치를 가져다주는지, 그리고 그 돈을 씀으로써 무엇을 잃게 되는지, 좀 더 정확히 말하면 그 돈을 씀으로써 '미래의 어떤 기회'를 잃게 되는지도 계산해보아야 한다. 그러면 선택이 좀 더 분명해진다. 모든 사람은 손실을 두려워하기 때문에 미래의 어떤 가능성을 잃느니 지금 사지 않는 쪽을 택할 가능성이 높다. 때문에 이런 질문은 '손모가지 절단'(헛돈 낭비)을 막는 좋은 방법이기도 하다.

나는 보통 '하루치 경제적 자유의 비용'을 기준으로 이런 손실을 계산한다. 예를 들어 지금 나의 하루 생활비는 많이 잡아도 300위안 정도인데, 이 말은 곧 하루에 300위안을 저축하면 하루는 일을 하지 않아도 되고 '하루의 경제적 자유'가 더 생겼다는 뜻이 된다. 즉 나에게는 300위안이 '하루의 경제적 자유'라는 기회비용인 셈이다. 내가 오늘 300위안을 저축하면 하루 일찍 경제적 자유에 다가간 것이 된다. 반대로 오늘 300위안을 써버렸다면 하루만큼의 경제적 자유가 늦어진 것과 같다.

그렇다면 6000위안짜리 휴대폰은 살 가치가 있을까 없을까? 예전의 나라면 별다른 기준이 없었겠지만, 지금의 나에게는 6000

위안이 20일치의 경제적 자유의 기회에 해당하므로 휴대폰을 사지 않기로 결정할 것이다. 하지만 10일치의 경제적 자유와는 바꿀 용의가 있다면, 휴대폰 구입 예산을 3000위안으로 잡을 것이다. 이런 식으로 환산해보면 지금 돈을 적게 쓸수록 경제적 자유에 더 가까워지고, 지금 돈을 많이 쓸수록 경제적 자유와 멀어진다는 사실을 알 수가 있다. 누구든 A에 돈을 쓰면 B에는 그 돈을 쓸 수 없다. 이것이 돈의 기회비용이다. 즉 **우리의 모든 선택에는 비용이 내재되어 있다.** 어떤 선택을 했다는 것은 곧 뭔가를 희생시켰다는 것을 의미한다. 핵심은 오늘을 희생하여 미래를 얻을 것인가, 미래를 희생하여 오늘을 누릴 것인가다.

당신에게 물건을 파는 사람들은 당장의 그들 수입에만 관심이 있을 뿐 당신이 20년 후 어떤 미래를 살게 될지까지는 고려해주지 않는다. 당신의 미래는 당신 자신의 것이다. 당신만이 당신 자신에 대해, 특히 당신의 부와 자유에 대해 책임을 져야 한다. 당신 자신을 자유롭게 할 수 있는 사람은 당신뿐이다. 그러므로 앞으로는 돈을 쓸 때마다 어떤 기회비용을 치르는 쪽이 자신의 미래를 위해 더 좋을지 생각해보고, 이성적으로 선택하길 바란다.

장기적인 관점에서 오늘 돈을 씀으로써 희생시키는 것은 그 돈을 모을 수도 있었던 기회 하나만이 아니다. 그 돈을 미래에 더욱 불어나게 할 수도 있었던 기회까지 포함된다. 그러므로 오늘 쓰려고 하는 이 돈이 오늘의 나에게 더욱 가치가 있을지, 미래의 나에게 더욱 가치가 있을지 자문해보라. 답은 아마 후자일 것이다. 이렇게 기회비용으로 소비의 가치를 평가해보면 많은 비현실적인 환상이 얼어붙으면서 이성과 객관을 유지할 수 있게 된다.

질문 5. 시간 비용
: 돈 대신 시간을 쓸 것인가, 돈으로 시간을 살 것인가?

돈은 무한할 수도 있지만 시간은 유한하다. 시간은 돈보다 더 가치 있는 것이다. 따라서 우리는 매분 매초를 소중히 여기며 살아야 한다. 돈을 쓸 때에도 '시간'은 중요한 기준이 된다. 최근에는 "돈으로 해결할 수 있는 일에 시간 쓰지 말라"는 관점이 유행하고 있다. 당신도 그렇게 생각하는가? 혹 어떤 때는 돈을 쓰는 게 좋고, 어떤 때는 시간을 쓰는 게 좋을지 생각해본 적이 있는가? 다음은 돈이나 시간 관리에 대해 자주 받는 유형의 질문들이다.

1) 집안일을 직접 하는 게 좋을까요, 가사 도우미를 불러 맡기는 게 나을까요?

2) 저는 매일 출퇴근으로 왕복 3시간이 걸리는데요. 매달 2000위안 더 들더라도 회사 근처로 거주지를 옮기는 게 나을까요?

3) 회사 동료들이 매일 오후 티타임에 다 같이 스타벅스에 가는데, 저도 같이 가서 마시는 게 좋을까요?

4) 개인적 성장에 대한 10년의 경험과 사고의 결실이 담겨 있다

는 책이 45위안인데, 사는 게 좋을까요?

이런 것들을 사는 게 좋을까, 그럴 만한 가치가 있을까? 혹은 내가 직접 해서 돈을 아낄까, 돈을 써서 시간을 버는 게 나을까? 사실 이 둘은 같은 문제다. 그런데 이 문제에 답하기 전에 분명히 해야 할 사실이 있다. 바로, **모든 사람의 시간에는 비용이 있다**는 사실이다. 좀 더 냉정하게 말해서, 모든 사람의 시간당 가치에는 가격표가 붙어 있다 해도 과언이 아니다.

자신의 시간당 가치(비용)를 알아야 시간 대비 돈 가치를 비교해서 어느 쪽이 더 나은지 판단할 수 있다. 예를 들어 당신의 월수입이 세후 8000위안이라고 가정해보자. 주말 이틀을 제외하고 한 주에 5일, 한 달에 22일 정도를 일하며 하루 근무 시간은 8시간이다. 그렇다면 월급을 총 근무 시간으로 나눴을 때 당신의 시간당 급여는 45.5위안(8000위안÷22일÷8시간)이 된다. 즉 당신의 시간 비용은 1시간당 45.5위안인 셈이다. 자신의 시간 비용을 알았으니 이제 앞의 네 질문에 대해서도 답을 찾아보자.

1. 가사 도우미를 불러야 하나? 현재 중국에서 청소 가사 도우미를 고용하려면 1시간에 40위안을 지불해야 한다. 당신의 시간 비용은 45.5위안이므로 청소 도우미의 시간 비용이 더 싸다. 그렇다면 청소 도우미에게 청소를 맡김으로써 '돈으로 시간을 사는' 쪽이 합리적이다. 물론 당신이 워낙 움직이는 걸 좋아하는 데다 집에 있으면 딱히 할 일도 없고 심심하다면 얘기가 조금 달라지겠지만,

여기서는 어디까지나 자신의 시간 비용에서 출발하여 돈과 시간 중 무엇을 쓰는 게 더 합리적인가에 대해서만 다루기로 한다.

2. 회사 근처로 거주지를 옮겨야 하나? 이 친구는 평균 통근 시간이 매일 3시간, 매달 22일을 근무하므로 매달 통근 시간이 총 66시간이라 할 수 있다. 이 친구의 시간 비용은 45.5위안이므로 이를 전체 통근 시간에 적용해보면, 매달 실질적으로 3003위안(45.5위안×66시간)의 교통 비용이 발생하고 있는 셈이다. 따라서 2000위안을 더 들여 3003위안의 시간 비용을 아낄 수 있다면 그럴 가치가 충분하다. 이 경우는 이사를 고려해보는 것이 좋겠다.

한 가지 더 생각해볼 문제가 있다. 이 친구의 월수입이 8000위안이라는 것은 명목상의 수입이 그렇다는 것일 뿐, 실질적으로는 8000위안이 안 되는 금액을 벌고 있다. 8000위안이라는 월수입은 통근 시간이라는 비용이 고려되지 않은 것이다. 이 친구는 회사에서 일을 하기 위해 매일 3시간을 소모해야 한다. 이 3시간 동안에는 더 큰 가치를 생산할 수 있는 다른 일을 할 수 없다. 따라서 이 친구의 명목상 근무 시간은 8시간이지만, 실질적인 근무 시간은 11시간이라고 할 수 있다. 통근 시간 3시간은 '근무를 하기 위해 반드시 추가되지만 월급으로는 환산되지 않는 시간'이다. 전체 월급을 실질적 근무 시간 11시간으로 나누면 시간당 33.1위안이 된다. 즉, 통근 시간이 길어질수록 실질 소득은 낮아진다.

3. 동료들과 함께 스타벅스에 가야 하나? 우리는 앞에서도 커피

한 잔 가격과 비슷한 밀크티 가격을 1년치 더했을 때 적지 않은 금액이 되는 것을 계산해보았다. 하지만 어쩌다 한두 번 마시는 경우라면? 중국에서 카페라테 한 잔은 보통 33위안이므로, 시간당 급여(45.5위안/1시간)로 나눠보면 0.7253시간, 약 44분어치에 해당한다. 당신은 44분 더 일하는 것과 라테 한 잔을 바꿀 의향이 있는가? 어쩌다 한 번이라면 이런 선택도 나쁘지 않을 듯하다.

4. 개인적 성장에 관한 책을 사야 하나? 이 문제는 앞의 문제와 비슷해 보이지만 한 가지 다른 점이 있다. 커피는 마시면 없어지는 한순간의 즐거움이지만, 책은 완독한 뒤에 다시 읽을 수 있고 장기적으로 인식의 변화를 가져다준다는 점에서 인생 전반에 미치는 영향이 크다. 책의 영향이 더 깊고 장기적이라는 의미다. 커피로 같은 수준의 영향을 받으려면 커피를 매일 마셔야 할 것이다. 질문자가 말한 책은 한 권에 45위안인데, 이 책을 통해 10년 우회를 면할 수도 있고 연봉이 2배가 될 수도 있다. 그렇다면, 당신은 이런 책을 45위안과 바꿀 의향이 있는가?

그런데 만약 당신의 월수입이 4000위안이라면 위 네 문제에 대한 답이 완전히 달라진다. 시간 비용은 아주 특수한 '기회비용'이 된다. 이제까지의 계산은, 뭔가를 사고자 할 때 같은 비용의 시간을 써가면서 교환할 가치가 있는지를 따져본 것이다. 내 경우에는 현재 주된 업무가 글쓰기와 기업 자문이다. 기업 자문료는 하루에 약 50만 위안으로 꽤 높은 편이다. 하지만 글쓰기는 내용 구상, 자료 수집, 데이터 정리, 집필, 교정 등을 거쳐 책 한 권을 완성하기까지 약 1000시간이 소요된다. 책이 나온 뒤에도 사인회 등의 각종 행사로 1000시간이 더 소요된다. 책은 1년에 10만 부 정도가 팔려야만 50만 위안을 인세로 받을 수 있다. 거의 기업 임원 수준의 연봉으로 보이지만, 이 50만 위안을 2000시간으로 나눠보면 얘기가 달라진다. 시간당 250위안이기 때문에.

시급을 기준으로 해도 꽤 높은 편이기는 하다. 그런데 한 해에 10만 부의 판매고를 올리는 작가는 그리 많지 않다. 이건 대부분의 책 쓰는 사람들에게는 해당 사항이 없는 얘기다. 많은 사람들이 글을 써서 돈을 벌고 싶다, 작가로 성공하고 싶다고 말하지만 사실상 거의 불가능한 일이다. 2000시간을 1년 365일로 환산해보면, 매일 평균 5.5시간 이상을 투입해야 하는 일이기도 하다. 때문에 내게 글쓰기는 즐거운 취미에 더 가까운 일이다. 나의 지식과 생각을 사람들과 공유함으로써 얻는 행복이 가장 큰 보상이다. 글쓰기는 사실 부업이라고도 할 수 없다. 기업 자문은 1년에 열흘 정도만 집중해서 에너지를 쏟으면 된다. 그래서 그 외의 시간에 글 쓰는 즐거움도 누릴 수 있는 것이다. 여기에 투자 수입 등 다른 여러 수동적 소득도 있다. 이상의 모든 수입을 시간당 비용으로 환산해보면 평균 3만 위안 정도가 된다. 그래서 나는 시간을 죽이며 한가롭게 노닥거리거나 놀고먹는 것이 싫다. 그렇게 하는 것만으로도 심각한 손실을 입는 것만 같기 때문이다.

나는 대부분의 집안일을 가사 도우미에게 맡기고 있고, 이발사와 트레이너를 집으로 방문하도록 요청하여 이발과 트레이닝을 맡기고 있다. 어떤 독자들에게는 이런 생활이 너무 사치스럽게 느껴질지도 모르겠다. 그러나 방금 전까지 이야기한 시간 비용의 개념을 이해했다면, 이는 사치가 아니라 오히려 절약이라는 걸 알 수 있을 것이다. 나는 지금까지도 차를 소유하지 않고, 멀리 나갈 일이 있을 때에도 직접 운전하지 않는다. 콜택시를 부르면 집에서 공항까지 1시간에 180~200위안이 드는데, 만약 내가 자차를 직접 운전한다면 차량 구입비와 감가상각비, 유류비는 차치하더라도 시간 비용만 따져도 너무 비싸다.

모든 소비는 그것이 돈을 쓰는 것이든 시간을 쓰는 것이든, 본질적으로 일종의 교환이다. 당신도 시간 비용을 계산하는 법을 배우면 돈을 더욱 합리적으로 쓸 수 있다. 어떤 일을 '자신이 직접 하는 것'(시간을 씀)과 '사람을 불러 맡기는 것'(돈을 씀)의 시간 비용을 따져보면, 어디에 무엇을 쓰는 게 더욱 합리적인지 자연히 답이 나온다. 젊은 시절에는 보통 시간이 많고 돈이 적은 경우가 많다. 이런 상황에서는 시간을 쓰는 것이 낫다. 그런데 나이를 먹어가면서 시간은 점점 줄고 돈은 전보다 많아지게 된다. 이럴 때는 돈을 쓰는 것이 낫다. 그런데 한 가지 주의할 점이 있다. 모든 사람이 단지 나이를 먹는다고 돈이 더 많아지지는 않는다는 사실이다.

그러므로 젊은 시절에는 최대한 많은 시간을 써서 돈을 더 벌고 모으는 데 힘써야 한다. 그래야 늙어서 시간이 줄어들 때 그 돈으로 더 많은 시간을 살 수 있고, 더 많은 선택권을 가질 수 있기 때문이다. 돈과 시간은 이렇게 생애 주기상으로도 중요한 교환관계에 있다. 지금 돈 쓰는 즐거움을 누리면 미래에 시간이 적어졌을 때 돈으로 시간을 살 수 없다. 우리가 돈으로 당장의 즐거움과 교환할 때 그것은 수십 년 뒤의 눈물과 교환하는 일이기도 한 것이다.

질문 6. 후속 지출
: 한 번의 지출 후에 뒤따르는 지출은 없는가?

여기서 후속 지출이란 할부 구매를 말하는 것이 아니다. **구입 당시 비용을 치른 뒤에도 장기간에 걸쳐 지출이 뒤따르는 형태의 소비를 말한다.** 이 경우에는 맨 처음 든 구입 비용에 후속 비용까지 모두 더해야 그것의 진정한 총 비용이 된다. 이렇게 총 비용을 계산했다면 다음 두 가지를 고려해보아야 한다. 첫째, 그 비용을 부담할 수 있는가. 둘째, 장기간에 걸쳐 발생하는 그 모든 비용을 아끼면 더 나은 다른 선택을 할 수 있지는 않은가.

예를 들어 당신이 강아지를 한 마리 기르기로 했다고 하자. 강아지를 분양받아 집으로 데려오는 데 일단 3000위안이 들었다. 그러나 이것도 아직 최초 비용의 전부는 아니다. 강아지를 기르는 데 필요한 일상용품(이동장, 장난감, 배변시트 등)도 사야 하기 때문이다.

이런 일상용품을 사는 데 1000위안이 더 들어 총 4000위안이 들었다. 그렇다면 후속 비용은 무엇일까? 강아지가 아프기라도 하면 동물병원에 한 번 다녀오는 데 약 1500위안이 든다. 강아지가 생활하는 데 필요한 것들(사료, 영양제, 목욕용품, 외부에 잠시 맡기는 비용 등)을 매달 사는 고정 비용으로도 약 1500위안이 든다. 만약 강아지가 1년에 두 번 정도 아파서 동물병원에 데려갈 일이 있고(3000위안) 모든 일상용품을 1년에 한 번 정도 교체한다면(1000위안), 그리고 여기에 다시 12개월치 고정 비용(1만 8000위안)을 합치면, 강아지 한 마리를 기르는 데 매년 2만 2000위안이 드는 셈이다. 인플레이션은 고려하지 않더라도 강아지의 평균 수명이 10년임을 감안하면 강아지를 기르는 데 들어가는 후속 비용만 대략 22만 위안이 된다. 최초의 강아지 분양 비용까지 더한 실제 총 비용은 약 22만 4000위안이 된다.

강아지 한 마리를 데려오는 비용은 4000위안이지만, 전체 후속 비용까지 고려하면 20만 위안이 훌쩍 넘는다. 이런 모든 비용을 계산한 뒤 잠시 생각해보자. 그래도 나는 이 선택을 할 것인가? 20만 위안이 당신에게는 어떤 의미로 다가오는 돈일지 나로서는 알 수 없다. 그러나 많은 청년들에게 이 금액은 10여 년간 열심히 일해 모은 다음 생애 첫 주택을 마련할 때 계약금에 보탤 정도는 될 것이다.

그런데 뭔가를 사고 나서 그로 인해 '공간 비용'을 치르는 일도 있지 않을까? 만약 당신이 베이징 싼환 이내[베이징 중심가를 의미한다]에 살면서 강아지 전용으로 1m²짜리 개집을 마련해주기로 했다고 가정해보자. 위에서 말한 총 비용을 제외하더라도 싼환 이내의 주택 평균 가격이 840만 위안, 전용 면적이 100m²라고 할 때 이 강아지가 차지하는 '공간 비용'은 약 8만 4000위안이 된다. 강아지 전용으로 1m²의 공간을 내주었으므로 당신은 실질적으로 99m²의 공간만 차지하는 것이 된다. 이 경우 같은 집의 1m²당 가격은 8만 4800위안으로 올라간다.

자동차나 주택, DSLR 카메라 등을 구입할 때에도 이런 식으로 후속 비용을 계산함으로써 실질적인 총 비용을 산출해볼 수 있다. 위에서 언급한 '시간 비용' 혹은 '기회비용'을 계산한 뒤, 내가 그 돈을 버는 시간만큼 더 일할 의향이 있는지 혹은 미래의 경제적 자유 며칠과 바꿀 의향이 있는지 등을 따져보면 결정이 한결 쉬워진다. 후속 비용이 따르지 않는 구매라 해도 앞에서 언급한 '누적 효과', 즉 아무리 작은 액수라도 10년치를 모으면 무시할 수 없는 금액이 된다는 것을 기억할 필요가 있다.

'후속 지출'을 통제하는 것은 스스로에게 더욱 엄격해질 자신이 있는 이들에게 적합하다. 앞에서도 이야기했지만 우리의 시간에는 비용이 있고, 이미 써버린 시간은 돈으로도 환산된다. 그러므로 후속 지출은 '돈'의 측면에서만 고려할 것이 아니라, 그것을 사서 보유하거나 향유하는 데 얼마나 많은 '시간'이 소요되는지도 따져보아야 한다.

이런 후속 비용은 '가짜 상품'을 구매할 때도 발생한다. 싼값에 구하려다 품질이 떨어지는 전자기기를 사면 수리하거나 교체하는 데 큰 시간 비용이 들어간다. 그중 최악은 돈과 시간을 모두 낭비하는 것이다. 애초에 어떤 기기를 사는 이유는 그 제품의 성능을 통해 시간을 절약하기 위해서인데, 심하게 떨어지는 품질 때문에 시간을 더 낭비하게 되는 것이다. 한 번은 이런 실수를 저지르더라도, 다시는 같은 실수를 되풀이하지 말아야 손실을 최소화할 수 있다.

후속 비용은 '개인의 방종'으로도 발생한다. 폭음이나 폭식에 빠지면 돈은 물론이거니와 시간도 탕진하게 된다. 그것도 한 번으로 그치지 않고 계속해서 후속 비용이 발생한다. 그런가 하면 정서적 방종과 그로 인한 막무가내 행동이 후속 비용을 만들어내기도 한다. 나는 우연히 길에서 실연에 비관한 남성이 차들이 달리는 도로에 뛰어들었다가 그대로 병원에 실려가 반년간 입원한 경우를 보았다. 그 남자는 격한 감정 탓에 자신의 능력을 한껏 펼쳐야 할 중요한 나이에 기회도, 시간도 모두 날려버리고 말았다. 이렇듯 행위의 방종은 불필요한 후속 지출을 초래한다. 한 번 날려버린 시간은 되돌리지 못한다. 도로에 뛰어드는 위험천만한 행동을 하고도 병원에 누워 있는 시간이 반년밖에 안 된 게 그나마 다행이라고 해야 할까.

한편, 후속 비용은 '자기 자신에게 투자'하는 형태로도 발생할 수 있다. 온라인 강의 구매나 학원 등록을 예로 들어보자. 많은 사람들이 단지 온라인 강의를 구매하거나 학원에 등록하는 것만으로도 그 강의를 소유했다고 여기고, 다시는 그 강의를 듣지 않는 것을 볼 수 있다. 일단 구매해놓고 열어보지도 않는, 혹은 1~2강까지만 듣다 만 강의가 얼마나 많은가? '자기 자신에 대한 투자'는 결코 돈 몇 푼 지불한 데서 끝나지 않는다. 그것은 하나의 시작일 뿐이다. 뒤이어 시간과 노력을 들여가며 공부하고 소화하고 되새기고 능숙해질 때까지 연습하거나 활용하기도 해야 한다. 그래야 '남의 지식'이 정말로 '내 것'이 된다. 앞으로는 온라인 강의를 구매하거나 학원에 등록하고자 할 때는 내가 그 돈을 지불할 수 있는지만이 아니라 이후에도 시간과 노력을 들여가며 제대로 공부할 자신이 있는지까지 생각해보아야 한다. 다양한 강의를 많이 구입하는 것만으로는 결코 고수가 되지 못한다. 이런저런 강의를 전전하는 데만 고수가 될 뿐이다. 제대로 듣지도 않을 강의를 잔뜩 구입해서 쌓아두기만 할 거라면, 그 돈을 그냥 모으는 게 낫다.

한 번의 구매는 차라리 쉽다. 그 뒤에 숨은 더 많은 후속 지출, 즉 돈, 시간, 노력까지도 감당할 수 있는지가 더 중요하다. 냉정하게 계산해보고 신중하게 선택하자.

질문 7. 게으름의 대가
: 단지 '편하려고' 쓴 돈은 얼마인가?

뭐든 '거저먹으려는' 태도는 그저 '편하려고만 하는' 행동으로도 나타난다. '편하려고만' 한다는 것은 결국 게으름이다. 그런데 우리는 일상에서 알게 모르게 이런 '게으름'에 대해서도 대가를 치른다. 이를테면 마트에서 장을 볼 때마다 2~5위안 하는 비닐봉투를 새로 산다. 장바구니를 따로 챙겨 나가기가 귀찮기 때문이다. 별다른 비용도 들지 않는 쉬운 노력이지만 단지 귀찮아서 이렇게 한다. 그래놓고 계산대 앞에서는 또다시 '상대적'인 비교로 자기 위안을 삼는다. 장 본 물건들 값에 비하면 이건 얼마 안 되는 돈이라고 생각하면서 말이다.

하지만 이것은 단순히 봉투 값이 얼마냐 하는 문제가 아니다. 머릿속에 자리 잡은 '돈 쓰기 습관'의 문제다. 이 정도 푼돈은 별것 아니라고 여기는 습관이 자리 잡으면, 종국에는 그 푼돈조차 제대로 모으지 못하게 된다. 당신이 오늘 친구를 만나러 갈 일이 있다고 하자. 집에서 지하철역까지 도보로 10분, 지하철을 타고 목적지까지 30분, 목적지 역의 출구에서 나와 도보로 다시 10분이 걸렸다. 이렇게 오는 데 든 돈은 지하철 기본요금 5위안이 전부. 그런데 다시 같은 방법으로 귀가하려니 너무 귀찮아서 그냥 택시를 타기로 했다. 그랬더니 걸린 시간은 25분, 택시 요금은 40위안이 들었다. 시간은 거우 반으로 줄었는데, 요금은 무려 8배가 늘었다. 단지 '편하려고' 이런 돈을 쓴 것이다.

이런 예는 수없이 많다. 그중 대표적인 것이 외식 배달 서비스다. 바로 집 근처에 패스트푸드점이 있어도 거기까지 갔다 오기가 귀찮아 배달을 시킨다. 그러면 음식 값에 몇 위안의 배달료가 더 붙는다. 업체에 따라 배달료가 10위안까지 붙기도 한다. 만약 음식을 30위안어치 시킨다면 배달료가 음식 값의 30%나 된다. 조금 귀찮다는 이유로 음식 값의 30%를 더 지불하는 것이다. 그런데 비싼 것은 배달료만이 아니다. 배달 음식 가격은 식당에서 먹는 가격보다 비싸게 책정돼 있는 경우가 많다. 즉 같은 음식이라도 배달을 시켜 먹는 것만으로도 더 비싼 값을 지불하는 것이다. 직접 나가서 먹으면 5~10분이 더 소요되는 대신 이 비용을 아낄 수 있다. 뭐든지 **빠르게 이용할 수 있는 서비스는 시간이 단축되는 만큼 더 비싸진다.**

무언가를 구매할 때, 특히 인터넷으로 구매할 때는 더더욱 '귀찮음'을 무릅쓰기 싫다는 이유로 게으름을 피우려 해서는 안 된다. 살다 보면 분명 돈을 들여 편해지는 것이 나을 때도 있다. 그러나 편하다는 건 단지 게을러서인 경우가 많다. 마찬가지로 '불편' 역시 조금만 움직이면 해결되는 문제가 대부분이다. 그런 의미에서 '불편'은 돈을 아낄 수 있는 기회의 다른 말이라고도 할 수 있다. 당신은 시급 절반에 해당하는 20위안을 아끼는 것도 귀찮아하면서

40위안을 주고 청소 도우미를 불러 청소는 맡기고 싶은가? 당신이 2시간 동안 열심히 일한 이유는, 그중 1시간 벌이를 청소 도우미에게 그대로 주고 싶어서였는가?

중요한 것은 돈을 쓸 때 그 돈을 정확히 어디에 썼는지 스스로가 제대로 아는 것이다. **전체 쓴 돈 가운데 단지 '불편'을 면하기 위한 '비용'은 얼마였는가?** 이제부터는 돈을 쓸 때마다 지금 쓰는 돈 가운데 얼마만큼이 '단지 귀찮아서' 나가는 돈인지 샅샅이 훑어보자.

이상의 일곱 가지 질문은 내가 수년 전부터 계속 지켜온 것으로, 지금까지도 계속 활용하고 있는 질문이자 푼돈도 허투루 나가지 않게 하는 비결이다. 돈을 쓸 때에는 '내 생애 단 한 푼도 헛되이 낭비하는 일이 없게 하겠다'는 기준을 유지해보자. 자, 지금부터 시작이다!

5

똑 소리 나게 돈 쓰는 비결

이익을 최대화하고 행복감을 높여라

영어에 'Work smarter, not harder'라는 말이 있다. '일을 열심히 하려고만 하지 말고 스마트하게 하라'는 의미다. 무작정 열심히 노력하기만 한다고 해서 다가 아니다. 열심을 넘어선, 다른 차원의 어떤 돌파가 있어야 한다. 그것이 바로 '똑똑함'이다.

돈을 다루는 문제에서도 마찬가지다. 그저 자신을 억제하기만 하거나 철두철미하게 계산만 하는 게 다가 아니다. 중요한 것은 유연한 똑똑함이다. 이 장에서는 똑 소리 나게 돈 쓰는 비결에 대해 이야기하고자 한다.

비결 1.
어디에 돈을 써야 이익이 최대화될까

'최대화 사고'는 인생을 탈바꿈할 수 있는 핵심이자 일종의 '투자 마인드'라고 할 수 있다. '최대화 사고'가 중요한 것은, 우리가 살아가기 위해서는 우리의 시간, 노력, 돈, 기회 등 여러 자원을 사용해야 하기 때문이다. 지금은 돈 사용법에 중점을 두고 있지만, '최대화 사고'를 자기 것으로 만들어 인생의 다른 영역에도 유연하게 적용한다면 최고의 결과를 얻을 수 있을 것이다.

우리가 흔히 말하는 '돈'은 좁은 의미에서는 현금이지만, 넓은 의미로는 시간, 노력, 인맥 등을 포함한다. 결과의 최대화를 논할 때에는 좁은 의미의 돈만이 아니라 넓은 의미에서 돈의 체계 안에 있는 모든 것, 즉 돈, 시간, 노력, 인맥이 서로 어떻게 영향을 주고받으면서 동적 평형을 이루는지 보아야 한다.

돈 외의 다른 세 요소를 간과하면 다른 자원을 써야 할 곳에 돈을 쓰는 우를 범할 수 있다. 그렇게 되면 돈의 사용 효과가 최대화될 수 없다. 만약 자원을 어느 한 곳에만 쓸 수 있다면, 당신은

돈을 어디에 쓸 것인가?

노력을 어디에 쏟을 것인가?

인맥을 어디에 활용할 것인가?

시간을 어디에 쓸 것인가?

1분 정도 곰곰이 생각해보자. 그러고 나서 아래 답을 보라. 우리는 돈을 쓸 때마다 어떤 선택을 하고 있다. 우리는 돈을 쓸 때마다 우리 자신이 어떤 삶을 살고 싶은지 투표하는 것과 같다. 그러므로 돈 쓰는 법을 배운다는 것은 모든 것의 활용에 대해 배운다는 말과 같다.

자신의 삶에 더욱 현명하게 투표하고 싶다면,

돈은 '우선권'을 얻는 데 쓴다.

노력은 '천부적'인 데 쏟는다.

인맥은 '교환'에 활용한다.

시간은 '앞의 세 가지'에 쓴다.

돈을 '우선권'을 얻는 데 써야 한다는 것은 내가 가장 우선순위에 놓일 수 있는 관계에 돈을 쓴다는 의미다. 이는 돈을 가장 합리적인 자리에서 씀으로써 시간을 아끼는 것이라고도 할 수 있다. 노력을 '천부적'인 데 쏟는다는 것은 모든 관심의 초점을 자신의 강점, 자신이 가장 잘하는 일에 두어야 한다는 의미다. 인맥을 '교환'에 활용한다는 것은 인간관계란 결국 주고받음에 있다는 의미다. 뭔가를 줄 수 있는 능력을 키우고 잘 받는 연습도 할 필요가 있다. 다른 누군가와의 만남에서는 내가 좀 더 돈을 내고 상대방이 돈을 벌어가도록 하는 것이 좋다. 그리고 당신의 모든 '시간'은 위의 세 가지 일에, 즉 돈과 노력과 인맥에 써야 한다.

그렇다면 '내가 가장 우선순위에 놓일 수 있는 관계'란 무엇일까? 나는 매년 명절이나 생일 등 상대에게 중요한 날이면 잊지 않고 안부를 묻고 선물을 보낸다. 이렇게 유지되는 관계에서는 당신이 그들과의 관계에서 우선순위를 얻게 된다. 상대방은 무슨 일이 있거나 어떤 기회가 있을 때 당신을 가장 먼저 떠올리게 된다. 당신이 어떤 도움을 필요로 할 때마다 그들도 당신을 돕는 일을 우선순위에 두게 된다. 물론 여기서 가장 중요한 전제는 진정성과 성실성이다. 중요한 인간관계에서는 누구든 진심으로 대하고, 어떤 일이든 성실히 행해야 한다.

나는 평소 출장을 갈 때면 전국 각지의 호텔에서 묵게 되는데, 되도록이면 호텔 매니저와 특별한 관계를 쌓으려 노력한다. 좋은 술이 있으면 한 병 더 가져가 선물로 건네기도 하고, 다른 지인과의 자리에 종종 초대해서 함께 식사를 하기도 한다. 거창하게 뭘 베푸는 것이 아니라 좋은 음식을 함께 먹으면서 사는 이야기, 사업 이야기를 좀 더 나눌 뿐이다. 사실 그들은 매일 많은 고객을 상대하기 때문에 바쁘고 피곤하다. 그럼에도 한 번이라도 더 자주 보게 되면 더 친숙해지고, 여기에 진심을 더해 다가가면 친구가 된다. 그러다 어느 순간 나는 그들에게 있어 다른 고객들과는 '조금 다른' 존재가 된다. 이렇게 조금씩 여러 사람에게 '우선적'인 존재가 되면, 호텔에 객실이 다 찼을 때 빈 객실이 생기는 대로 체크인을 할 수 있게 도움을 받거나, 입실률이 낮을 때에는 내가 예약한 객실보다 좀 더 높은 등급의 객실을 배정받기도 한다.

사람 사는 세상은 결국 인정으로도 돌아가기 마련이다. 겉으로는 모든 일이 절차와 규범대로 굴러가는 것 같지만 그 일을 결국 사람이 맡아서 하는 이상 주관과 호의도 어느 정도 영향을 미쳐 '우선순위'를 만들어낸다. 아무런 호의도 인정도 없다면, 어째서 다른 많은 고객들 가운데 하필 나를 혹은 당신을 먼저 챙기겠는가? 일말의 감정도 없다면, 왜 절차를 뛰어넘어 어떻게든 나를 돕고자 나서겠는가? 세상의 모든 성공한 사람들 뒤에는 이런 식의 '보이지 않는' 도움이 있다. 이런 우선순위와 도움이라는 요소는 겉으로 보이지만 않을 뿐 최고의 효율을 발휘하는, 돈과 같은 역할을 한다.

이런 예는 아주 많다. 나는 평소에 외출할 일이 있으면 시간에 쫓기지 않는 이상 지하철이나 버스, 택시, 우버 등을 이용한다. 그런데 만약 이용자가 몰리는 시간대라 택시를 잡기 어렵다면 어떻게 해야 할까? 나는 이때 특별 수단을 동원한다. 평소에 콜택시 이용 실적이 높아 다이아몬드 등급을 달고 있는데, 이 등급을 단 회원은 매달 세 번까지 '쾌속 응답' 서비스를 받을 수 있다. 쾌속 응답을 신청하면 주변에 있는 콜택시 기사가 내 콜을 최우선으로 받게 된다. 그럼 얼마 지나지 않아 콜택시가 잡힌다. 다른 누군가가 나와 비슷한 시간대에 콜택시를 불렀어도 내가 가장 우선적으로 탑승할 수 있는 것이다.

이런 우선권은 결제 어플에서도 누릴 수 있다. 나는 약 7년 전부터 큰돈을 지불하는 구매는 전부 알리페이를 이용하고 있다. 알리페이에서도 다이아몬드 등급을 달고 있는데, 여기에는 미식 특권, 구매 특권, 호텔 예약 특권, 교통 특권, 엔터테인먼트 특권 등 여러 가지 우선권이 있다. 그중 내가 가장 좋아하는 것은 매달 세 번까지 사용할 수 있는 '쾌속 탑승' 특권이다. 쾌속 탑승 특권은 공항에서 특수 보안 검색대를 이용할 수 있는 것으로, 일반 검색대에서 길게 줄을 서지 않아도 돼서 시간을 크게 아낄 수 있다.

이런 우선권은 차를 마실 때에도 누릴 수 있다. 나 자신은 차를 즐겨 마시지 않지만, 친구나 지인들을 만날 때마다 헤이티에 가는 것을 좋아한다. 헤이티는 마케팅의 귀재라 할 만한 브랜드다. 내가 헤이티에 관심을 갖게 된 계기는 헤이티의 회원 특권에 대해 알게 되면서부터다. 이 회원 특권에는 어김없이 '우선권'이 포함되어 있는데, 블랙 다이아몬드 회원이 되면 매달 세 장씩 쓸 수 있다. 이후로 나는 누군가를 만날 일이 있으면 헤이티로 가곤 한다. 어차피 사업상 미팅이든 누군가를 사적으로 만나든 카페를 이용할 일은 늘 있으니 그때마다 헤이티를 이용하면 단숨에 등급이 높아질 수 있고, 등급이 높아지면 많은 우선권을 누릴 수 있어서다. 친구들이 광저우에 올 때마다 나는 그들과 함께 헤이티에 가는데, 당혹스럽게도 매장 앞에 족히 80명쯤은 줄 서 있는 경우가 많다. 다른 지점에 가보면 오히려 더 긴 줄이 늘어서 있기 일쑤다. 친구들이 당황해 어찌하지 못하고 있을 때, 유유히 우선권을 꺼내 주문을 한다. 매장에서는 우선권을 받으면 해당 주문을 가장 먼저 처리해야 한다. 그러면 우리는 101번째로 줄을 섰어도 가장 먼저 음료를 받을 수 있다.

이처럼 사업상으로나 친분상 만나는 거의 모든 사람들과 헤이티에 가는 것만으로도 어렵지 않게 회원 등급이 높아져 많은 우선권을 누릴 수 있게 된다. 이 과정에서 자잘하게 흩어질 수도 있었던 다양한 자원이 '뭉쳐져 커지는' 효과도 만들어낼 수 있다.

표면적으로는 헤이티를 마시는 것이지만, 실질적으로는 우선권을 얻는 데 돈을 쓰고 있는 것이다. 시간은 한번 흘러가면 되돌릴 수 없고, 자원은 쓰고 나면 사라진다. 그러니 우선권에는 희소한 가치가 있다. 모든 희소한 것은 가치가 높고 비싸다. **돈을 가장 똑똑하게 쓰는 방법은 그 돈으로 살 수 있는 가장 가치 있는 것을 사는 것이다.**

사실 이제까지 이야기한 것은 설명을 쉽게 하기 위해 일상의 사소한 예를 든 것뿐이다. 우리가 주식이나 부동산에 투자할 때에도, 가장 좋은 시기에 매수하려면 필요한 정보를 미리 구할 수 있어야 한다. 요컨대 이런 때에 우리에게 중요한 것도 '정보의 우선권'인 것이다!

비결 2.
적은 돈으로는 무엇을 사면 행복해질까?

지난 수년간 돈 씀씀이에 대해 생각하고 경험하면서 한 가지 발견한 것이 있다. 우리는 일상생활에서 한 번에 100~200위안(약 1만 8000~3만 6000원)을 쓰는 빈도가 가장 높다는 것이다. 일상에서의 거의 모든 소비 지출이 이 범위에 몰려 있다. 소득 수준이 어떻든 100~200위안대 물건은 비교적 가벼운 마음으로 살 수 있다. 수입이 넉넉하지 않을지라도, 구매 빈도가 떨어질지언정 이 가격대의 물건을 전혀 사고 싶지 않은 건 아닐 것이다.

이런 100~200위안을 어떻게 써야 '최대화 사고'에 따라 가장 큰 행복을 얻을 수 있을까? 나는 지금 200위안이면 책을 10권 사는 게 좋다는 식의 말을 하려는 게 아니다. 100위안 혹은 200위안으로 살 수 있는 어느 '한 가지' 물건을 말하는 것이다. 여러분의 기회비용을 낮추기 위해, 이 가격대에 살 수 있으면서도 가장 큰 행복을 얻을 수 있는 물건을 목록으로 만들어보았다. 나중에 무언가를 사고 싶어 손이 근질거리거든 아래 목록을 한번쯤 참고해보길 바란다.

아래 목록에 실은 물건의 기준은 자주 사용하는가, 사용하기 쉬운가, 효과가 좋은가, 휴대하기 편한가, 신체적 혹은 심리적으로 새로운 체험을 가져다주는가 등이다. 100~200위안대 물건 중 내가 지난 15년간 사용하면서 가장 큰 만족감을 느꼈던 것들이기도 하다.

전동 칫솔(128위안)

음성 입력 기능이 있는 마우스(199위안)

음성을 문자로 변환시켜주는 녹음펜(199위안)

집중 타이머(60위안)

보온컵(100위안)

휴대용 초경량 면도기(99위안)

허리 보호 방석(150위안)

핀 마이크(88위안)

계란찜기(48위안)

오일 램프(179위안)

인공지능 스피커(99위안)

지진 대피용 재난 가방(199위안)

유료 지식 콘텐츠(199위안)

이상은 1년 이상 사용할 수 있고 또 사용하면서 값어치를 느낄 수 있었던 물건들로, 평균 수명은 3~5년 정도다. 눈썰미 있는 독자라면 이 물건들은 한번 구매하면 아무런 후속 비용이 따르지 않는다는 사실도 알 수 있을 것이다. 인터넷에서 구매하는 경우 브랜드

를 따질 필요도 없고, 가격대가 비슷한 제품들이 많다. 특별히 높은 기술 수준을 필요로 하는 물건들도 아니기 때문에 불법 위조품이 아니라면 품질도 거의 비슷하다. 따라서 판매량이 높고 호평이 많은 제품을 고르면 된다.

비결 3.
적립된 마일리지는 숨겨진 부

먼저 문제 하나를 내보겠다. 당신은 직업상 출장이 잦다. 출장 경비를 지출·정산하는 다음 두 가지 방식이 있다.

A: 당신의 신상정보를 제시하면 회사 내 담당 직원이 출장 일정에 따라 항공권과 숙소 등을 대신 예약해준다.

B: 당신이 직접 항공권과 숙소를 예약한 뒤 출장을 마치고 회사 내 관련 부서에 영수증을 제출해 비용을 정산받는다.

당신이라면 어떤 방식을 택할 것인가?

많은 사람들이 망설임 없이 A를 택할 것이다. 담당 직원이 알아서 처리해주면 당신은 마음 편히 출장만 갔다 오면 되기 때문이다. 회사에서 당신의 출장 일정을 관리해주는 것이니 특별한 서비스를 받는다는 느낌이 들 수도 있다. 무엇보다, 출장 경비를 자비로 먼저 지출하지 않아도 되고, 출장을 다녀온 뒤에도 경비를 정산받기 위해 기다리지 않아도 된다. 그런데, 이게 다일까? 과연 B에는 아무런 장점도 없는 것일까? 없다고 여겨진다면 당신에게는 '마일리지' 적립에 대한 사고가 없는 것이다.

자비로 항공권과 숙소를 예약할 때의 가장 큰 장점은, 자신의 명의로 마일리지를 적립할 수 있다는 점이다. 적립된 마일리지는 미래에 같은 금액의 현금성 소비 기회로 돌아온다. 항공사만이 아니라 호텔 중에도 자체적인 마일리지 시스템을 운영하는 곳이 있다. 이런 호텔에 지속적으로 마일리지를 쌓다 보면 나중에 한번쯤은 무료로 객실을 이용할 수 있다. 항공권 마일리지도 마찬가지다. 꾸준히 적립한 마일리지는 미래의 어느 날 무료로 항공기에 탑승할 기회를 제공한다.

요컨대 마일리지는 사실상 현금을 적립하는 것이나 마찬가지다. 즉 B 방식의 장점은 '공적 경비'라는 레버리지를 이용해 '미래에 사용 가능한 현금'을 쌓는 데 있다. 이러한 의미에서 마일리지 적립은 당신만의 숨겨진 부라고도 할 수 있다. 이렇게 쌓은 마일리지는 꼭 다음번 출장에 쓰지 않아도 된다. 여행을 갈 때 쓸 수도 있고, 아니면 바로 사용하지 않고 더 많이 적립해 여행 전체를 사실상 무료로 다녀올 수도 있다. 굉장한 장점 아닌가?

마일리지는 소비를 장려하는 수단이기는 하지만, 합리적으로 이용하면 수단 이상의 가치를 만들어낼 수 있다. 내 경험적인 통계에 따르면, 항공권을 열 번 예약하면 한 번은 무료로 항공권을 이용할 수 있었다. 대략 10:1 정도의 비율인 셈이다. 5성급 호텔의 경우 8일을 투숙하면 하루 정도는 무료로 묵을 수 있었다. 8:1 정도의 비율이다. 그런데 조금 더 부지런히 방법을 찾아 마일리지 적립 효율을 높이면, 항공권과 숙박권 무료 이용 횟수의 비율을 각각 6:1, 4:1까지도 낮출 수 있다.

마일리지 적립 효율을 높일 수 있는 방법은 무엇일까? '삼중 적립', 즉 한 번 결제할 때 최소 세 가지 수단에 마일리지를 적립하는 것이다. 아주 일상적이고도 소소한 예를 하나 들어보자. 나는 메리어트 호텔을 예약하는 경우, 매번 이용하는 예약 사이트에서 메리어트 호텔을 선택한 뒤 매번 이용하는 신용카드로 결제한다. 이렇게 하면 삼중 적립의 사슬이 만들어진다. 호텔 객실료가 1000위안이라면 메리어트 호텔에 1000점이 적립되고, 예약 사이트에도 1000점이 적립되며, 신용카드 이용 실적으로도 1000점이 적립되는 식이다.

예약 사이트에 적립된 마일리지는 다른 항공권이나 호텔을 예약할 때, 혹은 택시를 이용할 때 현금처럼 사용할 수 있다. 호텔에 적립된 마일리지도 다음번 숙박 예약에 사용할 수 있다. 중국 메리어트 호텔은 적립된 마일리지가 늘어날수록 회원 등급도 높아져, 마일리지를 이용한 예약에도 마일리지가 새로 쌓이는 등 추가적인 혜택을 누릴 수 있다. 그렇다면 신용카드 마일리지(포인트)는 어떨까? 쇼핑몰에서 자유롭게 쇼핑을 하는 데 사용하면 될까? 아니, 그렇게 써버리면 또 다른 소비성 지출이 될 뿐이다. 나는 항공사

제휴 신용카드를 이용하고 있는데, 이 카드에 적립된 포인트는 항공권을 예약하는 데 쓸 수 있다.

똑같은 1000위안의 소비로 3배의 활용 가능성을 만들어낸 것이다. 소비는 한 번이지만 활용 기회를 3배로 늘리는 것, 이것이 마일리지 적립 효율을 높이는 방법이다. 한 가지 더 언급하자면, 내가 메리어트 호텔을 자주 이용하는 건 호텔 자체의 시설이나 서비스가 비즈니스인에게 적합해서이기도 하지만, 호텔 측에서 마일리지를 추가 적립해주는 이벤트를 자주 열기 때문이기도 하다. 이런 식으로 적립 효율을 높이면 8:1~10:1이었던 무료 이용 비율은 3:1~2:1까지 줄어든다. 2~3일 정도만 투숙해도 하루 숙박권이 생기는 셈이다. 여러분도 여행이나 출장이 잦다면 이런 방법을 적극 이용해보기를 바란다. 돈을 아끼는 것은 물론, 세심하게 관찰하고 알뜰하게 활용하는 습관도 기를 수 있다.

비슷한 예로 중국의 외식 배달 어플인 '어러머'의 포인트가 있다. 어러머에서는 이용자가 리뷰를 남기면 포인트를 적립해주는데, 이 포인트를 온라인 쇼핑몰인 타오바오에서 타오바오 포인트로 바꿀 수 있고, 이것을 다시 알리페이에서 현금처럼 쓸 수 있다. 아무리 적은 포인트더라도 이 또한 계속해서 모으면 무시할 수 없는 큰 금액이 된다.

그런데 혹시 이런 생각을 해본 적이 있는가? 어떻게 해야 똑똑하게 돈을 쓸 수 있을까 연구하는 것은 남들이 당신에게서 어떻게 돈을 벌어가는가를 연구하는 일이기도 하다는 것, 그러므로 이것은 당신의 돈 버는 능력으로도 이어질 수 있다는 생각 말이다. 즉, 이 과정에서 남의 돈을 어떻게 벌어야 하는지도 알게 되는 것이다. 마일리지라는 숨겨진 부를 적립하고 활용하는 과정에서 돈 자체를 더 잘 이해하게 되고, 돈을 활용함으로써 더 행복해지는 방법도 알게 된다. 아울러 돈을 더 이성적·주도적으로 다루게 됨으로써 더욱 부유해질 수 있다.

비결 4.
방치된 물건을 팔아 현금으로 바꾼다

여기서 '방치된' 물건이란 집에 두고는 있지만 쓸 일이 없을 것 같은 물건을 가리킨다. 앞으로 쓸 일이 없다는 것은 주관적 결단이고, 집에 두기만 한 채 쓸 일이 없었다는 것은 객관적 사실이다. 이렇게 '다시 쓰지 않기로 한' 물건은 '쓸모' 자체가 없지는 않지만 사실상 '쓸 일은 없는' 물건이다. 그래도 버리기에는 아까워 집에 두고 있는 계륵 같은 물건이기도 하다. 이런 물건은 집에 두거나 쓰지 않는 것 외에 다른 선택을 내릴 수 있다. 바로 '되파는' 것이다.

물건이 아예 망가지지 않았다면 여전히 얼마간의 가치가 존재한다. 모종의 가치가 있기만 하다면 얼마든지 되팔 가능성도 존재한다. 나는 얼마 전 서랍 속에 오랫동안 방치되어 있던 아이폰6을 되팔았다. 액정이 깨지고 모서리가 움푹 들어간 데다 심지어 아예 켜지지도 않았지만, 중고 거래 사이트를 통해 300위안을 받고 팔 수 있었다. 100위안도 못 받을 줄 알았던 내 기대를 크게 웃도는 액수였다. 나는 호기심에 매수자에게 물었다.

"이 기기는 이제 쓸 수도 없는데, 왜 이 가격에 사셨어요?"

상대방의 대답은 전혀 뜻밖이었다.

"기기를 분해해서 멀쩡한 부품만 다시 팔면 저도 꽤 돈을 벌 수 있거든요."

"누구한테 파는데요?"

"휴대폰 수리점 같은 데요."

와우! 머릿속 전구가 켜지는 대답이었다. 내게는 아무런 가치 없는 물건이라도 다른 누군가에게는 가치 있는 물건인 것이었다. 주관적으로는 무가치해 보이더라도 객관적으로는 정말 무가치한 것이 아닐 수 있다는 의미다. **수요가 존재하기만 하면 그것이 어떤 수요든 간에 가격이 정해지고, 이 가격은 곧 '객관적 가치' 즉 수요가 만들어낸 가치가 된다.** 모든 거래의 본질은 곧 수요에 따른 공급이다. 눈에 불을 켜고 집 안 어딘가에 방치되어 있는, 딱히 쓸 일은 없어 보이지만 버리기는 아까운 물건들을 찾아내 돈으로 바꿔 보자.

쓸모없어 보이지만 버리기 아까운 물건을 팔기로 하면 첫째, 집 안 공간이 넓어지고 불필요한 소유욕도 정리되는 동시에 자신과 외부 세계의 관계도 새롭게 정리된다. 둘째, 불필요한 물건을 현금으로 바꾸어 다른 필요한 것을 사거나 투자금으로 활용할 수 있다. 셋째, 거래 관계의 본질을 새삼 새롭게 이해하게 되면서 사업적 수완이나 돈 버는 능력을 더욱 키울 수 있다. 이러한 의미에서 우리의 부와 현금 가운데 일부는 수많은 '방치된 물건' 속에 봉인되어 있다 해도 과언이 아니다. 이 봉인을 풀면 갇혀 있던 부의 생명력을 해방시킬 수 있다.

일반적인 3인 가정의 경우 집 안 물건을 대대적으로 정리하면 적게는 3000위안에서 많게는 3만 위안 정도를 현금화할 수 있다. 그리고 이 돈은 어떤 식으로든 삶에 새로운 계기를 가져다주거나 재정적으로 급한 불을 끄게 해준다. 환금성 있는 어떤 물건을 되파는 것은 전혀 손해가 아니다. 되파는 가격이 처음 샀을 때 지불한 가격보다 한참 낮기야 하겠지만, 그동안 그 물건을 써온 시간과 빈도를 생각한다면 산 가격과 되파는 가격의 차이는 그간의 '사용료'였다고 볼 수 있다. 이미 자신에게는 가치 없어진 어떤 물건에 되파는 노력을 더하기만 해도 그것이 모종의 수익을 가져다주는 것이다(하지만 팔지 않고 계속 놔두면 처음 지불한 값이 전부 '매몰 비용'이 되어버린다). 이는 앞에서 말한 '최대화 사고'에도 부합한다. 갖고 있어봤자 아무 소용없는 무언가를 돈으로 바꿀 수 있다면 충분히 '최대화'라고 말할 수 있지 않을까.

어떤 물건을 되팔기로 하는 순간 당신은 그 물건과의 관계를 변화시키게 되고, 그간 방치해온 물건에 대한 정의와 인식도 새롭게 하게 된다. 방치된 물건은 사실 당신 눈앞에 있었으나 보이지 않았던 **일종의 동결된 부富**였다. 바꾸어 말하면, 당신은 '물건'이라는 형태로 돈을 묻어둔 채 방치하고 있었다고도 할 수 있다. 투자의 관점에서 방치는 미래의 가능성을 소진하는, 일종의 낭비이기도 하다.

그런데 가지고 있던 물건을 되판다고 해서 꼭 '현금'을 받는 것은 아니다. 현금처럼 쓸 수 있는 일종의 '쿠폰'을 받게 될 때도 있다. 가령 중국에서는 헌옷을 H&M이나 ZARA에 가져가면 새 옷을 살 때 쓸 수 있는 할인 쿠폰을 준다. 그런가 하면, 나는 아무도 찾지 않을 오래된 책들을 헌책방에 무료로 넘기면서 서점으로부터 다른 헌책을 살 수 있는 포인트가 적립된 카드를 받기도 했다. 이 두 가지 방식은 물건을 현금은 아니지만 현금 역할을 할 수 있는 비슷한 무언가로 바꾸어 가치를 새롭게 한 것이다. 만약 이런 물건을 그냥 내버렸다면 쓰레기가 될 뿐이었을 테니 환경오염도 줄인 셈이다.

남다르게
돈 벌기

개인 비즈니스의 시대,
자기만의 강점으로 돈 벌기

CHAPTER

4

1

정확한 돈벌이 개념

'단순한 원칙'으로
돈 버는 효율을 높여라

우리는 이제까지 돈 모으는 법과 돈 쓰는 법에 대해 배웠다. 이제부터는 돈을 모으고 쓰는 법만이 아니라 버는 법에 대해서도 배울 차례다. 우리의 돈 개념은 이 세 가지가 종합적으로 작용한 결과임을 잊어서는 안 된다.

돈을 모으고 쓰는 관점에서 잠시 벗어나, 기업들이 어떤 방식으로 우리에게서 '구매'를 이끌어내는지 관찰해보자. 우리는 이런 작업을 통해 사업의 도를 엿보는 동시에 돈을 '어떻게 벌어야 하는가'도 배울 수 있다. 반대로, 돈 '버는' 법을 배우다 보면 돈 버는 개인과 기업, 수요-공급 관계에 대해서도 더욱 잘 이해할 수 있으며, 우리 자신도 돈을 더 효과적으로 '모으고' 잘 '쓸' 수 있게 된다. 더 간단히 말하자면, 돈을 잘 모으고 쓸 줄 알게 되면 돈을 어떻게 벌어야 하는지도 알게 되고, 돈을 어떻게 벌어야 하는지 알고 나면 돈을 잘 모으고 쓸 수 있는 능력도 커지는 것이다.

많은 사람들이 자신은 돈을 제대로 벌 줄 모른다고, 돈 버는 능력이 부족하다고 생각한다. 그러나 능력의 크기는 차이가 나더라도 돈 버는 능력은 누구에게나 있다. 당신도 최소한 돈을 벌 수 있는 어떤 한 가지 일은 할 수 있지 않은가? 그런데 왜 이렇게 많은 사람들이 자신은 돈을 못 번다고 여기는 걸까? 사실 그들은 정확한 돈벌이 개념을 갖추지 못한 채, 자신이 무엇으로 가장 돈을 잘 벌 수 있는지를 발견하지 못한 것이다. 그들은 돈이라는 게 어디서 어떻게 '자라나는지' 진지하게 탐구해본 적이 없다.

정확한 개념을 갖추는 것은 돈을 버는 데 필요한 첫 번째 무기다. 개념이 인식을 결정하고, 인식이 행동을 결정하고, 행동이 습관을 결정하고, 습관이 결과를 결정하기 때문이다. 많은 사람들이 치열하게 노력하지만 그 결과가 좋지만은 않은 건 첫 단추부터 잘못 꿰었기 때문일 때가 많다.

따라서 이 장에서는 돈을 어떻게 벌어야 하는가를 말하기에 앞서, 정확한 돈벌이 개념을 갖추는 데 중점을 두고자 한다. 자신이 무엇으로 돈을 가장 잘 벌 수 있는지를 정확하게 찾아 그 강점을 키워나가는 데 힘쓰면, 남들이 '과정에서 무엇을 어떻게 했는지'를 연구하고 있을 때 당신은 이미 '시작점'에서부터 승리를 확정하고 들어가게 된다.

버는 돈이 충분치 않은 게 아니다

나의 돈벌이 개념에 문제가 있을 수 있다는 사실을 처음 깨달은 건 2014년 말이다. 그때까지 나는 전형적인 월급쟁이로 살고 있었다. 신동방에서 영어 강사로 일하고 있었기에 수입 자체는 나쁘지 않았지만, 1시간 강의에 200위안을 받기 위해서는 그야말로 피와 땀을 흘려야 했다. 하지만 몸이 부서져라 일해도 1년에 버는 돈이 20만 위안을 넘을 수는 없었다. 그러다 2014년에 온라인 강의를 시작하면서 인터넷의 엄청난 위력을 실감하게 됐고, 이 경험은 내 돈벌이 개념을 완전히 바꾸어놓았다.

처음 온라인 강의를 시도하던 당시에는 1시간 강의에 19위안(약 3500원) 정도의 가격을 책정했다. 첫날 강의를 시청한 수강생은 1000명. 1시간 강의의 세전 수입이 무려 1만 9000위안이나 됐다. 이는 그동안 내가 신동방에서 받던 1시간 강의료의 100배에 달하는 금액이었다. 수강생들의 반응도 뜨거웠다. 어서 다음번 강의를 듣고 싶다는 요청이 줄을 이었다. 나는 다음 강의를 각각 29위안, 39위안에 올려보았다. 똑같은 1시간 강의였는데 2, 3편에서도 시청자 1000명을 그대로 채웠다. 내 생애 가장 신기한 한 주였다. 1주일이라는 짧은 시간 내에 1시간 강의로 번 돈이 200위안에서 1만 9000위안, 다시 2만 9000위안, 심지어 3만 9000위안이 된 것이다. 신동방 임원들도 눈이 휘둥그레져서 이 사태를 의아하게 바라보았다. 다들 온라인 강의에 이토록 많은 수강생이 몰리는 현상이 신기할 뿐 아니라 말도 안 된다고 생각했다. 그들은 지금까지 살아오면서 일개 강사가 단기간에 그렇게 많은 돈을 버는 모습을 본 적이 없었다.

하지만 무엇보다 신기했던 건 내가 아무것도 바꾸지 않았다는 점이었다. 내 입장에서는 어차피 이전까지 해왔던 강의를 계속하고 있을 뿐이었다. 강의 자체가 특별히 더 나아진 것도 아니었다. 더 많이 노력했다거나 각별히 공을 들인 것도 아니었다. 단지 평소처럼 1시간가량 강의를 했을 뿐이었다. 한 가지 다른 점이라고는 강의를 하는 '장소'가 바뀌었다는 것뿐. 내게는 인터넷의 힘이야말로 가장 신기한 것이었다. 2014년은 그렇게 빠르게 지나갔다. 나는 그 뒤로도 온라인 강의를 계속 이어나갔고, 이런저런 고민과 모색 끝에 편당 가격을 9.9위안(약 1800원)으로 책정했다. 편당 가격을 첫 강의의 절반으로 낮추면 수강생이 2배로 늘지 않을까 예상하면서. 그런데 이 예상은 완벽하게 무너졌다. 첫 온라인 강의의 인기에 입소문이 더해져, 새 영상을 올린 지 6시간 만에 무려 1만여 명이 시청한 것이다. 1시간 강의의 수입이 9만 9000위안이 되다니, 상상해본 적도 없는 액수였다. 10만 위안은 일부 신동방 강사들의 1년 수입과 맞먹는 돈이었다.

우리는 보통 '얼마'를 번다는 식으로만 이야기한다. 자신이 버는 돈은 충분치 않다는 전제를 깔고서. 그런데 번 돈이 충분히 많지 않은 게 아니라 충분히 빠르지 않다고 생각해본 적은 없는가? 누군가는 평생에 걸쳐 500만 위안을 버는데, 어떤 사람은 같은 돈을 버는 데 단 1년밖에 걸리지 않는다. 하루 만에 그렇게 버는 사람도 본 적이 있다. 앞서 말했듯이 나는 온라인 강의를 시작하기 전까지 1시간에 200위안을 벌었다. 그런데 온라인 강의를 시작한 뒤로는 200위안을 버는 데 7초가 걸렸다. 돈을 버는 효율이 완전히 달라진 것이다. 가장 큰 차이는 돈의 사용이나 보관, 투자가 아니라 얼마나 '일찍' 더 많은 가능성이 열리는가에 달려 있었다.

당신이라면 평생 써도 부족하지 않을 돈을 10~15년에 걸쳐 벌 것인가, 아니면 평생 일해가며 벌 것인가? 아마 후자라고 답하고 싶은 사람은 없을 것이다. 평생토록 벌어야 한다면 1억 위안을 번들 무슨 의미가 있을까? 그 돈을 제대로 써보지도 못하고, 좀 더 나은 삶을 누려보지도 못한 채 늙어가기만 할 거라면 말이다. 고달프게 일만 해온 대가로 요양병원에서 여생을 마치는 부자가 되고 싶은 사람이 있을까? 하지만 생각을 그렇게 해보는 것과 행동으로 옮기는 것은 전혀 다른 차원의 일이다. 대다수 사람들은 여전히 평생 열심히 일해서 많은 돈을 벌어야겠다고만 생각한다.

변화의 관건은, 관심의 초점을 '버는 돈의 액수'가 아닌 '버는 돈의 효율'로 옮기는 데 있다. 이것이 바로 큰돈을 벌기 위한 첫걸음이다. '어떻게 해야 더 많은 돈을 벌까'가 아니라 '어떻게 하면 더 효율적으로 벌까'를 생각해야 한다는 의미다. 많은 직장인들의 삶이 초조하고 불안한 이유는 무엇인가? 직장을 열심히 다녀봤자 돌아오는 것은 수입이 '안정적'이라는 사실 하나뿐이기 때문은 아닌가? 수입이 '안정적'이라는 건 무슨 뜻인가? 매달 혹은 매주, 즉 일정 시기에 주기적으로 급여를 받는다는 의미다. 급여를 받는 빈도는 항상 똑같다. 절대 변하지 않는다. 돈 버는 속도가 전혀 빨라지지 않는다는 의미다. 그렇기 때문에 직장만 열심히 다녀서는 절대 큰돈을 벌 수 없다. 직장을 다니는 시간이 답답하기만 한 이유는 무엇인가? 돈을 받는 건 한 달에 한 번뿐인데 돈이 나가는 횟수는 그 이상이기 때문은 아닌가. 하루하루 생활을 이어가기 위해 장을 보고 지하철을 타면서 돈은 매일 나간다. 그런데 돈이 들어오는 날은 한 달에 한 번뿐이다. 답답해서 한숨만 푹푹 나오지 않던가.

바꾸어 말하면, '돈 쓰는 효율'이 '돈 버는 효율'을 크게 앞지르고 있기 때문에 괴로운 것이다. 그러므로 돈을 버는 문제에 대해 우리는 '돈 버는 효율'을 어떻게 높일 것인가를 고민해야 한다. 돈을 버는 방식은 돈 버는 효율에 따라 크게 네 가지 유형으로 나눌 수 있다.

1. 자신의 시간을 써서 돈을 번다.
2. 자신의 돈을 써서 돈을 번다.
3. 남의 시간을 써서 돈을 번다.
4. 남의 돈을 써서 돈을 번다.

위 네 가지 유형에서 알 수 있는 것은 '자신의 돈을 써서 돈을 버는' 방법과 '남의 시간을 써서 돈을 버는' 방법에는 모두 자본이 필요하다는 것이다. 돈으로 돈을 버는 것과 남에게 일을 시키는 것. 이런 방법으로 돈을 벌기 위해서는 어느 정도 모아둔 돈이 있어야 한다. '남의 돈을 이용해서 돈을 버는' 것은 훨씬 더 어려운 방법이다. 탄탄한 인맥과 신용이 뒷받침되어야 하기에 단순히 모아둔 돈만으로는 이루기 어렵다.

그렇다면 남은 방법은 하나뿐이다. '자신의 시간을 이용해서 돈을 버는' 것. 따라서 자신의 돈 버는 효율을 어떻게 높여야 할지를 고민해야 하는 것이다.

돈 버는 효율 높이기

그렇다면 돈 버는 효율을 어떻게 높여야 할까? '돈 버는 효율을 높인다'는 것은 그저 '빨리 빨리 돈을 번다'거나 '빨리 도는 돈을 번다'는 것과 다르다. 뒤의 두 가지는 '한 번에' '단기 거래'하는 방식의 투기에 지나지 않기 때문이다. 돈 버는 효율을 높이는 목적은 같은 시간을 투입하고도 장기간에 걸쳐 수입이 크게 늘 수 있는 모델을 찾기 위한 것이다.

어떻게 효율을 높일 것인가를 알기 위해서는 먼저 무엇이 돈 버는 효율을 낮추는가를 알아야 한다. 우리에게 가장 익숙한 장면에서부터 시작해보자. 어째서 직장 생활로는 효율적으로 돈을 벌 수 없을까? 내 경험으로는 직장 생활의 효율 자체가 소모적이기 때문이다. 회사 업무는 일반적으로 분업화되어 있고, 조직은 개인에게 특정 능력을 발휘하도록 요구한다. 그런데 당신은 5~10 정도의 능력 가운데 1 이상을 단지 돈을 버는 데에만 써야 한다. 이것부터가 일종의 소모인 것이다. 그런데 이때 회사에서 발휘하는 능력이 자신의 강점도 아니라면 소모는 더욱 커진다. 당신은 저평가되어 자신의 최대 가치를 발휘할 수 있는 자리에 서지 못하며, 자신의 최대 가치를 발휘해야만 벌 수 있는 돈도 벌지 못하게 된다.

일을 할수록 가치와 노하우가 축적되어 점점 더 효율적으로 돈을 벌게 되는 것은 자신이 강점을 가진 분야에서지, 단지 직장 생활을 오래 한다고 되는 것이 아니다. 나는 직장 생활 자체도 별로 좋아하지 않지만, 그것의 대부분을 채우고 있는 실질—스트레스, 불안, 득보다 많은 실, 합당한 보상의 결여—도 좋아하지 않는다. 직장 생활의 장점은 안정적인 월급을 준다는 것뿐이다. 그렇지만 현실을 좀 더 정확하게 직시한다면 '안정적인 월급'이란 '안정적으로 낮은 월급'에 지나지 않는다는 사실을 어렵지 않게 발견할 수 있다. 반면 출근하지 않는 생활의 단점이라면 당신에게 할 일을 부여하는 사람이 없는 것, 일의 진척을 관리·감독하는 사람이 없는 것, 무엇을 하거나 하지 말라고 강요하는 사람이 없는 것 정도다. 이런 것은 얼핏 '불확실성'으로 여겨질 수 있지만 누군가에게는 오히려 장점이 된다. 자신의 시간을 자유롭게 안배할 수 있고, 어떤 능력을 얼마만큼 활용해서 얼마만큼의 돈을 벌지 스스로 결정할 수 있기 때문이다. 이러한 장점을 바탕으로 돈 버는 효율을 이전보다 2배 이상 끌어올린다면, 같은 시간을 들이고도 돈은 2배 이상 벌 수 있게 된다.

하는 일을 당장은 그만둘 수 없다면 다른 돈벌이 수단을 병행함으로써 돈 버는 효율을 높일 수도 있다. 단, 이는 '부업'이라는 개념과는 조금 다른 것이다. 부업이라고 하면 본업보다 못한 일, 따라서 덜 집중해도 되는 일이라는 태도로 대하게 된다. 하지만 그저 돈을 벌기 위한 돈벌이, 단기간에 빨리 벌기 위한 돈벌이에 목을 매다 보면 신용을 잃을 수도 있다. 또 다른 돈벌이 수단을 병행한다는 것은 본업에 지장을 주지 않으면서도 본업만큼 충실한 노력을 기울인다는 의미다. 현재 하는 일에서 경험이 쌓이고는 있지만 이렇다 할 답을 찾을 수 없어 혼란스럽다면, 일단 지금 하는 일을 충실히 하는 것이 가장 중요하다. 그것이 당장으로서는 돈 버는 효율을 높이는 최선의 방법이기 때문이다. 그 이유에 대해서는 뒤에서 다시 자세히 이야기하도록 하겠다.

앞서 이야기한, '자신의 시간을 써서 돈을 버는 경우' 돈 버는 효율을 높일 수 있는 방법으로는 크게 세 가지가 있다.

첫 번째 방법: 시간의 단가를 높인다

① 시간의 단가를 높인다는 것은 다시 말해서 당신의 시간을 비싸

게 파는 것이다. 일반적인 직장인이 시간 단가를 높이기 위해서는 현재 위치에서 많은 성과와 가치를 만들어내야 한다. 자신의 위치에서 대체 불가능성을 만들어내야 한다는 의미다. 성과가 높으면서도 대체가 불가능하면 회사에서는 높은 연봉을 주고서라도 당신을 붙잡아두려 할 것이다.

그 밖에 동료, 상사와의 관계도 잘 유지해야 한다. 연봉을 높이는 요소는 크게 두 가지인데, 실적이 공식적 요소라면 관계(사내 정치 포함)는 비공식적 요소다.

② 비직장인이 자신의 몸값을 높이는 방법은 대중의 인지도와 업계 내에서의 평판을 높여 자신의 브랜드를 발전시키는 것, 그리고 좋은 결과물로 입소문을 얻는 것이다. 자신의 전문성을 강화하고, 인지도나 평판이 높은 다른 플랫폼과 협력하는 것으로도 돈 버는 효율에 날개를 달 수 있다. 동시에 업계 내의 규칙과 선배들을 존중하고 그들로부터 추천을 받을 수도 있어야 한다.

당신의 재능도 중요하지만 재능을 펼칠 무대도 중요하다. 누구와 함께 무대에 서는가도 중요하고, 당신의 재능에 대한 평가도 중요하다. 기억하라, **당신의 가치가 당신의 몸값을 결정한다.** 수입은 당신의 능력에 대한 가장 좋은 증명이다.

두 번째 방법: 시간을 파는 횟수를 늘린다

이 방법은 다섯 가지 전략이 있다.

전략 1: 하나의 상품을 생산해 많은 사람이 사게 만들거나, 해당 상품을 반복 구매하게 만든다. 가령 이전에는 쿠키를 만들어 1000명에게 팔았다면 쿠키 만들기 강좌를 온라인으로 유료 공개하여 1만 명에게 팔 수도 있고, 책을 써서 10만 명에게 팔 수도 있다.

전략 2: 하나의 콘텐츠를 여러 가지 형태로 편집, 가공한다. 영어 강의를 예로 들면, 오프라인 강의실에서 하는 20시간짜리 강의를 온라인 생중계 강의로도 판매하고, 강의가 끝난 뒤에는 편집본을 오디오나 비디오 파일로 재판매하는 식이다. 오디오 파일은 텍스트로 변환하는 과정을 거쳐 책으로 낼 수도 있고, 이 책에 연습 노트라는 파생상품을 만들어 같이 팔 수도 있다. 이렇게 하면 강의실에서 똑같이 강의를 하더라도 돈 버는 효율이 크게 높아진다.

전략 3: 수요층이 넓은 기술을 새로 익힌다. 지금은 1인 자영업자나 수공업자라도 플랫폼의 힘을 빌려 얼마든지 자신의 고객군을 넓힐 수 있다. 매달 우리 집으로 와 이발을 해주는 이발사도 '허리쟈'[미용, 네일 아트 등 종합 뷰티 케어 출장 서비스 어플]라는 플랫폼을 통해 언제 어디서든 고객의 주문을 받아 월 5~6만 위안의 수입을 올리고 있다. 우리 집 청소 일을 도맡아주고 있는 가사도우미도 '58통청'[온라인 생활 정보 제공 사이트]을 통해 쉴 새 없이 예약을 받아 매달 2만 위안 이상을 벌고 있다. 그런가 하면 1년간 영상 촬영을 공부한 내 친구는 한 작품의 판권을 '시각중국'[이미지 제공 사이트]을 통해 1만 회 가까이 팔 수 있었다. 나 역시 플랫폼을 통한 고객과의 만남으로 매주 수천 위안을 가외로 벌고 있다.

전략 4: 전략 2를 업그레이드한 버전으로, 하나의 능력을 두세 가지 다른 일에서 발휘하는 것이다. 예를 들어 '문제를 분석하고 해결하는' 한 가지 능력으로 책도 쓰고 강연도 하고 기업이나 개인에게 자문도 제공하는 식이다. 일의 형태는 다르지만 여기에 활용된 능력은 같다. 같은 능력으로 어느 한 가지 형태의 일만 할 때보다 돈을 더 많이 벌 수 있게 된다.

전략 5: 위의 네 가지 전략을 전부 반복한다. 한 가지 능력만 활용하면서도 상품 및 서비스의 종류를 다양화할 수 있고, 플랫폼을 통해 고객군을 넓혀서 더 많은 구매를 반복적으로 이끌어낼 수도 있다.

즉 이전까지 당신의 돈 버는 효율이 높지 않았다면, 그 이유는 **하나의 능력을 여러 가지 형태로 펼쳐내지 못했거나 시간 매출의 이용 횟수를 충분히 늘리지 못해서였음을 알 수 있다.**

세 번째 방법: 수동적 소득 수단을 늘린다

조합 1: 본업+개인 사업. 당신이 본업을 충실히 하고 있는 동안에도 자동으로 돌아가는 사업 시스템을 구축하는 것이다. 돈이 들어오는 또 하나의 시스템을 갖추어놓으면 같은 시간에 버는 돈이 2배나 3배가 될 수도 있다. 이 장에서는 어떻게 자신만의 사업 경쟁력을 키우고, 노동과 무관한 소득 시스템을 만들어낼지에 대해 다를 것이다.

조합 2: 본업+돈으로 돈을 불린다. 당신이 본업을 충실히 하는 동안 이전까지 모아둔 돈이 당신을 위해 돈을 벌게 하는 방식이다. 당신은 전과 같은 시간을 일하지만, 버는 돈은 2배가 될 수 있다.

조합 3: 본업+중간상. 본업에 충실하면서 자투리 시간에 일종의 중개 업무나 대리상으로 돈을 버는 것이다. 예를 들어, 친척들을 당신 친구나 지인인 강사·교사와 연결시켜주고 일정한 소개비를 받는다거나, 그들에게 교육 커리큘럼 등을 추천해주고 일정 비율의 수수료를 받는 것이다. 이런 일은 시간이 아주 적게 들기 때문에 사실상의 수동적 소득에 해당한다고 볼 수 있다.

조합 4: 본업+중고 판매나 임대. 본업에 충실한 와중에 평소 쓰지 않던 물건이나 공간, 시간, 생산 능력 등을 중고로 팔거나 임대하여 현금화하는 것이다. 당신이 매일 30분씩 직접 운전하면서 출근한다면, 당신의 출근길 자가용에는 세 좌석이 비게 된다. 당신과 출근길이 비슷한 사람들과 카풀을 하면 당신은 종전처럼 출근을 위해 운전만 하고도 돈을 더 벌 수 있게 된다. 매일 새벽에 1시간 정도 조깅하는 습관이 있다면, 그 시간에 플랫폼에서 주문을 받아 배달을 하거나 심부름을 대행하는 것으로도 돈을 벌 수 있다. 어차피 그 시간에 그 길을 지나는 김에 겸사겸사 돈을 버는 것이다. 자신이 실거주하지 않는 집을 임대할 수도 있고, 평소 쓰지 않는 컴퓨터를 누군가에게 대여할 수도 있다.

이렇듯 자신의 시간과 능력을 투입하는 본업을 유지하는 동시에 저절로 돌아가는 시스템을 갖추거나 아주 적은 시간만 투입하면 되는 또 다른 일을 추가하는 것이 바로 '코너에서 추월하는' 핵심이다. 이렇게 하면 평소와 같은 시간을 투입하고도 버는 돈은 훨씬 늘어난다.

위 분류가 다소 중복된다고 느껴질 수도 있다. 같은 것이라 해도 여러 각도에서 각기 다른 측면에 중점을 두어 설명한 부분이 있기 때문이다. 중복 여부에 연연하지 말고 최대한 다양한 가능성을 발굴하여 자신의 삶에 적극 도입해보길 바란다. 위에 언급한 방법들이 당신의 생각과 습관이 되면 시간이 흐를수록 돈을 더 빨리, 더 많이 벌게 될 것이다. 이는 시간과 능력을 써서 돈을 벌어야 하는 당신이 그 시간과 능력의 활용을 최대화하게 되기 때문이다. 30세 전까지 자산을 2배로 늘릴 수 있는 가장 빠른 방법은 능력을 대폭 향상하고 실행력을 최대한으로 발휘하는 것, 이 두 가지뿐이다. 만약 그동안 자산을 이렇게 늘리지 못했다면 능력이 부족했거나 실행력이 미약했기 때문일 것이다.

이 세상 모두가 저마다 애쓰고 노력하며 살아가고 있다. 그러나 소수의 사람들만이 최대치로 끌어올린 능력을 최대한으로 발휘하면서 살아간다. 바로 그래서 그들만이 소수의 성공한 사람이 되는 것이다.

큰돈을 벌고 싶다면
자신의 값어치가 얼마인지 알아야 한다

한 가지 가정을 해보자. 어느 날 갑자기 당신의 목숨이 끊어졌다. 그렇다면 그 목숨 값은 얼마일까? 도의적으로 따진다면야 생명의 가치는 무한하다 해야 할 것이다. 모든 사람은 태어나면서부터 고유한 가치를 부여받았으므로 함부로 비교할 수 없다. 그러나 후천적인 선택과 노력의 차이는 목숨 값의 차이도 만들어낼 수 있다.

당신은 혹 순수하게 공리적 관점에서 목숨의 가치, 일의 가치를 계산해본 적 있는가? 공리적 관점에서 개인의 시간과 노동력은 일종의 자원이고, 자원의 가치는 계산될 수 있다. 우리들 자신도 시간과 노동력의 합이 일종의 자원이 된다는 것을 인식하고 있다. 이를 기업의 HR 부문에서는 '인적 자원'이라고 부른다. 그렇다면 각각의 독립된 개체는 '인력 자원'이라고 부를 수도 있을 것이다.

우리 자신 혹은 우리가 제공하는 노동력이 곧 하나의 자산인 것이다. 이런 자산의 가치는 평가, 환산도 가능하다. 몇 가지 극단적인 사례를 보자.

사례1: 시간 자산

광저우의 한 평범한 성인이 불의의 교통사고로 세상을 떠났다. 중국의 〈인신 손해 배상 심리에 관한 최고인민법원의 해석〉 19조에는 '사망 배상금=담당 법원 소재지 주민의 연평균 가처분 소득x20'이라는 규정이 있다.

2020년 사고의 경우, 2019년 광저우 시민의 연평균 가처분 소득은 6만 5052위안이므로 사망 배상금은 6만 5052위안x20=130만 1040위안이다. 이는 중국에서 교통사고로 불시에 목숨을 잃은 성인이 받을 수 있는 법적 배상금 공식에 따른 것이다.

당신도 주식 투자를 해본 적 있다면 20이라는 숫자가 꽤 흥미로울 것이다. 여기서 20은 주가 수익률을 의미하기 때문이다. 어떤 사람의 연 수입이 3만 위안이라면, 이 사람의 '시장 가치'는 3만 위안×20=60만 위안이 된다. 중국 법원에서는 한 사람의 가치 수익률을 20배로 환산할 수 있다고 가이드라인을 제시한 것이다. 그렇다면 자신의 노동 가치 또한 연봉에 20을 곱해서 환산해볼 수 있다. 지난 3년 수입의 평균에 20을 곱한다면 좀 더 정확한 수치를 얻을 수 있을 것이다. 당신의 평균 연 수입이 12만 위안이라면 당신의 노동 가치는 약 240만 위안이 된다.

사례 2. 노동 자산

한 성인 남자가 살인죄를 저질렀다는 오판을 받고 20년을 복역한 뒤 무죄로 석방되었다. 이 사람은 자신의 삶에서 20년이라는 세월을 잃었다. 어떻게 보상받아야 할까? 〈중화인민공화국 국가 배상법〉에 따르면, 법원의 오판으로 20년을 복역하다 무죄 석방된 사람에게 국가가 보상해야 할 배상금에는 자유 배상금과 정신적 위로금이 포함된다고 적시되어 있다. 자유 배상금=당해 전국 근로자의 일평균 급여×복역 일수.

2020년 사고의 경우, 2019년 전국 근로자의 일평균 급여는 346.75위안이었다. 그러므로 자유 배상금=346.75위안/1일×365일×20=253만 1275위안, 정신적 위로금=자유 배상금×75%이므로 20년치 국가 배상금은 총 442만 9731.25위안이 된다.

이런 숫자가 나온다는 것이 꽤 흥미롭다. 첫 번째 숫자인 중국의 일평균 급여 350위안(약 6만 3000원)을 보자. 당신의 일 급여도 이 정도인가? 만약 당신은 이만큼의 돈을 벌지 못했다면, 그동안 '감옥에 수감'되었던 것과 비슷하다고 볼 수 있다.

두 번째 숫자인 75%를 보자. 어째서 정신적 위로금은 자유 배상금의 75%일까? 내 추측으로는 누군가가 하루의 자유를 잃었을 때 법원에서는 두 가지 차원에서 배상할 필요가 있다고 판단했던 것 같다. 하나는 방금 전에 언급한, 하루의 근로로 생산할 수 있었던 가치인 '하루치 자유의 가치'이고, 다른 하나는 정신적으로 입은 피해다. 그런데 하루의 정신적 위로금은 어째서 하루치 자유의 가치의 75%일까? 수면 시간이 하루의 25%를 차지하기 때문에? 만약 그렇다면 수면 시간은 정신적 피해를 입은 시간으로 치지 않고, 깨어 있는 시간에만 정신적 피해를 입었다고 계산한 것이 된다.

어쨌든 총 배상금은 자유 배상금의 1.75배가 된다. 이 세 번째 숫자도 시사하는 바가 있다. 당신도 일을 처음 하기 시작했을 때는 일 자체에 별 부담이 없고 받는 급여도 많지 않았을 것이다. 지극히 정상적인 일이다. 그런데 급여가 점점 높아지다가 처음의 1.75배쯤 되면 일이 하나도 즐겁지 않고 스트레스만 많아지거나 차츰 억울한 일도 생기게 마련이다. 그런데 이 또한 정상적이라는 것이다. 1.75배 안에는 '정신적 위로금'이 포함돼 있기 때문. 그러니 연봉이 전보다 높아졌다면 일이 힘들고 마음이 괴롭더라도 너무 억울하게 생각하지 말자. 그 안에는 정신적 위로금이 포함되어 있으니까.

사례 3. 신용 자산

어느 날 친구가 내게 자신이 최소한 얼마를 벌 수 있는지 알 방법이 있겠느냐고 물어왔다. 나는 그에게 최소한 1000만 위안을 벌 수 있을 거라고 답해주었다. 그에게는 아무런 차용증 없이도 1만 위안을 빌려줄 사람이 1000명, 10만 위안을 빌려줄 사람이 100명은 있어 보였기 때문이다.

1000만 위안이라는 돈은 이 친구의 '신용 자산'에 해당한다. 다른 말로는 '사교 자산'이라고도 할 수 있다. 만약 그가 인간관계가 중요한 사업을 하거나 인적 네트워크를 기반으로 한 사업 모델을 발전시킨다면 1000만 위안도 어렵지 않게 벌 수 있다. 그는 내가 앞에서도 이야기한 '남의 돈으로 돈 버는' 일, 이를테면 다른 사람의 자산, 현금 등을 관리하거나 투자하는 일에 적합한 유형이다.

시간 자원, 노동 자원, 신용 자원을 더한 것이 바로 당신의 '인력 자원'이다. 물론 이 모든 것에 앞서 '당신 자신'이라는 자산이야말로 가장 값진 자원이다. 그 값이 구체적으로 어떻게 되는가는 자신의 실제 상황을 적용해서 계산해볼 수 있다. 이때 자신의 현재를 과소평가하지 말고, 자신의 미래도 과소평가하지 말아야 한다. 한 가지 더 중요한 문제가 더 있다. 자신의 가치가 얼마인지를 알았는데 현재 그 돈을 벌지 못하고 있다면 도대체 왜일까 하는 점이다.

단순한 원칙을 따르면 돈 벌기는 어렵지 않다

하루는 건강식 전문가인 친구 톈쉐가 나에게 찾아와 물었다.

"우리 회사 1년 순이익이 1000만 위안을 넘길 수 있을까?"

"지금은 얼마인데?"

"1000만 위안은 안 되지. 몇 백만 정도."

"넌 문제가 어디 있다고 생각해?"

"요 몇 년간 여러 가지로 생각도 해보고 제품을 바꿔보기도 했는데, 딱 이거다 싶은 이유를 도저히 모르겠어."

"내가 보기엔 바로 그게 문제 같아."

"바로 그거라니?"

"생각이 너무 많다는 거! 1년에 1000만 위안을 버는 건 간단해. 따로 머리를 굴릴 필요도 없어. 그런데 1년에 1000만 위안을 벌지 못했다면 가장 큰 이유는 머리를 너무 많이 굴려서야. 생각을 너무 많이 하다 보면 실행력이 떨어지게 돼 있거든. 제품 디자인도 복잡해지고, 홍보에도 문제가 생기지."

"하지만……."

"'하지만' 뒤에 말하고 싶은 이유가 엄청 많을 거야. 그런데 생각을 그렇게 많이 하기 시작하면 뭐든 다 문제인 것처럼 보여. '단순한 원칙'을 잊지 마. 단순한 원칙은 'KISS 원칙'이라고도 해. Keep It Simple, Stupid(간단히 해, 바보야). 모든 일을 가장 단순한 상태로 두라는 뜻이야."

이어 나는 텐쉐의 회사 제품을 써본 소감을 간단히 이야기해주었다. 처음에는 나도 즐겨 사용했는데 갈수록 뭔가 복잡해지고 있다는 느낌을 받았다. 복잡해지면 사람들이 이해하기 어렵고, 자연히 홍보·전파되기도 어려워진다.

당신도 애플 제품을 잘 알고 있을 것이다. 아이맥은 수년간 디자인도, 인터페이스도 거의 바뀌지 않았는데 어째서 전 세계적으로 인기 있는 걸까? 우리가 지금 사용하고 있는 애플의 제품 틀은 20년 전에 이미 존재하고 있었다. 하루가 다르게 변화하는 IT업계에서 이렇게 고유한 틀을 유지하는 기업은 많지 않다. 그런데 애플은 왜 이렇게 할까? '심플한 철학'을 따르기 때문이다. 애플의 로고를 보라. 하얗거나 까만 배경에 한 입 베어 문 사과가 전부다. 아이폰은 또 얼마나 심플한가? 아이폰은 당시 유행하던 다른 스마트폰들과 달리 버튼도 하나뿐이었다. 맥북도 마찬가지다. 맥북의 외관은 지난 몇 년간 약간 다듬어지기만 했을 뿐 큰 틀에서는 아무런 변화가 없다. 왜일까? 맥북의 극도로 단순한 디자인은 사용자로 하여금 '노트북이란 본래 이런 것'이라고 느끼게 한다. 애플은 정녕 뺄셈의 대왕이다. 당신도 애플이 최근 출시한 블루투스 이어폰을 보았는가? 디자인을 새로 한 걸까? 전혀 아니다. 애플 디자이너들은 기존의 애플 이어폰이 충분히 심플하므로 그냥 더 심플하게 줄만 '잘라'버리기로 했다. 그 결과가 바로 지금 우리가 보는 그대로의 에어팟이다. 세상은 수시로 변하고 있지만 애플은 항상 제품과 설계를 단순화하고 있다.

위챗도 그렇게 해서 승리했다. 위챗이 막 세상에 나오던 때만 해도 중국 시장은 만만치 않았다. 이미 미톡[샤오미에서 출시한 메시지 어플]과 판포우[트위터와 비슷한 단문 메시지 중심 SNS]가 시장을 주름잡고 있었다. 그런데 불과 반년 만에 기존 강자들을 모두 쓰러뜨리고 위챗 홀로 우뚝 섰다. 지금 사람들은 미톡이 무엇인지, 판포우라는 게 있었는지조차 기억하지 못한다. 나는 당시 '위챗의 아버지'로 불리던 장샤오룽[텐센트 부회장이자 위챗 개발자]의 인터뷰를 기억하고 있다. 인터뷰어가 "위챗은 어떻게 후발 주자라는 약점을 딛고 성공할 수 있었느냐"고 묻자 그는 "우리는 모든 시간과 노력을 위챗을 가장 단순하게 설계하는 데 쏟고 있다. 매일같이 잘라낼 수 있는 것을 모두 잘라낸 뒤에야 극도로 단순해진 완성품을 세상에 내놓는다"고 대답했다. 무언가 조금이라도 덧붙이는 순간 기능은 복잡해지고, 그런 건 더 이상 위챗이 아니라는 게 그들의 생각이었다.

우리는 종종 "진지해지면 진다"고 말하는데 꼭 그렇지는 않다. **다만 잘못된 방향으로 열심히 진지하기만 했기에 진 것이다.** 많은 사람들이 지나친 진지함으로 일만 복잡하게 만들고 만다. 소수의 사람들만이 문제를 단순하게 만들 줄 안다. 종종 기업가인 지인들이 찾아와 자문을 구하며 이렇게 묻는다.

"지금 우리 회사가 심각하게 정체돼 있는데, 대체 뭘 어떻게 해야 할까요?"

그러면 나는 그들에게 이렇게 되묻는다.

"지금까지 열심히 해서 부족함 없이 성장해왔을 겁니다. 그런데 혹시 너무 많은 게 문제일 수도 있다는 생각은 해본 적 없나요? 너무 많이 관리하고, 너무 많이 생각하고, 너무 많은 제안과 피드백에 둘러싸여 있지는 않은가요?"

좀 더 직접적으로 이렇게 말하기도 한다.

"제품이 충분히 단순하지 않아서 경쟁 업체들에게 밀리고 있는 것일 수도요."

그러면 그들은 대부분 무거운 침묵과 함께 깊은 고뇌에 잠긴다. 이제껏 뭔가가 '부족하다'고만 생각해왔는데 '너무 많은' 게 문제일 수 있다니. 어떤 기업이든 고속 성장하는 시기에는 끊임없이 더하고 쌓고 또 더하기만 한다. 그러나 어느 정도 성숙 단계에 이르면, 과잉을 덜어내는 뺄셈이 필요해진다. 발전 단계에 따라 구체적인 진략과 전술도 달라질 필요가 있다. 많은 사람들은 한 가지 방법으로 모든 상황에 대응하려는 경향이 있지만, 이제껏 덧셈을 충분히 거듭해왔다면 뺄셈을 할 줄도 알아야 한다. 하늘로 쏘아 올린 로켓도 처음에는 전력을 다해 나아가지만, 더 높이 날아오르기 위해 일정 고도에 이르면 속도를 높이기보다 중량을 줄이기 시작하는 것처럼 말이다. 로켓은 무게를 줄이기 위해 부품을 하나씩 떨어뜨린다. 방금 전까지 그 로켓을 위로 올려준 가속 장치까지도. 그러고 나서야 로켓은 대기권 밖으로 벗어나 광활한 우주로 진입하는 것이다.

그러므로 지금 당신이 어떤 제품을 만들고 있거나 사업을 발전시키려 한다면, 무엇부터 가장 단순하게 해야 할지 생각해보라. 당신은 어떤 단순한 제품 혹은 서비스를 제공할 수 있는가? 단순함이란 단지 어느 한 가지 수요만 충족시키는 것이면 된다. 요즘 사람들에게 익숙한 퀵서비스도 원래는 업무상 당장 뭔가를 전해야 할 필요 때문에 생겨난 것이었다.

단순해야 쉽게 실행할 수 있고,

단순해야 쉽게 이해할 수 있다.

단순해야 널리 전파되기 쉽고,

단순해야 오히려 카피하기도 어렵다.

이것이 내가 신뢰하는, 돈을 버는 '단순한 원칙'이다. 대만 만화가 차이즈중 선생도 단순함의 본질에 대해 이렇게 말한 바 있다.

"어떤 나무토막이든 불상이 될 수 있다. 불필요한 부분을 모두 깎아내기만 한다면."

2

개인 사업의 가치 모형

보통 사람이 평소의 일 밖에서 가치를 찾는 법

정확한 돈벌이 개념을 갖추었다면 이제 개인 사업을 펼쳐야 할 때다. 그런데 그 전에, 자신의 사업 가치가 어디에 있는지 알아야 한다.

자신의 사업 가치는 크게 주관적 가치와 객관적 가치로 나뉜다. 주관적 가치는 스스로 자기 자신에게 있다고 여기는 가치이고, 객관적 가치는 남들이 나에게 있다고 여기는 가치다.

더 간단하게 표현하면 이렇게 말할 수도 있다.

자신의 어떤 부분에 사업 가치가 있는가? 나는 고객들에게 어떤 가치를 창조할(가져다줄) 수 있는가?

가치를 탐색하기

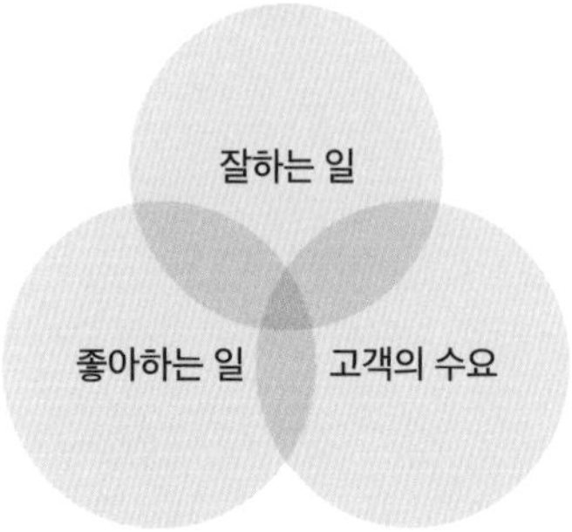

그렇다면 당신의 사업 가치는 어떻게 찾아야 할까? 일단 3개의 원을 그려보자.

첫 번째 원은 당신이 '잘하는 일'이다. 남들에게는 없는 당신만의 강점, 남들은 서툴거나 손도 대지 못하지만 당신은 능숙하게 해낼 수 있는 어떤 일, 당신만의 우세한 경쟁력을 가리킨다.

두 번째 원은 당신이 '좋아하는 일'이다. 아직은 그렇게까지 잘하지 못하지만, 당신이 몹시 좋아해 진행 과정에서 기쁨과 흥분을 느낄 수 있는 일을 가리킨다.

세 번째 원은 '고객의 수요'다. 고객의 수요야말로 객관적 가치이자 비즈니스 성립의 전제 조건이다. 즉 당신이 잘하는 일이나 좋아하는 일을 찾았다 해도 그에 대한 고객의 수요가 없으면 가치를 생산해낼 수 없다.

이런 3원 모형은 당신도 책이나 교재에서 한번쯤 봤을 것이다.

그런데 모형에 대한 설명이 피상적인 경우가 많아 이를 실제로 어떻게 적용하여 사용하는지는 제대로 알지 못한다. 따라서 당신이 이 모형을 제대로 이해하는 데 도움이 될 만한 질문을 하나 던져보겠다. 고객의 수요, 당신이 좋아하는 일, 당신이 잘하는 일을 중요도 순서대로 나열한다면 어떻게 될까? 무엇이 다른 무엇보다 조금 더 중요하거나 덜 중요할까? 혹은 이 세 가지 요소 가운데 무엇이 가장 높은 '우선순위'를 가진다고 말할 수 있을까?

사실 이 모형에서 **고객의 수요는 기초, 당신이 좋아하는 일은 보장, 당신이 잘하는 일은 재물**에 해당한다. 원이 전부 몇 개인지, 그 안에 들어 있는 단어가 무엇인지는 크게 중요하지 않다. 굵게 표시된 앞 문장이 무슨 의미인지 이해할 수 있다면 당신은 지금 바로 당신만의 개인 사업을 시작해도 좋다. 위의 세 가지 요소 중 비즈니스 성립 자체에 있어서는 앞에 놓인 것일수록 중요하고, 장기적인 지속이라는 관점에 있어서는 뒤에 놓인 것일수록 중요하다.

우선 '고객의 수요가 기초'라는 건 무슨 뜻일까? 어떤 일을 추진하여 사업적 가치를 만들어내기 위해서는 얼마나 많은 수의, 어떤 부류의 사람들이, 얼마만큼(빈도) 그 상품을 필요로 하는지 고려해야 한다는 의미다. 당신이 제공하는 상품이나 서비스가 아무리 좋아도 사람들이 필요로 하지 않으면 아무런 가치로 이어지지 못한다. 고객의 수요는 가장 중요한 대전제에 해당한다.

다음으로 '당신이 좋아하는 일이 보장'이라는 건 무슨 뜻일까?

당신이 좋아하는 일은 설령 그 일로 버는 돈이 적다 해도 당신이 좋아하는 일이기 때문에 지속하기가 수월하다. 다른 이유나 외부 동력이 필요하지도 않다. 따로 목표를 부여하지 않아도 얼마든지 이어나갈 수 있다. 그래서 어떤 일을 좋아한다는 것은 그 자체로 하나의 강점이 된다. 좋아하는 마음은 그 일을 지속할 수 있게 하는 보장이 되고, 장기적으로는 수익이 커질 수 있는 바탕이 된다.

마지막으로, '당신이 잘하는 일이 재물'이라는 건 무슨 뜻일까? 당신은 어렵지 않게 잘할 수 있는데 남들은 아무리 노력해도 잘하지 못하는 어떤 일 하나쯤은 있기 마련이다. 그 일은 당신만이 가지고 있는 독보적 '초능력'이라고도 할 수 있다. 이는 금전적 차원에서 당신이 가진 능력 가운데 돈을 가장 잘 벌 수 있는 능력이자, 같은 능력을 가진 사람들 중에서는 당신이 돈을 가장 잘 버는 사람이 될 수 있다는 것을 의미한다. 요컨대 당신의 능력으로 돈을 벌고자 할 때에는 **당신의 강점이 당신이 벌 수 있는 돈의 절대치**(**최대치**)**를 결정한다.** 당신의 강점으로 돈을 벌면 큰돈을 벌 수 있다. 또한 당신이 그 업계에서 대부분의 돈을 벌게 됐다면 반드시 당신의 강점을 발휘했을 것이다.

이전에 내게 "큰돈을 지속적으로 버는 방법이 있을까요?"라고 물은 사람이 있었다. 위 분석을 읽었다면 당신도 어렵지 않게 그 방법이 무엇일지 떠오를 것이다. **고객의 수요가 있는 영역을 찾아 기초로 삼고, 자신이 좋아하는 일과 잘하는 일의 교집합을 찾으면**

큰돈을 지속적으로 벌 수 있다. 즉 고객의 '수요'가 있어야 그 일을 시작할 수가 있고, 그것이 당신이 '좋아하는 일'이라면 오래 이어갈 수 있고, 당신이 '잘하는 일'이기까지 하다면 큰돈을 벌 수 있다. 이 세 가지 원의 교집합을 찾았다면, 그것이 바로 당신만의 최종적 사업 가치다.

좋은 시작은 절반의 성공과 같다

그러나 아직 좋아하기에는 이르다. 나의 멘토링 경험을 돌아보았을 때, 처음부터 3원의 교집합을 찾기는 굉장히 어려운 일이기 때문이다. 게다가 인간에게는 특별히 잘하는 일이 두 가지 있는데, 하나는 좀처럼 시작하지 못하는 것이고, 다른 하나는 도중에 그만둬 버리는 것이다. 요컨대 처음부터 너무 어려운 일에서 출발하면 시작하는 것 자체도 어렵거니와 도중에 포기할 가능성도 높아진다.

그렇다면 어떻게 해야 좋은 시작이 될까? 자신이 어느 지점에서 출발하는 게 가장 편한지를 보거나, 어느 지점이라면 당장 시작할 수 있는지를 보면 된다. 당신이 가장 편하게 첫발을 뗄 수 있다면 그것이 바로 좋은 시작이다. 처음부터 3원의 교집합을 찾는 것은 쉽지 않으므로 2원의 교집합을 찾는 것으로부터 시작해보자.

당신이 '잘하는 일'과 '고객의 수요'의 교집합을 찾거나, 당신이 '좋아하는 일'과 '고객의 수요'의 교집합을 찾는 것이다. 3원이 아

닌 2원의 교집합이라고 해서 꼭 한 발 물러난 것은 아니다. 무엇이 더 좋고 나쁘다고 할 수 없으며, 딱히 우열이라 할 것도 없다. 이는 오히려 큰 목표를 여러 개의 작은 목표로 나누어 각개 격파하면서 전체 목표를 이루어가는 과정과 더 비슷하다. 고수는 일부러 난이도를 낮추어 시작하기 수월하게 만드는 데 능하다. 그렇다면 하수는? 어렵게 시작해놓고 도중에 그만두기 일쑤다. "선생님, 그냥 1원으로 시작하면 더 간단하지 않나요?"라고 말하고 싶은 사람도 있을지 모르겠다. 그러나 앞에서도 말했듯, 비즈니스가 성립하기 위해서는 고객의 수요라는 1원이 반드시 뒷받침되어야 한다. 고객의 수요는 모든 것의 기초이며 모든 비즈니스의 시작점이다.

고객의 수요는 반드시 필요한 절대 조건이다. 고객이 필요로 하는 것을 당신이 갖추고 있지 않거나, 고객이 원하는 바를 당신이 만족시킬 수 없다면, 그 사업은 시작조차 할 수 없다. 그러므로 시작은 최소한 2원의 교집합은 돼야 한다. 당신이 좋아하거나 잘하는 일이라는 주관적 가치는 각각 고객의 수요라고 하는 객관적 가치와 짝을 이뤄야 한다.

내 멘토링 경험에 비춰 보았을 때 좋아하는 일보다 잘하는 일을 찾아내는 것이 훨씬 쉽다. 때문에 '잘하는 일'과 '고객의 수요'에서 교집합을 찾아내는 사람이 훨씬 많다. 찾아냈다면, 바로 시작하면 된다. 처음에는 썩 좋아하지 않는 일이었다 해도 가치를 만들어내고 교환하는 과정에서 수입을 얻게 되었다면 그것만으로도 충분히 괜찮은 일이다. 더욱이 일단 시작했다면 시작조차 하지 않은 것보다 훨씬 낫다. 혹시라도 나중에 새로운 발견이나 발상으로 3원의 교집합을 다시 찾게 된다면 그때 가서 일을 바꿔도 된다. 그렇다 해도 처음에 2원의 교집합을 찾았던 노력은 전혀 헛수고가 아니다. 그것만으로도 이미 어느 정도 돈을 벌 수 있었던 데다 처음에 찾았던 교집합은 일종의 하한 선택지가 되기 때문이다. 혹여 새로운 일에 문제가 생기면 이전의 교집합으로 되돌아가는 선택을 고려해볼 수 있다.

만약 처음부터 자신이 '좋아하는 일'과 '고객의 수요' 사이에서 교집합을 찾았다면? 축하한다! 당신은 평생 매진할 수 있는 일을 찾았다! 이때부터는 다음 두 가지 전략을 취하면 된다. 하나는 그 교집합에 당신이 '잘하는 일'을 더해 새로운 교집합을 만들어내는 것이고, 다른 하나는 좋아하는 일을 잘하는 일로 만들어나가면서 전문성을 키우고, 그 전문성으로 돈을 버는 것이다. 이런 전략을 취할 때는 2장에서 이야기한 방법대로 의식적으로 돈을 모으는 동시에 어느 정도 경비를 지출하고 시간을 투입하면서 자신이 '좋아하는 일'을 잘할 수 있도록 기술과 노하우를 축적하는 숙련기를 보낼 필요가 있다.

당신에게 어떤 아이디어가 떠올랐다면 그에 맞는 방법을 찾아어서 시작하기를 바란다. 생각만으로는 어떤 것도 실현되지 않으며, 아무런 변화도 일어나지 않는다. 어떤 일이든 일단 시작하는 것이 계속 시작조차 못 하는 것보다 훨씬 낫다. 시작이 가장 어려운 법이다. 시작할 때는 시작할 일이 '있다'는 것 자체가 '세내로' 잘 시작하는 것보다 훨씬 중요하다. 잊지 말자, **일단 '해보는' 것이 '잘 해내는' 것보다 훨씬 중요하다는 것을.**

가치를 산출하기

그런데 자신이 잘하는 일이 무엇이고 좋아하는 게 무엇인지 모르는 사람도 있을 것이다. 그런 이들을 위해 더 간단하고 최적화된 모형을 제시하고자 한다. 이 모형은 2원 모형으로부터 비즈니스의 본질을 추려낸 것이다.

3원 모형과 2원 모형이 당신만의 사업적 가치를 찾기 위한 것이었다면, 2원 모형의 최적화는 가치를 산출해내기 위한 것이다. 가치를 찾아내는 것은 어쨌거나 당신 자신이 해야 할 일이다. 그런데 그 결과물을 세상에, 즉 시장에 내놓아본 적이 없다면 고객들은 당신의 사업적 가치를 알 방법이 없고 당신의 상품이나 서비스를 구매할 방법도 없다. 그러므로 사업적 가치의 본질은 가치 자체에 있다기보다 **결과물의 산출**에 있다.

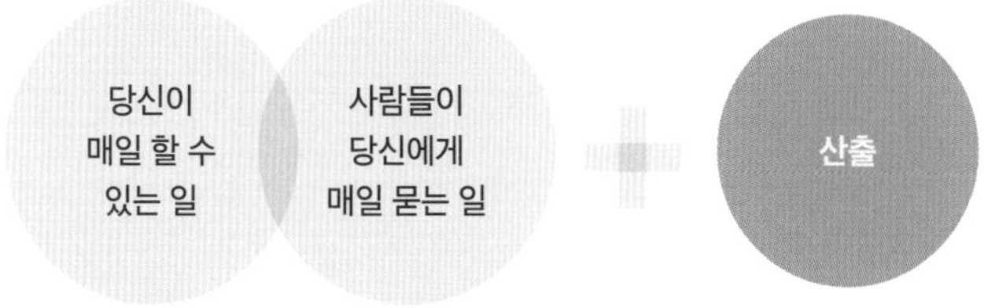

첫 번째 원: 당신이 매일 할 수 있는 일. 어떤 일이든 상관없다. 당신이 그 일을 매일 할 수 있다는 것은 단지 그냥 했기 때문이 아니다. 당신만이 어렵지 않게 잘 해낼 수 있는 일이거나, 당신이 좋아하는 일이어서 그 일을 하는 게 즐겁기 때문이었을 것이다. 당신이 매일 할 수 있는 일이라면 당신에게도 긍정적인 결과로 돌아올 가능성이 높고, 그럼으로써 더 꾸준히 지속해나갈 수 있게 된다. 그렇게 지속해나감으로써 평생의 본업이 되는 것이다.

그렇다. 이것은 결국 앞에서 말한 당신이 '잘하는 일'이나 '좋아하는 일'에 해당한다고 볼 수 있다. 앞 단계에서 찾지 못했더라도, 일상생활을 통해 찾을 수도 있다.

두 번째 원: 사람들이 당신에게 매일 묻는 일. 우리는 아예 모르는 사람에게 중요한 문제에 대해 묻지 않는다. 당신은 문제가 생겼을 때 누구에게 찾아가 물었을 때 머릿속이 환해지던가? 마찬가지

로, 누군가 당신에게 어떤 문제에 대해 물었다는 것은 그 사람이 당신을 신뢰한다는 것, 질문한 영역에 당신의 가치가 있다는 것을 의미한다. 당신 자신은 별 전문성이 없다고 느낄지 몰라도 남들이 보기에는 그렇지 않기 때문에 당신에게 물으러 온 것이다.

돈 벌 기회가 없었다고 원망하고 싶은 사람이라면 오랫동안 살아남은 기업들의 역사를 돌아볼 것을 권하고 싶다. 이 기업들은 특정 사람들의 특정 문제를 해결하는 일로 탁월한 성과를 거두면서 세계적 기업으로 도약한 경우가 많다. 세계 500대 기업 중에서도 정상에 있는 20대 기업들을 보라. 광범위한 영역의 많은 사람들에게 최상의 해결 방안을 제시하고 있지 않은가. 미국의 마이크로소프트는 모든 사람의 데스크톱 컴퓨터 속에서, 중국의 텐센트는 수억 명의 휴대폰 속에서 해결 방안을 제시하고 있다. 맥도날드나 KFC, ZARA, 유니클로, 립톤, 닛신[일본의 식품 기업] 등 다 마찬가지다. 이 모든 기업이 매일 하고 있는 일을 여섯 글자로 요약하면 '문제 해결 제공'이라고 할 수 있다.

마찬가지로, 당신의 가치 역시 상당 부분 당신이 무슨 일을 했다는 것 자체로 결정되지 않는다. 열심히 노력했다는 것도 별 소용없다. **당신의 가치는 당신이 '어떤 문제를 해결했는가', 그리고 '얼마나 많은 사람들의 문제를 해결했는가'로 결정된다.** 그러므로 남들의 문제는 곧 당신의 사업적 기회이기도 하다. 사람들에게 해답을 제공하는 것이 당신의 생업이 될 수 있는 것이다. 그렇지 않은가? 실제 우리 생활에서도 대다수 사람들에게 부족한 것은 '문제 자체를 올바르게 제기하는' 능력임을 볼 수 있다. 무슨 대단한 요구조차 아니다. '문제를 명확히' 인식하고 제기하는 것부터가 어려운 일이다. 당신에게 도움을 구하는 사람들의 처지가 이러하다는 것을 우선 제대로 알 필요가 있다.

그들이라고 꼭 능력이 부족해서 해결을 못 하는 게 아니다. 대개는 진짜 문제가 무엇인지, 문제의 근원이 어디에 있는지 제대로 알지 못하기 때문이다. 문제를 정확히 짚지 못하니 당연히 해결은 더더욱 어렵다. 그래서 사람들은 잘못된 문제를 해결하는 데 매달리다 불만을 늘어놓곤 하는 것이다. 이때 그들의 불만을 잘 들어보라. 그들이 무엇을 탓하고 하소연하는지 들어보라. 그 '불만'과 '하소연', '탓'의 배후에 그들의 '수요'가 있다. 모든 수요의 배후에는 약점이 있고, 약점의 배후에 거대한 비즈니스 기회가 숨어 있다.

약점을 공략하고 문제를 해결하는 것이야말로 21세기 최대의 비즈니스 기회다. 그러니 누군가가 당신을 붙들고 하소연하거든 듣기 싫다며 도망부터 가지 말고 스스로에게 물어보자. 이 사람은 왜 하필 나에게 하소연을 하는가? 이때 당신이 해야 할 일은 하나뿐이다. 그들이 무슨 말을 하는지 가만히 들어보는 것. 부자의 사고는 적극적이고 진취적이어야 한다. 그들은 어디에서나 '쓸모'를 발견해낸다. 그래서 하소연을 들을 때조차 그들은 이렇게 생각하는 것이다. '기회가 될 수도 있겠어. 이걸 어떻게 이용하는 게 좋을까?'

위에서 말한 '2원'과 '불만'을 잘 이해하기만 하면 돈을 벌 수 있을까? 꼭 그렇지만은 않다. 당신에게 나름의 경험과 배움, 나아가 능력이 있다 해도, 그러한 것들을 자기 안에 담아두기만 한 채로 '나는 왜 돈을 못 버는 거냐'고 답답해하면 안 된다. 당신에게 내재된 가치가 있다면 부단한 노력으로 그 가치를 키워나가야 하고, 마지막으로 한 걸음 더 앞으로 나아가야 한다. 바로 그 가치를 바깥으로 내보이는 것. 당신의 지식에 가치가 더해진 것이 바로 외재적 가치이며 사회적 가치이다. 어째서 산출, 즉 결과물을 내는 것이 당신의 가치를 변화시키는가?

당신이 음식을 좋아한다고 치자. 그런데 음식을 좋아한다고 잘 먹기만 하면 먹보가 되는 데서 끝난다. 그런데 잘 먹을 뿐 아니라 음식에 관련된 지식이 있으면 음식을 좀 더 잘 즐길 수 있다. 자, 그런데 여기서 먹는 것을 좋아할 뿐만 아니라 음식에 관련된 여러 가지 지식이 있고, 이를 자신의 경험과 엮어 사람들에게 이야기할 수 있다면 음식 칼럼니스트가 될 수도 있다. 수강생 중 1명은 내 이러한 제안을 받아들여 관련 플랫폼에 자신이 먹은 음식을 공유하고 좋은 음식점을 추천하는 것만으로도 현재 20만 명의 구독자가 있는 미식 전문가가 되었다.

한번은 교육계에서 일하는 선배가 내게 자문을 요청해왔다. 나는 대답을 하기에 앞서 선배에게 무엇이 가치 있는 지식이고 무엇이 무가치한 지식인지, 둘의 차이는 무엇이라고 생각하는지 물었다. 돌아온 대답은 놀라웠다. 가치 있는 지식은 사람을 서로 연결시키고, 무가치한 지식은 사람을 고립시킨다는 것. 바로 이것이 산출이 지닌 가치다. 학원에서 말로 가르침으로써 강사가 되고 수만 명의 수강생이 그의 강의를 듣는다. 글을 써서 세상에 내놓음으로써 작가가 되고 수십만 명의 독자가 그의 글을 읽는다. 사람은 이렇게 산출을 통해 새로운 버전의 자기 자신이 된다.

당신이 여행을 좋아한다면 단순한 여행자가 될 수도 있다. 그런데 여행기를 쓰거나, 여행지 소개나 멋진 사진과 영상을 공유한다면 여행 분야에서의 전문가가 될 수 있다. 이 세상에는 여행을 가고 싶지만 어디로 가야 할지 모르거나, 그 여행지에 어떻게 가야 하는지 모르는 사람이 많기 때문이다. **산출은 당신의 가치를 최대화할 수 있는 유일한 통로다.** 산출이 있어야만 당신이 알고 있는 것, 잘하는 것, 좋아하는 것, 즉 당신의 가치가 세상에 드러나 사람들이 알 수 있고, 사람들이 알아야만 당신과 같은 목표를 가진 사람들의 인정을 받을 수 있기 때문이다. 기억하라, 산출력이 곧 영향력이다.

샤오우라는 한 대학생이 떠오른다. 그녀는 조금 통통한 편이었는데 2년 전 남자친구에게 차인 뒤 자기 자신을 바꿔야겠다고 결심하고 운동에 매달렸다. 2년간 총 700여 일에 걸쳐 매일 유산소 운동과 웨이트 트레이닝을 병행하고, 운동이 끝난 후에는 SNS에 운동 기록을 남겼다. 땀 흘리며 운동하는 모습을 올리기도 하고,

그날 잰 체중을 올리기도 했다. 2년 후 대학을 졸업한 그녀는 완전히 새로운 사람이 되어 있었다. 그녀를 상징하는 이미지는 이제 11자 복근이었다. 졸업 후에는 회사에 취직하는 대신 식단과 운동을 관리해주는 플래너가 되어 매일 여러 사람들에게 식단과 운동 계획을 짜주었다. 상담을 요청하는 고객이 끊이지 않자, 이제는 모든 상담을 받을 수 없어 시간당 2000위안의 상담만 운영하면서.

이렇듯 자신의 가치를 높이는 가장 빠른 방법은 타인에게 가치를 제공하는 것이다. 당신이 어떤 기술이나 지식을 갖추고 있다면 그것이 남들에게는 어떤 가치를 가져다줄 수 있는지, 어떤 도움이 될 수 있는지 스스로에게 물어보라. 쯔무라는 수강생은 한 아이의 엄마였는데, 아이를 낳고 키우면서 자기 자신을 잃어버린 것 같다는 상실감에 시달리다가 책을 읽으면서 자기 자신을 되찾기로 결심했다. 그렇게 수십 권을 읽어가던 어느 날, 살아가는 데 큰 힘을 주었던 좋은 글귀들을 자신의 경험과 함께 풀어내 사람들과 공유하기로 마음먹었다. 그녀가 여는 독서회에는 매달 그녀처럼 육아에 시달리며 자아 상실감을 겪는 엄마들이 배움과 성장을 공유하기 위해 모여들고 있다.

앞서 언급한 이들은 모두 우리 주변에 있는 평범한 사람들이다. 음식, 여행, 독서, 운동 모두 우리가 일상에서 매일 하는 평범한 일이다. 그런데 왜 그들은 되고 우리는 안 되는가? '그들'을 '우리'로 바꿔보자. 방법은 간단하다. 당신이 이미 갖추고 있는 지식이나 매일 하고 있던 일에 단지 '산출'을 더하는 것, 산출을 통해 당신 자신의 이야기를 새로 쓰는 것이다.

기억하라, 밖으로 꺼낼 수 있는 만큼이 시장에서 당신의 영향력이고, 그 영향력의 크기가 곧 당신 자신의 가치다. 그러므로 오늘 당신이 이 책을 통해 무엇을 배웠든, 어떤 방식으로든 밖으로 꺼내 세상에 내놓도록 하자. 게으름에만 빠져 있지 말고, 지금 당장!

글을 써도 좋고 마인드맵을 그려도 좋다. SNS에 오늘 하루 정신적·물질적 성과를 공유하는 것부터 시작해도 좋다. 가족이나 친구들과 대화하다가 새로 배운 것, 깨달은 것을 공유해도 좋다.

나는 오늘부터 당신이 산출하는 습관을 기르고 최적의 방식을 찾아 진정으로 자신의 가치를, 지식의 역량을 발휘하기 시작하기를 바란다. **돈 자체를 버는 일보다 중요한 것은 값어치 있는 일을 하는 것이다. 값어치 있는 일보다 더 중요한 것은 자신이 더욱 가치 있어지는 것이다.**

3

사업가 마인드

**거인의 어깨에 올라
좋은 사업 기회를 빠르게 판단한다**

크든 작든 사업을 하는 사람들을 만나보면, 일반인들과는 사고방식이 많이 다르다는 것을 알 수 있다. 사업이 무엇인지 알기 위해서는 먼저 사업하는 사람들의 사고방식을 알 필요가 있다. 사업을 하는 사람들의 가장 큰 특징은 **남의 힘을 빌릴 줄 안다는 것**이다. 그들은 그 힘으로 거인의 어깨에도 올라선다.

사업을 하는 사람들은 앞선 사람들의 생각을 자신의 판단 근거로 삼을 줄 안다. 그는 어떤 일을 하든 철학적 사유를 통해 근본적인 방법을 찾아낸다. 철학적 사유를 하기 위해서는 동서양 고전을 두루 읽고 자신의 것으로 체화하는 것이 중요하다. 고전은 다른 일반적인 책과 달리 아무 데나 펼쳐 무작정 읽기보다 글자 하나하나의 뜻을 연구하듯이 읽어나가야 한다. 이것이 사업가 마인드를 기를 수 있는 첫 번째 루트다.

많은 기업가·CEO들과의 대화를 통해 그들의 의사 결정 방식을 배울 필요도 있다. 나는 업무 특성상 그런 대화를 나눌 일이 많지만, 일반인으로서는 이런 기회를 얻기가 쉽지 않다. 공개 강연이나 인터뷰 영상 등을 찾아보는 것도 한 방법이다. 내가 개인적으로 중요하게 생각하는 경험은 기업가·CEO들의 강연이나 인터뷰를 단순히 듣기만 하는 것이 아니라 관련 보도, 논평, 분석 기사 등을 찾아보면서 그들이 하는 이야기가 실제와 얼마나 부합하는지 살펴보는 것이다. 예를 들면 그들이 강연이나 인터뷰에서 말했던 경제 전망이나 사업 구상이 정말로 실현됐는지, 실현되지 않았다면 아직 시간이 필요한 일이기 때문인지 등을 확인해보는 것이다. 이런 작업이 사업가 마인드를 기를 수 있는 두 번째 루트다.

이 세상에 존재하는 모든 사업은 원리상 크게 네 종류로 나눌 수 있다.

다음 그림에서 가로축은 상품의 가격을, 세로축은 구매 빈도를 가리킨다. 이 세상에 존재하는 모든 사업은 이 두 가지 축을 기준으로 네 종류로 나눌 수 있다. 제1분면부터 제4분면까지 각각 높은 가격-높은 빈도, 낮은 가격-높은 빈도, 낮은 가격-낮은 빈도, 높은 가격-낮은 빈도로 이루어져 있다. 이게 뭘 의미하는 걸까? 하나하나 분석해보자.

제1분면, 높은 가격-높은 빈도. 상품의 가격도 높고, 고객의 구매 빈도도 높은 사업을 가리킨다. 이런 사업을 발견했다면, 축하한다! 당신은 떼돈을 벌 것이다. 하지만 이런 사업은 대단히 드물기 때문에 어지간해서는 찾기 어렵다.

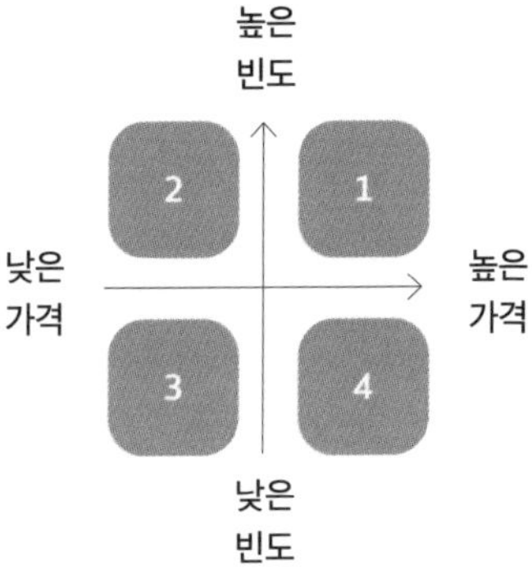

제2분면 낮은 가격-높은 빈도. 상품의 단가는 낮지만 구매 빈도가 높은 사업을 가리킨다. 우리가 평소에 자주 쓰는 일상적인 소모품, 즉 휴지, 비누, 간장, 음료, 생수 등이 모두 여기에 해당되며, 볼펜이나 스카치테이프, 포스트잇 같은 사무용품도 여기에 해당된다.

제3분면, 낮은 가격-낮은 빈도. 이런 사업이라면 금방 망하고 말 것이다. 가격이 낮은데 구매 빈도조차 낮은 상품이라면 가치도 바닥이고 찾는 사람도 매우 적다는 뜻이므로. 이런 사업으로는 돈도 제대로 벌지 못할 뿐 아니라 손익 분기를 넘기지 못해 사업을 오래 지속하기도 어렵다. 사실 이런 사업은 좋은 사업이 아닐뿐더러 사업이라고도 할 수 없다. 이런 사업은 거들떠보지도 말아야 한다.

제4분면, 높은 가격-낮은 빈도. 우리가 이따금 한 번 구입하는 고가의 물건을 가리킨다. 가령 자동차는 5~10년에 한 번, 주택은 평생에 한두 번 정도 구입할 만큼 구매 빈도가 낮고, 가격은 일상 용품의 수백 배에 달한다.

위 분석을 통해 당신은 어떤 결론을 얻을 수 있는가? 아래에 내가 얻은 몇 가지 결론을 공유하고자 한다.

1) 가격이 높은가 낮은가는 상대적인 것이다. 사람마다 소득 수준이 다르므로 가격에 대한 판단도 다를 수 있다. 일반적으로 상품 가격이 월수입의 3분의 1을 넘기면 '고가'로 정의한다. 월급이 3000위안인 사람에게는 1000위안짜리 향수도 고가품에 해당하겠지만, 월급이 2만 위안인 사람에게는 1개에 7000위안인 휴대폰 정도는 돼야 고가품이라 할 수 있을 것이다. 반대로 상품 가격이 월수입의 100분의 1 내외라면 '저가'에 해당한다. 자신의 수입으로 이 정도면 충분히 살 수 있다고 느끼기 때문에 이 가격대의 상품을 구매할 때는 크게 망설이지 않는다.

2) 1분면의 사업 기회는 흔치 않고, 3분면의 사업 기회는 거들떠봐서도 안 된다. 그렇다면 남는 것은 '낮은 가격-높은 빈도'와 '높은 가격-낮은 빈도'뿐이다.

3) 자신이 하려는 사업이 좋은 사업인지 아닌지 판단하려면 그것이 2분면이나 4분면의 조건을 충족하는지를 보면 된다.

4) 사업 매출은 상품 단가×구매 빈도다. 장사나 사업으로 더 많은 돈을 벌려면(순이익을 높이려면) 모든 비용을 최대한 낮춘 상태에서 가격을 올리거나 구매 빈도를 높이면 된다.

5) 내 자문 경험을 돌아보았을 때, 상품 가격이나 구매 빈도를 높이는 것은 결코 쉽지 않다. 그래서 나는 기업들에게도 여러 종류의 상품을 묶어 세트로 만들어서 거래 금액 자체를 높이고, 소비자에게는 여러 가지 상품 구성이나 여러 종류의 가격대를 선택할 수 있게 하는 방식을 제안한다. 이렇게 하면 상품의 실제 가격에는 변화가 없지만, 소비자들은 한 번에 많은 상품을 구매하게 되어 거래 금액 자체가 높아진다. 구매 빈도에 있어서는, 구매 빈도를 높이는 것과 같은 효과를 내는 간단한 방법이 있다. 판매처 범위를 넓히면 된다. 애플은 원래 미국인에게만 판매하던 컴퓨터를 전 세계 사람들에게 판매하기 시작했고, 그 결과 애플 컴퓨터를 구입하는 사람의 수(구매 빈도)도 매일 증가하고 있다. 맥도날드 1호점도 원래는 한적한 시골 마을 대로변에 들어서 있었다. 당시만 해도 마을 주민과 행인 정도가 고객이었지만, 지금은 세계 곳곳에 맥도날드 매장이 들어서면서 전 세계 사람들이 고객이 되었다. 그 결과, 메뉴 가격을 크게 올리지 않고도 규모의 확장을 통해 구매 빈도를 폭발적으로 높일 수 있었다. 즉 판매의 규모가 곧 구매 빈도이며, 시장에서의 영향력이 곧 구매력인 것이다.

6) 이상의 분석을 통해, 상대적으로 고가인 제품은 판매 규모를 확대하기만 해도 사업 모형이 1분면에 가까워진다는 것을 알 수 있다. 그러므로 높은 가격-높은 빈도의 사업은 아예 불가능한 것이 아니며 얼마든지 만들어낼 수 있다.

7) 모든 위대한 기업은 제품이 저가든 고가든, 거대한 판매 규모로 인해 '높은 빈도'로 거래되고 있다. 사업을 꾸려나가려면 '구매 빈도를 높이는' 데 최대한의 노력을 기울여야 한다. 부동산 개발업체조차 30층 높이로 지을 수 있는 건물이라면 절대 20층까지 짓지 않는다. 10층 차이만으로도 수백 건의 거래가 더 생겨나기 때문이다.

8) 중간 가격대 제품을 파는 업체들은 종종 구매 빈도를 높이기 위해 가격을 낮춘다. 그렇다면 고가의 제품을 파는 업체들은 제품 자체가 고가인데 어떻게 해야 하나? 다섯 번째 분석을 참고한다면 방법은 간단하다. 저가 제품을 따로 출시함으로써 구매력 낮은 소비자들의 수요를 만족시키면 된다. 애플은 매년 아이폰 신제품을 출시하는데 이에 따라 가격도 매년 높아졌다. 그러다 규모의 성장에 한계가 왔을 때, 애플은 어떤 결정을 내렸는가? 그동안 아이폰을 구입하기 어려웠던 소비자들이 그들의 구매력 범위 안에서 구입할 수 있는 보급형 아이폰을 내놓았다. 바로 아이폰SE 시리즈다. 아이폰SE 시리즈는 디자인도 사양도 특별하지 않다. 하지만 있어야 할 기능을 모두 갖추고 있으면서도 가격은 기존 아이폰보다 월등히 저렴했다. 이러한 저가 라인 덕분에 아이폰 구매 빈도는 다시 크게 높아졌다.

9) 큰돈을 벌고 싶다고 해서 반드시 창업을 해야 하는 건 아니다. 기존 사업의 한 고리에 참여하는 것도 좋은 방법이 될 수 있다.

코카콜라는 특유의 유선형 유리병 디자인에 일정한 특허료를 지불하는데, 코카콜라는 매일 전 세계에서 1억 병이 팔리고 있으므로 특허료만으로도 천문학적인 금액이 된다. 뜨거운 컵에 손이 데지 않도록 하는 컵슬리브도 마찬가지. 코카콜라 병이나 스타벅스 컵슬리브를 만든 사람은 직접 코카콜라나 스타벅스를 창업한 것이 아니다. 콜라나 커피를 발명한 것도 아니다. 그들은 다만 대규모 기업의 일부 공정에 발을 걸치고 있을 뿐이다. 이 세상에 돈 벌 기회는 결코 부족하지 않다. 부족한 것은 언제나 그 기회를 잡을 사람이다. 자신이 직접 명품 브랜드를 창업하지 않더라도, 명품을 수선하는 최고급 장인에게서 기술을 전수받기만 해도 1년에 수백만 위안을 벌 수 있다. 대규모 사업의 일부 공정에 참여하는 것만으로도, 어느 한 영역에서 작은 기능을 맡는 것만으로도, 당신은 얼마든지 출중해질 수 있다. 비즈니스 세계에서는 최고만이 최고와 짝을 이루기 때문이다.

10) 자기만의 사업을 하고 싶다면 2분면 사업이나 4분면 사업으로 방향을 정하는 것이 좋다. 그렇다면 저가 제품을 높은 빈도로 팔 것인가, 고가 제품을 낮은 빈도로 팔 것인가. 낮은 가격-높은 빈도 쪽이 사업을 시작하기에는 훨씬 수월하다. 당신이 지금 시작 단계에 있다면 아직 시장에 별 영향력이 없고 당장 큰 성과도 없어 당신을 신뢰하는 사람이 많지 않고, 잘 모르는 가치에 돈을 지불하려는 사람도 많지 않을 것이기 때문이다. 이때 '낮은 가격'은 당신

의 낮은 인지도에 대한 비용이 되기 때문에 충분히 좋은 시작이 될 수 있다. 일단 시작하고 나서 구매 빈도를 어떻게 높일 것인지 고민해보는 것이 좋다. 처음부터 100만 위안의 매출을 올리겠다는 식으로 터무니없이 높은 목표를 잡는 것은 좋지 않다. 현실에서는 100위안짜리 상품을 매달 100명에게만 팔아도 매달 1만 위안을 더 벌 수 있다. 그렇게 해서 당신은 온전히 당신에게만 속한 '낮은 가격-높은 빈도'의 작은 사업을 하나 소유하게 되는 것이다.

11) 당신이 하는 사업에서 구매 빈도가 높아질수록 당신이 시장에서 갖는 영향력도 커진다. 당신의 시장 영향력이 높아지면 구매 빈도는 한층 더 높아진다. 그러나 '개인' 사업자 혹은 창업자로서의 역량에는 한계가 있고, 이는 곧 당신이 감당할 수 있는 고객 수에도 한계가 있음을 의미한다. 바로 이때가 4분면에 속한 사업을 시도해볼 기회다. 고가 제품으로 이전까지와는 다른 차원의 수요에 다가가보는 것이다. 여기서부터는 고객을 선별하게 되므로 고객 수 자체가 줄어드는데, 이는 1인 사업가의 부담을 덜어주는 측면도 있다. 즉 당신의 영향력이 부족할 때는 고객이 부족하겠지만, 당신의 영향력이 높아진 뒤에는 시간이 부족해진다. 시간이 부족해진다는 것은 당신의 시간 비용이 높아졌다는 의미이기도 하다. 시장에 대한 영향력과 구매 빈도를 안정적으로 높여나가는 방법은, 고객의 수요를 만족시키는 상품 및 서비스로 그들이 지불한 값 이상을 얻었다고 느끼도록 만드는 것이다.

12) 만약 당신이 굉장히 유명해지고 바빠져서 전처럼 많은 고객을 상대할 수 없게 되면 4분면 사업(고가)만 남겨두고 2분면 사업(저가)는 포기하는 게 좋을까? 전혀 그렇지 않다! 당신을 아는 고객이 많아졌다고 해도 아직 당신을 모르는 고객이 더 많기 때문이다. 그렇지 않은가? 0에서 시작해 현재 20만 명의 고객이 생겼다면, 중국에는 아직 당신을 모르는 십수 억 명의 잠재적 고객이 남아 있는 셈이다. 성장 가능성은 여전히 차고 넘치도록 많다. 2분면 사업은 아직 당신을 알지 못하는 잠재적 고객들을 위한 것이고, 4분면 사업은 당신을 이미 알고 있는 고객들을 위한 것이다.

13) 여기까지는 사업 부문에 대한 분석이고, 재테크(돈을 모으는) 관점에서라면 이야기가 조금 달라진다. 사실 우리는 소비자로서 2분면·4분면 제품을 구매하는 데 가장 많은 돈을 쓴다. 따라서 재테크를 하는 우리 입장에서는 2분면 제품의 구매 빈도를 낮추는 것이 가장 중요하다. 2분면 제품은 가격 자체가 낮아 돈을 크게 아낄 여지도 적다. 오로지 최대한 구입을 자제해야만 돈을 제대로 아낄 수 있다. 반면 4분면 제품은 가격이 여러 단계의 고리로 구성되어 있어 그중 어느 지점에 돈을 아낄 여지가 있는지 잘 뜯어볼 필요가 있다. 앞에서도 말했다시피, 재테크에서는 '작은 돈을 모으고 큰돈을 아끼는' 것이 중요하기 때문이다.

여기까지가 사업가 마인드를 기르는 세 번째 루트이자 가장 중요한 방법이다. 정확한 틀이 있어야 정확한 사업가 마인드도 갖출 수 있다. 이러한 생각 틀을 갖추고 있으면 큰 방향을 정확하게 잡고 시작할 수 있다. 자기만의 작은 사업은 2분면에서 시작해 4분면으로 발전시켜 1분면에 이르기까지 전력을 다해야 한다.

많은 이들이 뜻대로 일을 이루지 못하는 것은 결코 노력이 부족해서가 아니다. 시작부터 방향이 잘못되어서인 경우가 더 많다. 큰 방향이 맞고 기본이 정확하다면, 일의 결과도 열에 여덟아홉은 얼마든지 성공적일 수 있다.

4

사업 틀에서의 우위

자기만의 상품 · 콘텐츠를 위한 세 가지 도구

자신의 사업적 가치를 알고 초보적으로나마 사업가 마인드를 갖추었다면, 이제부터 해야 할 일은 당신만의 사업 틀을 설계하는 것이다. 바로 당신만의 사업 모델을 찾고, 포지션을 명확히 한 뒤, 상품 가격을 정하는 것. **개인 사업에서의 주요 틀은 크게 사업 모델, 고객군 확정, 가격 결정으로 이루어져 있다.** 이 세 영역에 대해서는 한 번만 보면 바로 이해하고 적용할 수 있도록 표로 그려보았다.

이번 장에서는 다른 장과 달리 쓱 읽기만 하지 말고 자기만의 사업 설계도면이 그려질 때까지 손으로 쓰고 그림으로도 그려보면서 진지하게 생각해보기를 바란다. 이 장의 내용을 따라가다 보면 그림도 점점 뚜렷해질 것이다. 자, 그럼 시작하겠다.

사업 모델
: 무엇을 어떻게 팔 것인가

자기만의 사업을 하고 싶다면 먼저 실행 가능한 사업 모델이 있어야 한다. 세상에서 가장 간단한 사업 모델은 지금 당신 손에 있는 바로 그 물건을 파는 것이다. 팔 수 있는 것은 상품일 수도 있고 서비스일 수도 있다고 생각할 것이다. 물론 그렇다. 그러나 그런 생각만으로는 충분하지 않다. 개인의 사업 모델에 있어서는 모든 선택지를 정확히 인지하고, 그중 몇 가지에 얼마만큼의 가능성이 있는지 제대로 알아야 한다.

아래 사업 모델 가운데 '분류, 생산자, 플랫폼, 영업'이라는 4대 속성은 내가 만들어낸 '사업 모델 설계 요소'다.

맨 위의 갈색 칸을 채우고 있는 것은 주요 항목이고, 흰색 칸을 채우고 있는 것은 선택사항이다. 흰색 칸의 선택사항을 중복 없이 조합하면 총 스물네 가지 선택지가 만들어진다. 이것은 곧 최

대 24종의 상품을 개발할 수 있다거나 24종의 사업 모델을 가질 수 있다는 의미가 된다. 또한 본업 외에 스물네 가지의 소득 수단을 가질 수 있다는 의미가 된다. 그러나 단숨에 그렇게 되는 것은 아니다. 나는 근 5년에 걸쳐서야 이 스물네 가지 소득 수단을 모두 구축할 수 있었다. 앞에서도 이야기했지만 일단 시작하는 것이 제대로 시작하는 것보다 훨씬 중요하다. 그러므로 일단 쉬운 것부터 시작해보자.

표는 왼쪽에서부터 오른쪽으로 1열씩 보면서 선택해나가면 된다. 각 열에서 자신이 가장 하기 쉬운 혹은 시작하기 쉬운 것부터 고른다. 시작 단계에서부터 모든 열에서 항목을 고를 필요는 없다. 자신이 할 수 있는 최소한의 가능성을 타진하는 정도면 된다.

맨 왼쪽, 첫 번째 열의 '분류'는 당신이 팔려는 것이 상품인지 서비스인지를 고르는 것이다. 자신의 사업이 상품을 파는 것인지 서비스를 파는 것인지부터 명확히 구분하고, 시작하기 쉬운 것부터 실행에 옮겨야 한다. "선생님, 제가 하려는 건은 독서 모임인데 이건 상품이에요, 서비스예요?"라고 물어온 친구가 있었다. 내 대답은 상품일 수도 있고 서비스일 수도 있다는 것이었다. 콘텐츠 구성과 구체적인 실행 방법에 따라 달라진다. 책 내용을 다루거나 당신의 발언이나 강연이 주가 된다면, 그것은 상품이다. 그런데 모임을 조직하고, 사람들을 모으고, 모임 장소 및 시간을 관리하고, 모임에서 10페이지씩을 함께 읽기로 한다든가, 독서 후에 독서 카드를 기록하고, 모임에서의 대화·문답, 교류 방식 등을 관리하는 것이 주된 업무라면, 그것은 서비스다.

좋은 상품의 기준이 '가격 대비 품질'이라면, 좋은 서비스의 기준은 '섬세한 케어'다. 구체적으로 '무엇을' 개선해나가야 하는가도 기준이 될 수 있다. 상품이라면 품질과 가격을 개선해나가야 하고, 서비스라면 서비스 직원의 소양과 공감 능력, 디테일한 관리 방법 등을 개선해나가야 한다. 상품은 가격 대비 품질이 좋으면 저절로 입소문이 나고, 서비스는 마음씀씀이가 섬세하면 널리 소개받게 되어 있다. 상품과 서비스 가운데 무엇을 고르든, 사업이 어느 정도 성장하면 둘을 결합하는 것도 고려해볼 수 있다. 원래 상품에 서비스를 더할 수도 있고, 원래 서비스에 상품 판매를 더할 수도 있다. 무엇으로 시작해서 나중에 무엇을 더하든, 결과적으로 당신의 소득 수단은 다양해진다.

이제 두 번째 열, '생산자'를 보자. 당신이 판매하는 상품이나 서비스(이하 '상품'으로 통칭)는 누가 생산하거나 제공하는가? 생산자로는 자신, 타인, 공동 세 종류가 있다. 자신이 생산한 상품을 직접 판매할 수도 있다. 그런데 직접 생산할 여건이 되지 않는다면? 꼭 직접 생산해야만 팔 수 있을까? 그렇지 않다. 남이 생산한 상품을 팔 수도 있고, 서로의 이점을 공유하여 공동 생산할 수도 있다.

개인 사업에 대한 자문을 할 때면 많은 이들이 "저는 팔 게 없어요"라고 말한다. 하지만 이 세상에 팔 것은 차고 넘친다. **이 세상에**

정말 부족한 것은 생산자가 아닌 좋은 영업이다. 그들이 "팔 게 없다"고 하는 말은 사실 "팔 것을 스스로 만들어낼 수 없다"는 의미다. 하지만 꼭 그렇게 생각하지 않아도 된다. 자신이 직접 생산하지 않은 것을 팔 수도 있으니까. 바로 이렇게 생각이 열리지 않아서, 자신이 설정한 한계 때문에, 많은 사람들이 도중에 좌절하고 만다. 더 많은 소득을 올리기 위한 아이디어와 열정이 있음에도 불구하고 팔고자 하는 것을 직접 생산하기 어렵다는 이유로 중도 포기를 택하고 마는 것이다. 그렇게 포기해버리기 전에 두 가지 가능성을 더 고려해보자. 남이 생산한 상품을 팔 수는 없는가? 공동 생산한 상품/서비스를 팔 수는 없는가?

강의를 예로 들면, 내가 직접 한 강의를 팔 수도 있고, 남이 한 강의를 팔 수도 있고, 출판사와의 공동 작업으로 낸 책을 팔 수도 있다. 당신에게는 이 세 가지 모두 소득 수단이 된다. 이 같은 방식은 서비스 판매에도 그대로 적용할 수 있다. 내가 한 자문을 팔 수도 있고, 동료의 자문을 팔 수도 있고, 특정 플랫폼과의 협업으로 자문 서비스를 제공할 수도 있다. 이렇게 하면 세 가지였던 소득 수단이 여섯 가지로 늘어난다. 이것은 단순히 수입이 2배가 된다는 의미가 아니다. 여섯 가지 소득 수단은 각각 독립적으로 운영되는 동시에 서로 간의 연결을 통해 상호 작용을 일으키며 2배수 이상의 복리 효과를 만들어낼 수도 있다.

그럼 이제 세 번째 열, '플랫폼'을 보자. 이건 비교적 간단하다.

사업을 오프라인에서 진행할 것인지, 온라인으로 진행할 것인지 고르는 것이다. 비용과 위험을 낮추기 위해서는 온라인으로 시작하는 것을 추천한다. 일단 온라인으로 진행하면서 아이디어의 타당성과 실현 가능성을 시험해보고 오프라인으로 확대하는 것도 좋다. 당신이 어떤 모델의 사업, 어떤 종류의 사업을 선택했든 그것을 실행할 장소는 반드시 있어야 한다. 강의를 예로 든다면 온라인으로 할 수도 있고 오프라인 장소에서 할 수도 있다. 책 역시 종이책으로 낼 수도 있고 전자책으로 낼 수도 있다. 사업에 대한 자문 역시 전화나 영상으로 제공할 수도 있고, 직접적인 만남으로 제공할 수도 있다. 원래는 온라인으로만 하던 사업에 오프라인 업무를 더하는 방식으로 소득 수단을 늘릴 수도 있다. 이렇게 하면 여섯 가지였던 소득 수단은 곧바로 열두 가지가 된다.

온라인이냐 오프라인이냐를 정할 때는 시장의 수요가 무엇인지, 내가 잘하는 일이 무엇인지, 사업은 어떤 속도로 발전시킬 것인지 등을 고려해야 한다. 예상치 못한 천재지변 등에 대응해야 한다면 오프라인이었던 활동이나 사업 모델을 온라인으로 전환해야 한다.

마지막으로 네 번째 열, '영업'을 보자. '영업'은 앞에 나온 '생산자'와 밀접한 관계가 있다. 상품이든 서비스든 그것을 생산한 사람이 있으면 판매하는 사람도 있어야 한다. 영업이란 판매하려는 상품을 누구를 통해 어떻게 팔 것인가 하는 문제다. 보통 사업 초창기에는 직접 팔지만, 사업이 빠르게 발전하는 단계에서는 도매상이나 소매상 등 대리상으로부터 도움을 받곤 한다. 혹은 당신 상품을 마음에 들어하는 사람들이 직접 홍보에 나서기도 한다. 바로 입소문이다.

이렇게 사업 모델을 제대로 정리하지 않으면 당신의 생각도, 당신이 벌 수 있는 돈도 제한되고 만다. 왜인가? 오로지 직접 생산해서 직접 팔 생각만 하기 때문이다. 그러나 한 사람의 역량에는 한계가 있기 마련이다. 직접 생산하지 못하면 직접 팔지도 못하게 되어 도중에 절망하기도 하는데, 전혀 그럴 필요가 없다. 생산은 당신 자신이 하지 않을 수도, 또 다른 누군가와 공동으로 할 수도 있다. 판매는 당신과 뜻을 같이하는 누군가가 대신 해줄 수도 있다. 판매 루트에 대해 당신이 해야 할 일은 단 하나뿐이다. 동원 가능한 모든 역량을 모으는 것. 당신 상품을 당신도 직접 팔고, 대리상도 팔고, 여기에 앞서 언급한 열두 가지 수단을 동원하면 총 스물네 가지 수단이 만들어진다.

나는 지금도 나만의 사업 모델을 처음 찾아냈던 순간을 기억한다. 이전까지 나는 신동방에서 강사로 일하고 있었는데, 내가 하는 강의는 신동방에서 수강생들에게 제공하는 상품의 일부였다. 당시 나는 강의를 하는 시간 외에는 남는 시간이 많아 다른 강의를 듣거나 책을 읽었다. 그렇게 해도 남는 시간이 많았다. 그래서 나만의 작은 사업을 시작해볼까 했는데, 신동방 규정상 외부에서는 따로 강의를 할 수 없었다. 즉 강의라는 상품은 신동방 바깥에서는 팔 수 없게 돼 있었던 것이다. 강의라는 상품을 팔 수 없다면 서비스를 파는 수밖에 없었다. 내가 팔기로 한 서비스는 1년 단위의 영어 학습 계획을 세워주는 상담 서비스였다. 반년 후, 사업은 조금씩 성장하기 시작했다. 상담을 받고 만족스러워한 학생들이 다른 친구들에게 나와의 상담을 추천해주었기 때문이다.

이렇게 해서 강의료 외에 추가적인 수입이 생겨났다. 금액 자체는 크지 않았지만 이전에 비해 총 수입이 늘어난 것은 사실이었다. 나로서는 그거면 충분했다. 그것만으로도 이미 좋은 시작이 되었기 때문이다. 즉 나의 초창기 개인 사업 모델은 '서비스-직접 생산-오프라인-직접/대리 영업'이었던 셈이다.

고객군 확정
: 누가 가장 나를 필요로 하는가

두 번째로 설계해야 할 틀은 포지셔닝에 관한 것이다. **포지셔닝의 핵심은 고객군에 중점을 두는 것이다.** 강의를 한다고 예를 들어보자. 강의를 하기 전에 누구에게 말할 것인가, 그들에게 어떤 가치를 가져다줄 것인가 등을 스스로에게 물어야 한다. 책을 쓰기 전에도 마찬가지. 그 책을 누가 읽을 것인가, 그들이 책 내용을 어느 수준까지 받아들일 수 있을까 등을 스스로에게 물어야 한다. 만약 당신에게 경험이 부족하다면 위 질문에 제대로 답하기 어려울 것이다. 당신이 영향을 미치려는 대상이 어떤 생각을 하고 있는지도 잘 모르겠다는 느낌이 들 것이다. 어찌 보면 너무나 당연한 일이다. 자기 자신에 대해서도 잘 모르는데 남들 마음을 어떻게 알겠는가.

내가 지난 10여 년간 강의, 책, 강연 등 여러 형태의 콘텐츠를 세상에 내놓으면서 깨달은 것은 '공감'이 가장 중요하다는 것, '공감'을 이끌어내기 위해 필요한 건 '입장을 바꿔보는' 사고방식이라는 것이었다. 이것이 세상에서 가장 간단한 마케팅·포지셔닝 방법이다. **당신 자신을 이해하면 당신의 고객을 이해할 수 있게 된다.** 입장을 바꿔보는 사고방식으로, 앞에서 제기한 질문들을 다음 네 가지 형태로 바꾸어보자.

- 당신은 어떤 콘텐츠, 어떤 표현 방식에 마음이 움직이는가?
- 당신은 어떤 사람인가? 이 세상에 하나뿐인 '당신'은 어떤 부류의 사람들을 대표하고 있는가?
- 당신과 당신의 고객군 사이에는 어떤 공통점이 있는가? 어떤 비슷한 경험이 있는가?
- 그들은 왜 당신의 이야기를 듣고 싶어하는가?

시장에서의 영향력, 고객군에 대한 서비스, 자신의 포지셔닝을 논할 때, 특히 중국 사회에서의 '암묵적 규칙'을 감안하다면 당신은 당신보다 나이 어린 사람들에게 더 영향력이 있을 것이다. 그렇다면 당신의 영향력은 나이를 먹을수록 크게 유지될 가능성이 높다.

위 네 가지 질문은 당신이 개인 사업을 할 때 당신의 포지션과 고객군을 확정하는 데 도움이 되고, 다음 표는 당신의 마케팅 방향과 커뮤니케이션 방식을 결정하는 데 유용하다. 위 네 가지 질문을 통해서는 당신이 어떤 고객군에게 영향을 미치는 서비스를 제공하는지 알 수 있고, 표를 통해서는 그들이 구체적으로 어디에 위치한 어떤 사람들인지 알 수 있다.

'고객 수요 표'라고도 할 수 있는 이 표는, 각각 어떤 단계에 있는 사람들이 어떤 수요를 가지고 있는지를 보여준다. 이 표는 당신

단계 / 장소	학교	가정	직장	사회
생존				
생장				
생활				

의 개인 사업 포지셔닝만이 아니라 글쓰기나 강연 등을 할 때에도 유용하게 참고할 수 있다. SNS에 글을 올릴 때조차 자신의 고객군이 누구인지에 따라 '제목을 어떻게 바꾸면 그들의 관심을 끌 수 있을까' 생각하면서 제목을 정할 수 있다. 제품을 설계할 때도 마찬가지다. 제품명을 어떻게 지을지 표를 작성해보며 영감을 얻을 수 있다. 지금 글을 쓰고 있는 사람도 이 표를 활용하면 자신의 고객군에게 가장 적합한 표현법을 찾기 수월할 것이다.

먼저 표 상단을 보자. 사람이라면 지금 어디에 있든, 어떻게 살든 생존기, 생장기, 생활기라는 세 단계를 통과한다.

경제적 조건을 예로 든다면 생존기는 생애 가장 가난해서 생존만을 겨우 도모할 수 있는 시기다. 생장기는 커다란 배움이 있거나 사회에서 경험과 인맥을 쌓아가며 능력을 발전시키고 수입이 늘어나는 시기다. 생활기는 중산층에 진입해서 생활이 어느 정도 안정된 시기로, 경제적 자유까지는 아니어도 최소한 돈 걱정에 시달릴 일은 없다.

다시 표 상단을 보자. 우리는 대부분 학교, 가정, 직장, 사회에서 활동한다. 생애 전체를 놓고 본다면 위의 모든 장소를 거칠 수도 있지만, 당장은 저 넷 가운데 어느 하나가 주된 활동 장소다. 현재 주된 활동 장소가 학교라면 그 사람은 학생일 것이고, 현재 주된 활동 장소가 가정이라면 그 사람은 주부일 것이다. 주부이면서 엄마라면 자녀도 있을 것이다.

행과 열의 교차점에서 그 사람의 현재 신분과 발전 단계가 확정된다. 이 두 가지 요소는 그 사람의 현재 수요가 무엇인지를 말해준다. 여기서 중요한 것은, **당신이 어떤 사람들의 수요를 충족시킬 것인가이다.**

내가 전작《강점으로 성장하기》를 쓰면서 줄곧 생각했던 것도 이 책을 누가 읽을까, 어떤 사람들에게 어떤 도움이 될까 하는 것이었다. 독자의 범위를 좁혀야 어떤 사례를 들 것인지, 어떻게 말할 것인지를 결정할 수 있기 때문이다. 똑같은 관점에 대해 설명할 때도 여덟 살짜리 아이에게 드는 예와 대학교 졸업생에게 드는 예는 완전히 다를 수 있다.

나는 본격적으로 글을 쓰기 전에 위에서 아래로 표를 훑어보면서 차례차례 질문을 던져보았다. 생존기에 있는 사람들을 대상으로 글을 쓴다면? 아니, 그럴 일은 없다. 안타깝게도 그들은 당장의 생계가 급해 책 같은 걸 읽을 여유가 없을 것이다. 그렇다면 생장기에 있는 사람들을 대상으로 글을 쓰는 것은? 어느 정도 타당성 있다. 내가 책 제목을《강점으로 성장하기》로 정한 것도 자기만의 강점을 찾아 성장하는 데 도움이 되고자 한 것이었다. 생활기에 있는 사람들을 대상으로 글을 쓴다면? 이 역시 좋다. 하지만 그들은 이미 자기만의 강점을 찾아 성장하며 살고 있을 가능성이 높기 때문에 굳이 이런 책을 찾아 읽을 가능성이 크지 않다. 그들은 사고 수준도 성숙해 있어서 더 높은 차원의 정신적 추구에 관심이 있을 가능성이 높다. 이들의 수요를 만족시킬 만한 책은 자기계발서보다 철학서 쪽에 가까울 것이다. 나는 이렇게 포지셔닝을 명확히 한 뒤 생장기에 있는 사람들을 위해 글을 쓰기로 했다. 그런데, 그 사람들은 주로 어디에 있나?

학교에 있나? 그렇다. 그런데 학교에만 있나? 그렇지는 않다. 넓게는 가정과 사회에도 있을 수 있다. 그래서 나는 '생장'과 '학교', '생장'과 '직장'이 교차하는 두 칸에 체크 표시를 했다. 이로써 그 책은 누구를 위해 쓰는가, 누구에게 파는가가 명확해졌다.

결과적으로《강점으로 성장하기》는 학생과 직장인들에게서 큰 호응을 얻었다. 주요 홍보 수단은 학교와 기업에서의 강연, 서점에서의 사인회였는데, 이 또한 '고객 수요 표'에 근거한 결정이었다.

이 표의 12개 칸에서 책의 수요층은 최대로 잡으면 8개 칸이었고, 가장 타깃이 되는 수요층은 4개 칸, 최소로 잡아도 2개 칸이었다. 나는 책을 쓰기 전부터 내용이 좋기만 하다면 판매고가 나쁘지 않겠다고 예상했고, 결과도 그러했다.

책을 좋아하는 사람이라면 웬만한 베스트셀러는 제목이라도 들어보았을 것이다. 일본의 마쓰우라 야타로가 쓴《일의 기본 생활의 기본 100》은 일본 전역은 물론 전 세계적인 베스트셀러였기 때문에 책을 읽지 않은 사람들조차 책 표지는 한번쯤 보았을 것이다. 일과 생활의 면면을 주제로 한 이 책은 100편의 짤막한 글로 이루어져 있다.

이런 책은 누구를 위해 쓴 것일까? '고객 수요 표'를 보면서 체크해보자. 놀랍게도 이 책의 대상은 이 세상 거의 모든 사람이다! 생존기, 생장기, 생활기 중 어디에 속해 있든 누구나 읽을 만한 책이다. 학교에 다니는 사람, 가정에 있는 사람, 직장에 다니는 사람, 주요 활동 영역이 사회인 사람 모두에게 의미 있는 내용이다. 12개 칸을 모두 채우고 있으니 세계적인 베스트셀러에 오른 것도 이상한 일이 아니다. 그러자 내게 "선생님, 그럼 저도《일의 기본 생활의 기본 100》 같은 책을 쓰면 그만큼 잘 팔릴까요?"라고 물은 이가 있었다. 나는 그에게 이렇게 대답했다.

"그 책은 다루는 주제도 광범위하지만, 무엇보다 인간의 본성을 잘 공략해서 성공한 거야. 사람은 누구나 간단한 걸 좋아하고 복잡한 걸 싫어하지. 지금보다 더 나아지고 싶어하지만 복잡한 과정을 인내하면서 치열하게 배우는 노력은 하고 싶어하지 않아. 그러니 100개 정도의 글이 딱이지. 글이 1000개였다면 그 책의 10배 분량이 되는데, 그럼 9권을 더 읽는 것과 같아지지 않겠어? 세상 어느 누가 그런 수고를 자처할까!"

사람은 뇌 구조가 복잡해서인지 문제를 복잡하게 만드는 경향이 있다. 그런데 이건 사실 단순함을 좋아하는 인간의 본성에 어긋난다. 일전에 나는 '새벽에 일어나는 글쓰기 캠프'라는 것을 본 적이 있다. 이 캠프의 홍보 포스터를 찬찬히 들여다보는데 호응이 별로 좋지 않겠다는 생각이 들었다. 너무 어려워서였다. 새벽에 일찍 일어나는 것도 어려운데, 하물며 많은 사람들이 어려워하는 글쓰기라니. 이렇게 어려운 과제를 둘이나 엮어놓았으니 사람들이 뒷걸음질 치며 도망가려 하지 않겠는가. '즐겁게 배우는 수학'이나 '가볍게 배우는 영어'가 왜 교육 시장에서 인기 있겠는가.

당신도 '고객 수요 표'를 통해 당신이 커버할 수 있는 가장 큰 규모의 고객군을 선택하고, 당신의 능력으로 최대 집단의 수요를 만족시킬 만한 상품을 내놓아야 한다. 당신의 능력이 아무리 뛰어나다 해도 고객의 수요를 만족시키지 못한다면 그건 무능이다. '큰 방향 안에서 작은 품종'을 선택하거나, '큰 품종 안에서 작은 방향'을 선택하거나, 둘 중 하나는 해야 한다.

당신이 시작 단계에 있다면 후자를 택하는 것이 좋다. 큰 방향은 시장을 의미하고, 큰 품종은 당장의 수요를 의미하기 때문이다. 이 둘을 구분하기 위해서는 '시장이 있다'고 해서 반드시 '당장의 수요가 있는' 건 아니라는 것을 이해할 필요가 있다. 이를테면 소형 가전업계에 진출하고 싶어하는 창업가 친구가 있다고 치자. 그는 방향을 정하는 단계에서 상세한 조사를 하다가 중국에 전기 포트 시장이 꽤 크게 존재한다는 것을 알게 되었다. 집집이 전기 포트가 하나씩은 필요하므로 전체 인구에서 3~5인당 1개의 전기 포트 수요가 존재한다고 생각했다. 이 친구는 이제부터 전기 포트 사업을 시작하는 게 좋을까? 그렇지는 않다.

시장이 존재하는 건 맞다. 그러나 지금 진입하기에는 많이 늦다. 중국의 전기 포트 시장은 이미 포화 상태다. 모든 가정에 전기 포트가 하나씩 필요한 것은 맞지만, 상당수 가정에 이미 전기 포트가 있는 것도 사실이다. 더욱이 품질 좋은 전기 포트는 몇 년간 잘 고장 나지도 않는다. 쓰던 전기 포트를 새것으로 교체하는 비율은 휴대폰을 교체하는 비율보다 더 낮다. '아프리카 사람들은 신발을 신고 있지 않더라'는 유명한 마케팅 보고서처럼, 시장 자체는 분명 존재하나 그것이 당장의 수요냐 하는 것은 또 다른 문제다. 긴 시간에 걸쳐 시장을 조사·연구하고 나면, 가장 쉽게 시작할 수 있는 것은 결국 '큰 품종 안에서의 작은 방향'이라는 것을 알 수 있다.

비슷한 예로, 교육업계가 큰 방향이라면 마인드맵을 가르치는 것은 '큰 방향 안에서의 작은 품종'에 해당한다. 그런데 영어를 가르치는 일이 큰 품종이라면, 발음을 지도하는 것은 '큰 품종 안에서의 작은 방향'에 해당한다. 만약 당신이 둘 다를 가르칠 수 있다면, 나는 후자를 추천한다. 영어 발음을 지도받고 싶어하는 사람이 마인드맵을 배우고 싶어하는 사람보다 훨씬 많기 때문이다. 그런데 여기서 용어와 사고방식에 주의할 필요가 있다. 나는 지금 '발음 지도를 받고 싶어하는 사람'과 '마인드맵을 배우고 싶어하는 사람'을 두고 비교한 것이 아니다. 나의 기준은, 무엇이 더 '꼭 배워야 하는' 것인가이다.

혹 '고객 수요 표'만으로는 부족하다고 느껴진다면 좀 더 세밀하게 분류해보자. '생존기, 생장기, 생활기' 3단계를 연령별로 세분하는 것이다. 연령대 범위는 당신이 처한 상황에 따라 자유롭게 조절할 수 있다. 나는 1살부터 시작해서 10년 단위로 나누는 것을 추천한다. 1~10세, 11~20세, 21~30세… 같은 식으로 나누는 것이다. 이렇게 하면 고객군을 더욱 자세히 분류할 수 있어 각기 다른 연령대에 속한 고객들의 심리적 특성과 관련 수요를 이해하는 데 큰 도움이 된다.

수요를 파악함으로써 상품을 만들어낼 수도 있고, 인간의 본성을 파악함으로써 수요를 만들어낼 수도 있다. 둘 중 어느 쪽이든 당신에게 괜찮은 수입을 가져다주는, 당신만의 작은 사업이 될 수 있다.

계단식 가격 결정 틀
: 어떤 가격이 가장 합리적인가

당신이 하나의 상품만 판다면 가격도 하나뿐일 것이다. 이때에는 계단식 가격 결정 틀이라는 것도 존재할 수 없다. 하나의 상품 가격은 고객군의 소비 능력을 넘지 않는 선에서 결정하면 된다. 그런데 당신의 개인 사업이 성장할수록 판매하는 상품(혹은 서비스)이 다양해질 수 있다. 이때 상품별 가격은 보통 계단식이 된다. 계단식 가격 결정 틀을 설계하는 법은 간단하다. '10배에서 다시 10배'라는 방법을 적용하면 된다.

계단식 가격 결정 틀은 보통 최저 가격의 제품에서부터 시작한다.

내가 판매하는 상품·서비스 가운데 가장 가격이 낮은 것은 '책'으로, 45~60위안 정도다. 다음 단계의 상품·서비스는 '강의'로, 보통 450~600위안 가격대에 위치한다. 499위안 정도로 정할 수도 있겠다. 다음 단계의 상품·서비스는 전 단계 가격의 10배인 4999위안, 즉 4500~6000위안 사이의 가격대여야 합리적이다. 다음 단계의 상품·서비스를 설계한다면 1:1로 멘토링이나 상담·자문을

제공하는 서비스이므로 가격이 높아지는데, 역시 이전 가격대의 10배 구간 안에서 확정한다.

이러한 상품·서비스의 배열이 역삼각 형태를 이루는 것은 가격 자체가 일종의 선별 기제이기 때문이다. 가격이 높아질수록 고객의 수는 적어지고 구매 빈도도 낮아진다. 그러므로 가격이 가장 낮은 상품은 구매 빈도가 충분히 높아야 한다. 이것은 다음 단계의 상품·서비스로 가기 위한 선결 조건이다.

전 단계에서의 구매량(구매 빈도)이 충분히 많지 않으면 다음 단계로 진입할 고객이 충분히 확보되지 않는다. 그러므로 초창기에는 유입량이 많은 상품·서비스를 파는 것이 다른 무엇보다 중요하다.

나는 실제 적용 과정에서 서비스 선택지를 늘리고 선별의 계단을 높이는 차원에서 자문 서비스를 1시간에 2만 위안을 받는 1:1

자문과 1년에 10만 위안을 받는 1:1 멘토링 두 가지로 세분화했다. 두 서비스는 목적도, 가격도 다르다. 중요한 것은 가격 결정의 논리다. 전자는 4만 5000~6만 위안이라는 가격 구간의 절반이고, 후자는 같은 가격 구간의 2배다. 시간에는 한계가 있기 때문에 이런 가격대에 진입하는 고객들 위주로만 상담을 하고 문제를 해결하여 내 시간과 노력을 효율적으로 배분하는 방법이기도 했다.

그런데 한 가지 주의해야 할 점이 있다. 가격은 한번 정하면 함부로 바꾸지 말아야 한다는 것이다. 고객들은 가격에 민감하다. 가격을 함부로 내리는 것도 좋지 않다. 할인이나 공동 구매 같은 판촉은 신중하게 해야 한다. 가격을 높게 정했다가 금방 낮춰버리면 이전의 높은 가격에 구매한 고객들은 '손해'를 입었다고 느껴 불쾌해하기 때문이다. 이 세상에 손해를 입고도 기분 좋을 사람은 없다. 심지어 보고 있던 잠재적 고객들조차 상품 가격이 전보다 내려간 것을 보고 나면 또 한 번 내려가지 않을까 기대하며 구매를 늦추게 된다. 어떤 사람들은 가격을 그렇게 아무 때나 낮출 수 있다는 것 자체가 상품에 별 가치가 없다는 반증이라고 여겨 구매 의사 자체를 철회해버리기도 한다.

그러나 이것도 아직 최악의 상황은 아니다. 진짜 최악은 원래 가격이 높게 책정되어 있어 구매를 자제하고 있다가 가격을 낮추자마자 한꺼번에 구매가 이루어지는 경우다. 이렇게 흡수된 고객 집단 전체가 '가격에 민감한' 부류다. 이들은 상품 자체의 가치나 자신의 필요 여부보다도 오로지 가격에만 관심이 있다.

이런 고객 집단은 다른 데서 조금만 싸게 팔면 곧바로 떠나버릴 만큼 충성도도 낮다. 이런 식으로 충성 고객을 보유하지 못하면 브랜드를 키워나가기도 힘들다. 또다시 대량으로 '가격에 민감한' 고객만 잔뜩 불러들여봤자, 그들은 소비 능력에 한계가 있기 때문에 당신이 새로이 내놓는 고가 상품을 구매하기 어렵다. 가격 결정의 계단 틀이 제대로 형성되지 못하는 것이다. 그러면 브랜드 가치도 계속 그 가격대, 그 위치에 고정되고 만다. 혹시라도 이런 상황에 처했다면 간단한 대응법이 있다. 가격은 더 이상 건드리면 안 되니 그대로 둔 채 다른 상품 혹은 서비스를 얹어주거나 새로운 이벤트를 추가하는 것이다. 원래 가격을 훼손하지 않으면서도 고객들에게 '가격 이상의 품질'을 느낄 수 있게 하기 위해서다.

같은 이유로 '무료 제공'을 너무 남발해도 안 된다. 무료로 제공함으로써 고객들의 진입 비용을 낮출 수도 있지만, 이것이 고객들의 가격 인식에 영향을 미치기 때문이다. 좋은 입소문의 전제는 그것이 값을 지불한 소비자의 평가여야 한다는 것이다. 입소문은 어떻게 형성되는가? 고객이 값을 지불했다는 것은 상품을 구입한 것인 동시에 상품에 대한 기대를 구입한 것이기도 하다. 상품을 이용하면서 충분히 만족스러웠거나 기대 이상으로 만족스러웠을 때 자발적으로 생겨나는 것이 입소문이다. 즉, '입소문=기대가 충족된 정도-가격으로 지불한 기댓값'인 것이다.

'무료'라는 것은 가격도 0, 가격에 따른 기대도 0이라는 것을 의미한다. 애초에 충족될 기대가 없었으므로 입소문도 존재할 수 없다. 만약 누군가가 어느 오래된 식당에서 15위안을 지불하고 우육면을 먹었는데 맛이 기대 이상이어서 50위안의 값어치가 있다고 느꼈다면, 35위안의 가치를 더 누린 셈이 되어 그만큼의 입소문이 만들어진다. 이 사람은 만나는 사람마다 "그 집 우육면 진짜 맛있는데 15위안밖에 안 하더라"며 추천을 하고 다닐 것이다. 그런데 그 우육면을 무료로 제공받아 먹었다면 처음부터 아무런 기대도 형성되지 않는다. 오히려 '무료'라는 점이 하나의 기준으로 작용해 '어차피 무료인데 이 정도면 나쁘지 않다'는 정도가 소감의 전부일 수 있다. 나중에 다른 데서 다른 우육면을 먹게 되더라도, 무료로 먹은 우육면에는 처음부터 아무런 기대도 없었기 때문에 그것이 다른 우육면과의 비교 기준으로 작용하기도 어렵다.

똑같은 우육면이라도 값을 지불했는가, 아닌가에 따라 맛에 대한 평가가 달라질 수 있는 것이다. 무료로 먹은 우육면이 맛있었다면 단지 무료라서 맛있었던 것이다. 하지만 15위안을 지불하고 먹은 우육면이 맛있었다면, 그건 정말 맛있어서 맛있었던 것이다. 그러므로 **당신 사업의 첫 상품은 가격이 충분히 낮아야 하지만 너무 낮아서도 안 된다.**

어떤 고객이 당신의 상품·서비스에 관심을 보이지 않는다면 이유가 무엇일까? 책정한 가격이 너무 높거나, 선택 가능한 여러 가격대로 구성되어 있지 않아서일 가능성이 높다. 만약 내가 강의 한 번에 1000위안을 받는다면, 그 강의를 SNS 계정에 홍보했을 때 1000명 중 10명 정도만이 강의를 구매할 것이다. 가격이 높기 때문이다. 1000명 중 10명만이 실제 구매로 이어졌다면 990명의 유입량은 낭비한 셈이 된다. 그런데 같은 홍보글에 100위안짜리 강의와 10위안짜리 강의도 있다면, 구매로 이어지는 비율이 훨씬 높아지지 않을까? 그럼 유입량 낭비율은 현저히 낮아지게 된다. 1000위안짜리 강의를 10명이 구매했다면, 100위안짜리 강의는 80명, 10위안짜리 강의는 200명이 구매할 것이다. 이게 더 낫지 않은가? 이 200명과 80명 안에서 1000위안짜리 강의도 들어보려고 할 확률이 높아질 테니까.

이 장에서 제시한 세 가지 도구를 잘 이용해서 지금 당신은 무엇을 할 수 있는지, 당신의 상품은 누구에게 팔 수 있을지, 가격은 어떻게 정할지, 잘 생각해보길 바란다. 이 세 가지를 잘 확정하고 나면 당신도 당신만의 사업을 시작할 수 있다. 그런데, 한 가지 문제가 더 남아 있다. 이 모든 것을 잘 설계한 뒤에는 어떻게 해야 사람들에게 널리 알릴 수 있을까?

5

저비용 홍보

제로베이스에서 폭발적으로 유입량을 늘리는 세 가지 포인트

사람들은 대체로 누군가가 지금 대단하면 처음부터 대단했을 거라 여기고, 그들의 성공은 시작부터 하나도 어렵지 않았을 것처럼 간주한다. 누군가에게서 큰 도움을 받았거나 심지어 '하늘의 선택'을 받았다고, 천부적이며 독보적인 비결로 천재일우의 기회를 잡았을 거라는 식으로 말이다. 남들이 어떻게 성공했는지 나는 알지 못한다. 그러나 내가 아는 대부분의 성공한 사람들은 전혀 그렇지 않았다. 사실 나부터도 그렇다. 나의 초창기 조건과 배경을 아는 사람이라면 지금의 내 모습이 믿기지 않을 것이다. 이런 나조차 그럴 수 있었다면, 모든 사람에게는 성공을 거둘 기회도 능력도 충분하다. 당신도 얼마든지 '맨 바닥'에서부터 당신이 원하는 바를 충분히 이루어낼 수 있다.

앞서 말했듯이 2014년까지만 해도 나는 그저 6년째 영어를 가르치고 있던 학원 강사였다. 월수입은 많지도 적지도 않은 2만 위안 정도. 당시에도 온라인 강의를 하기는 했지만 영향력은 크지 않았다. 한 반에 학생은 보통 40~50명, 가장 많을 때도 100명을 넘지 않았다. 2014년 말까지 고정적으로 내 강의를 듣는 학생은 약 1000명 정도였다. 당시 나는 강의 외에 다른 것은 전혀 할 줄 몰랐기 때문에 열심히 강의를 하는 게 전부였다. 인터넷도, SNS도 잘 알지 못했다. 거의 모든 시간을 강의에만 쏟았기 때문에 다른 영역에서 인맥을 넓힐 생각도 하지 못했다. 당시 내가 일했던 광저우 신동방은 베이징 본사에서 2000km나 떨어져 있어 본사의 지원 같은 것은 기대하기 어려웠다. 이런 지방 학원 강사가 스타 강사가 된다는 것은 누가 보기에도 '미션 임파서블'이었다.

그런데 나는 무슨 동력으로 맨 바닥에서 갑자기 일어서게 된 걸까? 나 스스로도 전혀 예상치 못한 일이었는데, 바로 사랑 때문이었다. 당시 나는 2살 연상인 여자친구를 만나고 있었다. 그녀는 나와 결혼을 하기에는 불안해서 내가 돈을 얼마나 벌 수 있는지 2년만 더 두고 보기로 했다. 그녀는 미래에 대한 확신과 안정감을 원했다. 당시 나는 1년에 20만 위안 정도를, 내 대학 동기들은 7~8만 위안 정도를 벌었기 때문에 내 출발선은 높은 편이었다고 할 수 있었다. 더욱이 교육업계의 전망도 밝다고 생각했기 때문에 앞날에 대해서도 자신이 있었다.

하지만 그녀는 그렇게 생각하지 않았다. 그녀는 내게 "이 이상의 경제적 발전을 기대할 수 없다면 헤어지는 게 좋겠다"고 통보했다. 나는 그런 이유로 헤어지고 싶지 않았다. 그래서 상황을 타개할 방법을 생각하다가 졸지에 인생의 새 국면을 열어젖히게 되었다.

홍보의 본질은 세 가지다

스스로에게 물었다. 돈을 많이 벌려면 뭐가 더 필요할까? 답은 간단했다. 더 많은 사람들이 나를 알게 하는 것, 즉 유명해지는 것이었다.

돈을 더 버는 게 중요할까, 유명해지는 게 중요할까? 시간은 유한하다. 그래서 다들 유한한 시간 내에 유한한 능력을 발휘해서 유한한 성과를 달성하며 살아간다. 그런데 탐욕이 과하면 바라던 것 중 어느 하나도 제대로 얻지 못할 수 있다. 부와 명성 가운데 하나만 택할 수 있다면 당신은 무엇을 택할 것인가? 오랫동안 생각해보았는데, 내 선택은 명성이다. 부와 명성을 모두 얻고자 할 때 부로 인해 명성이 따라올 일이 많을까, 명성으로 인해 부가 따라올 일이 많을까? 나는 후자라고 생각한다. 그렇다면 어떻게 해야 유명해질 수 있을까?

나는 이 문제를 놓고 줄곧 생각해보았지만, 딱히 만족스러운 답을 찾지 못했다. 2014년 당시 내가 강사로 일하던 신동방 학원에는 총 4만여 명의 강사가 있었다. 굉장히 유명한 사람에게는 '스타'라는 말이 따라붙는다. 스타는 어째서 유명한가? 언제 어디서나 눈에 띄기 때문이다. TV도, 영화도, 광고로도 항상 볼 수 있을 뿐 아니라 거리의 네온사인이나 도로 위의 버스, 쇼핑몰의 대형 포스터 등 가는 곳마다 눈에 띈다. 이렇게나 익숙하고 널리 알려진 존재가 바로 스타다.

당시 나는 신동방에서 CET 4·6급 과정 커리큘럼을 맡고 있었다. 그러니 내가 어디서나 눈에 띄고 유명해지려면, CET[College English Test의 약자로, 중국 대학생들이 치르는 영어 시험] 4·6급 시험과 관련된 콘텐츠를 찾을 때마다 나를 볼 수 있으면 되지 않을까? 나아가 누군가가 CET 4·6급 시험과 관련된 콘텐츠를 찾을 때마다 내가 떠오른다면 유명세가 더 확고해지지 않을까? 즉 홍보의 본질을 3요소로 정리한다면 **잘 찾아지고, 잘 눈에 띄고, 잘 기억되는** 것이라 할 수 있다.

이 가운데 '잘 찾아지는' 것만이 당사자의 노력으로 어떻게 해볼 수 있는 영역이자 비교적 '비용이 적게 드는' 영역이다. '잘 눈에 띄기' 위해서는 플랫폼 자원을 이용해야 하고, 어느 정도 비용이 드는 데다, 운도 따라야 한다. 아무리 플랫폼 자원을 이용한다 해도 내가 그 플랫폼에서 첫 페이지나 상단에 노출되지 않으면 사람들 눈에 띄기 어렵다. 이런 자원을 얻기 위해서는 당신의 현재 능력만이 아니라 당신의 미래에 대한 플랫폼 측의 평가가 필요할 수도 있고, 그 플랫폼 관계자와의 특별한 관계가 필요할 수도 있다.

그렇지만 일반적인 개인 사업자들이 이런 능력을 갖추기는 쉽지 않고, 막대한 비용을 투입하기도 어렵다. 그렇다면 '잘 눈에 띄기' 위해 남는 방법은 '잘 찾아지는(검색되는)' 것뿐이다. 그런 의미에서 때로는 분야 혹은 업계에 따라, 독립된 개인 사업자로 일하는 것이 가장 좋은 방법은 아닐 수도 있다. 당신이 만약 그 플랫폼 기업에서 일하고 있었다면 당신 본업에 충실하면서도 플랫폼 자원을 자연스럽게 당신의 사업에 활용할 방법을 찾을 수 있었을지도 모른다. 그렇다면 따로 마케팅 비용을 들이지 않고도 남의 힘을 빌려 자신의 일을 이루는 데 도움이 되지 않을까. 어쨌든 개인 사업에도 취업에는 없는 장점이 있겠지만, 취업에도 개인 사업과는 다른 모종의 이점이 있는 것만은 분명하다.

한때 신동방에서 일하는 강사들이 찾아와 "어떻게 하면 '프리랜서 강사'로 성공할 수 있느냐"고 물어온 적이 있다. 나는 그들에게 신동방을 나와서도 어차피 신동방에서 하던 일과 같은 일을 할 거라면 굳이 나올 필요가 없다고 말해주었다. 사실 그렇지 않은가? 신동방에서는 전문적인 마케팅 인력이 광고나 포스터 등을 제작하여 효율적으로 배포한다. 심지어 SEO(검색엔진 최적화)를 담당하는 책임자가 따로 있다. 모든 마케팅 활동을 기획하고 책임지는 부서가 따로 있고, ROI(투자 수익률)를 측정하고 조정하는 부서도 있다. 마케팅 비용을 포함한 각종 경비, 심지어 소소한 접대 비용까지 관리, 정산해주는 부서도 있다.

이런 다양한 조직과 전문 인력이 매일 제 역할을 다하고 있는 덕분에 일반 강사들은 신동방에서 강의에만 전념하고도 꽤 괜찮은 보수를 받을 수 있다. 신동방이라는 이름을 믿고 찾아온 학생들에게서 신뢰의 눈빛을 받으며 말이다. 하지만 신동방을 떠나는 순간, 뒤에서 받쳐주던 거대 조직의 후광이 사라지기 때문에 강의 질이 아무리 좋아도 소용이 없다. 일반 학생들은 10년 경력자와 1~2년 신참 사이의 차이를 제대로 알아보지 못한다. 홍보·마케팅만 놓고 보더라도 과연 한 개인의 힘으로 거대 조직의 축적된 경험과 노련한 수단, 세세한 분업, 정확한 비용 관리 체계를 따라잡을 수 있을까? 따라서 신동방을 나와서도 똑같은 강의를 할 거라면 프리랜서 강사로 잘 먹고 잘살 뿐 아니라 유명해지기까지 한다는 것은 굉장히 어려운 일이다. 신동방 못지않은 또 다른 거대 조직에 들어가거나, 강사에서 사장님으로 신분을 바꾸지 않는 한.

실제로 신동방을 나온 다른 강사들의 경우, 해오던 강의를 그대로 계속하거나, 자기만의 교육 업체를 새로 차리거나, 시장에 새로운 형태의 영어 교육 프로그램을 내놓은 경우에는 그럭저럭 잘 살아가고 있다. 하지만 확실히 '부와 명성'을 모두 얻은 사람들은 더 이상 영어를 가르치지 않는다.

그렇다고 너무 절망할 필요는 없다. 웨이보, 터우탸오하오[개인

미디어 플랫폼] 등 자기만의 SNS를 잘 운영하면서 다음 두 가지 방법을 잘 이용하면 얼마든지 '눈에 잘 띌 수 있다.'

하나는 그때그때의 핫이슈를 잘 활용하는 것이다. 당신이 게시물에 화젯거리를 자주 올리면 그 화젯거리를 통해 당신 계정에 있는 다른 콘텐츠도 사람들에게 노출될 가능성이 높아진다.

또 다른 방법은 '자원 교환'이다. 자신과 같은 분야에 있는 다른 인플루언서와의 합작, 교류를 적극적으로 추진하는 것이다. 서로 게시물을 공유하면 각자의 구독자들이 상대방 계정의 게시물까지 보게 된다. 처음에는 이런 시도가 조금 머쓱하게 느껴질 수도 있다. 하지만 겁낼 것 없다. 상대방도 사람이다. 내가 먼저 주도적으로 나서서 뭔가를 추진하는 모습에 상대방도 긍정적인 에너지와 확신을 느끼게 될 것이다. 10명에게 무언가를 제안했는데 그들 모두에게서 회신을 받지 못했다고 해서 포기하지 마라. 기대와 의존은 조금 낮추도록 하자. 100명에게 의사를 타진해 1명에게서만 긍정적인 회신을 받았다 해도 그것으로 본격적인 합작을 시작하면 된다.

'잘 기억에 남기' 위해 중요한 것은 상품의 스타일과 품질이다. 디자인이든 품질이든 비슷비슷한 상품이 넘쳐나는 요즘 세상에서는 당신이 판매하는 상품에 사람들이 좋아할 만한, 당신만의 스타일이 있어야 한다. 타깃 고객의 수요를 만족시키는 우수한 품질은 입소문과 재구매 충동을 불러일으킨다. 품질에 스타일까지 좋으면 당신의 브랜드 혹은 상품은 사람들 머릿속에 남아 있다가 '어느 순간 떠오르게' 된다. 마치 콜라가 마시고 싶을 때는 코카콜라가 떠오르고, 비누를 살 때면 도브가 떠오르고, 커피를 마시고 싶을 때는 스타벅스가 떠오르듯이 말이다. 당신은 견과류를 구입할 때 어느 브랜드가 가장 먼저 떠오르는가? 우유를 마시고 싶을 때는? 햄버거와 프렌치프라이를 먹고 싶을 때는?

'기억에 잘 남아' 있으면 필요할 때 바로 떠오르게 된다. 기억이 순간적으로 떠오르는 것이다. 이렇게 순간적으로 떠오르는 기억은 재구매가 반복되면서 더욱 강해져 나중에는 그 브랜드 외에는 떠오르지 않게 된다. 한 고객이 당신 브랜드에 대한 충성 고객이 되는 것이다.

홍보의 3요소는 순차적인 것으로, 전자가 후자의 기초가 된다. 다시 말하겠다. 잘 기억되기 위해서는 먼저 잘 보여야 하고, 잘 보이기 위해서는 먼저 잘 찾아져야 한다. 이 가운데 잘 찾아지는 것만이 사업가 자신이 어떻게 해볼 수 있는 영역이자 개인 사업자로서 가장 간단하게 시도할 수 있는 홍보 방식이기도 하다. 잘 찾아지기 위해서는 노력이 필요하다. 잘 보이기 위해서는 고민을 해야 한다. 잘 기억되기 위해서는 당신 자신과 고객들을 이해하는 데 좀 더 많은 시간을 들여야 한다.

홍보의 목표:
홍보를 통해 이루려는 것이 무엇인가

홍보의 3요소를 장악했다면, 본격적으로 홍보를 하기에 앞서 분명한 목표를 정해야 한다. 목표는 크게 두 가지로 이루어져 있다. 하나는 어떤 사람들에게 홍보할 것인가, 즉 어떻게 정확한 고객군에게 다가갈 것인가 하는 것이고, 다른 하나는 그러한 홍보를 통해 정확히 무엇을 이루고자 하는가이다. 예를 들면, 특정 타깃 고객에게 직접 접근하여 바로 구매를 일으킬 것인가, 넓은 고객군에게 영향을 미친 뒤 구매로 이어질 만한 타깃 고객층을 추려낼 것인가, 같은 것이다.

홍보는 기본적으로 손실이다. 정보의 손실이고 규모의 손실이다. 이를테면 입소문이 점점 퍼질수록 정보가 사람들 입맛에 맞게 변형되기 때문에 정보의 완전성이 손실된다. 당신도 어린 시절에 단어를 전달하는 놀이를 해본 적 있을 것이다. 선생님이 한 학생에게 특정한 단어를 들려주면 그 학생이 다른 학생에게, 다시 다른 학생에게… 그렇게 10여 명을 거쳐 마지막 학생이 자신이 들은 단어를 선생님에게 전달하면, 처음 말한 단어와는 완전히 다른 단어가 나오지 않던가. 그래도 인터넷에서라면 처음의 자료가 리트윗이나 캡처 등으로 전파되기 때문에 정보의 손실을 어느 정도 피할 수 있다. 인터넷에서는 친구가 보내온 영상이나 문장을 거의 원본 그대로 다시 접하게 될 테니.

하지만 '규모의 손실'은 어떻게 해도 피할 수 없다. 널리 전파될수록 목표 실현의 난이도는 점점 높아지게 되어 있다. 정보를 널리 퍼뜨릴수록 그 정보를 접하는 사람의 수는 줄어들고, 홍보의 영향도 점차 줄어들게 된다. 그러다가 나중에 가서는 몇몇 사람들에게만 홍보의 영향이 미치게 된다. 어쩔 수 없다. 일반 대중의 규모는 언제나 타깃 고객층보다 크므로.

무료 공개 강의를 실시간 라이브로 중계하기로 했다 치자. 무료 공개 강의 라이브 방송을 알리는 웨이보를 10만 명이 봤다면, 링크를 클릭해보는 사람은 약 1만 명 정도이고, 그날 라이브 방송으로 강의를 시청하는 사람은 대략 1000명 정도가 된다. 이 무료 강의 현장에서 다른 유료 강의를 홍보하면 1000명의 시청자 가운데 약 100명 정도가 신청한다. 이것이 '규모의 손실'이다. 한마디로 '규모의 손실'이 '잔존률'을 결정한다. 내 지난 경험을 돌아봤을 때, 특정 업계의 특정 단계에서 잔존률은 비교적 고정적이었다. 위에서 예로 든 온라인 강의의 경우, 각 홍보 단계별 평균 잔존률은 약 10%였다. 그러므로 홍보 목표를 설정할 때는 이 홍보를 통해 이루려는 것이 무엇인지 명확히 알아야 한다. 유료 강의에 학생 300명을 모집하고 싶다면, 온라인 강의의 평균 잔존률을 고려했을 때 대략 4단계 홍보가 필요하고, 최종적으로 300명이 유료 강의를 신청하려면 최초의 홍보 콘텐츠는 대략 30만 명이 보아야 한다. 그렇다면 이때 홍보 목표는 300명이 아니라 30만 명이어야 한다는 것이다. 최초의 홍보 콘텐츠를 300명만이 접한다면, 유료 구매로 이어지는 고객은 단 3~5명밖에 되지 않을 수 있다.

물론 영향을 미치는 대상의 규모가 작으면 잔존률이 높아질 수도 있다. 심지어 100%가 될 수도 있다. 딱 1명을 붙잡고 설득하는 것이 100명을 설득해서 그중 10명이 고객이 되는 것보다 쉬울 수도 있다. 그런데 시간을 투입하는 데는 한계가 있다. 같은 1시간을 1명 붙잡고 설득하는 데 쓸 것인가, 100명에 영향을 미쳐 그중 10명이 고객으로 전환되도록 할 것인가?

전자를 택할 사람은 아마도 없을 것이다. 속도가 너무 느리기 때문이다. 많은 마케터들이 '잔존률'과 '전환률'에만 관심을 기울이는데, 이는 시간의 효율에 대한 인식이 부족한 것이다. 시간 투입의 효율을 감안한다면, '잔존 효율'과 '전환 효율'에 관심을 기울여야 한다. 이것은 앞에서도 이야기한 '버는 돈이 부족한 것이 아니라 충분히 빠르지 않은 것'이라는 생각과도 통하는 관념이다. '잔존 효율'과 '전환 효율'을 높이는 방법을 고민해보기 전에, '1000명의 열성 팬 이론'과 '던바의 수Dunbar's number'에 대해서도 한번 생각해보자. '1000명의 열성 팬 이론'이란, 한 사람에게 1000명의 열성 팬이 있다면 그들 각각이 매년 1000위안을 지불하기만 해도 당신의 사업은 성공할 수 있다는 의미다. 1000명의 팬이 1000위안씩 지불하면 100만 위안이니, 대단히 성공적이다.

그러나 앞에서도 길게 분석했듯이, 내년에 당장 1000명의 열성 팬을 확보하고자 한다면 올해에 최소한 100만 명에게 영향을 미칠 수 있어야 한다.

'던바의 수'는 '150명 법칙'이라고도 한다. 인간은 대뇌 피질의 인지능력 한계로 인해 약 150명하고까지만 안정적인 관계를 유지할 수 있다는 이론이다. SNS상으로는 그보다 많은 '친구들'이 있을지 몰라도, 현실에서 '이너서클' 안에 드는 관계는 150명까지가 한계다. 여기서 '이너서클'은 1년에 한 번 이상 연락하는 관계를 가리킨다. 그러므로 자신만의 사업을 시작하면서 과학적으로 홍보 목표를 세운다면 이 150명을 시작점으로 하고, 이를 위해 100만 명에게 영향을 미치는 것을 홍보 목표로 삼아야 한다. 150명과 100만 명의 차이가 대단히 커 보이지만, 잘 생각해보라. 150명 한 사람 한 사람에게는 다시 150명과의 친한 관계가 있지 않겠는가. 한 사람의 호감을 얻으면 곧 150명의 호감을 얻을 수 있고, 한 사람에게 반감을 사면 곧 150명에게서 반감을 사게 될 수도 있다.

그러므로 홍보의 수단 및 방식을 설계할 때는 '친구'에게만 영향을 미치려 하지 말고 '친구의 친구', 나아가 '친구의 친구의 친구'에게까지 영향을 미치려고 해야 한다. 150명을 시작으로 '친구의 친구의 친구'에게까지 영향을 미친다면, 총 150×150×150=337만 5000명에게 홍보의 효과가 미칠 수 있다. 이렇게 계산하면 300만 명이 넘지만, 규모의 손실을 감안한다면 실제로는 100만 명 정도가 될 것이다. 그래서 나는 종종 글쓰기 수업에서도 '평범한 글'은 자기 자신이 읽어보고, '조금 좋은 글'은 친구에게 보여주고, '가장 좋은 글'은 친구의 친구의 친구에게 보여주라고 말하곤 한다.

이런 의미에서라면 한 사람 한 사람이 곧 하나의 금광이라고도 할 수 있다. 관건은 당신이 그 금광을 캘 수 있느냐다. 혹 '150명 법칙'이 너무 거창하게 느껴진다면 '친한 친구 5명의 평균 이론'을 떠올려보자. '친한 친구 5명의 평균 이론'은 자신과 가장 친한 친구 5명의 평균 수입이 곧 자신의 수입이라는 이론이다. 이 이론이 의미하는 바는 가장 가깝게 교류하는 관계가 우리에게 미치는 영향이 그만큼 크다는 것이다. 사업의 시작 단계에 있을 때 일이 바쁘고 힘들다면 가장 친한 친구 5명에게 도움을 요청해보자. "선생님, 저는 그런 5명도 없는데 어떡하죠?"라고 말하고 싶은 사람도 있을지 모르겠다. 내가 그들에게 해주고 싶은 대답은, 일단 지금 하고 있는 일부터 열심히 하면 된다는 것이다.

홍보 수단:
남들이 그대로 따라 할 수 있는 방법

어떻게 저비용 홍보를 시작할 수 있을까? 내가 처음 시도한 방법은 다소 거칠고 무모했지만, 당시로서는 나름대로 상황을 분석하면서 심사숙고한 결과였다. 일단, 나를 아는 고객군부터 넓혀야 했다. 그런데 마땅한 자원이 없다면? 자원이 있는 데로 가서 자원을 이용하거나 자원을 만들어내면 된다.

당시 나는 2~3분 분량의 짧은 영상을 100개 만들었다. 주로 CET 4·6급 시험에 자주 나오는 어휘에 관한 영상이었다. 어휘에 관한 콘텐츠였기 때문에 소재 고갈은 걱정할 필요가 없었다. 이렇게 만든 모든 영상의 끝부분에는 내 웨이보 계정을 실었다. 영상을 본 학생들이 내 웨이보 계정도 팔로우할 수 있게 하기 위해서였다. 이렇게 내 웨이보 계정 팔로워가 늘어나면 이를 바탕으로 다시금 연결을 확장해나갈 수 있다. 이 홍보 방식에서 핵심은 영상으로 제작할 어휘의 선정이나 영상 마지막에 웨이보 계정을 노출하는 것 따위가 아니었다. 바로, 그 100개의 짧은 영상을 통해 어떻게 내 영향력을 확대할 것인가였다.

당시 나는 그리 많지 않았던 월급에도 불구하고 한 달에 1000위안을 주고 보조를 고용해가며 영상을 관리했다. 보조가 하는 업무는 간단했다. 내가 만든 100개의 영상을 매일 제목과 키워드를 바꿔가며 주요 동영상 플랫폼에 하루 평균 열 번씩 올리는 것. 같은 100개의 영상을 4개 플랫폼에 올리면 총 400개의 영상이 인터넷에 돌아다니게 된다. 제목과 키워드를 바꿔가며 열 번씩 올리면, 영상의 개수는 총 4000개가 된다. 한 달 동안 매일 이렇게 하면 인터넷상에는 12만 개의 영상이 존재하게 되고, 열두 달 동안 이렇게 하면 총 144만 개의 영상이 존재하게 된다.

모든 영상을 10명씩 보았다면, 대략 1000만 뷰 이상의 조회수가 발생한다. 그러면 동영상 사이트에서 '4급', '6급', '대학생 영어', '대학원 영어', '높은 빈도 어휘', 'CET 빈도' 등으로 검색했을 때 아주 쉽게 내 영상을 접하게 된다. 이렇게 해서 보게 되는 영상은 2~3분 길이에 불과하므로 금방 다 볼 수 있다. 설명도 크게 어렵거나 지루하지 않으므로 영상에 조금이라도 호감이 생겼다면 내 웨이보 계정을 팔로우할 확률도 높아진다. 그런데 왜 '제목과 키워드를 바꿔가며' 올려야 했을까? 동영상 플랫폼들의 중복 동영상 검열을 피하기 위해서였다. 동영상 플랫폼들은 콘텐츠의 다양성을 위해 중복 업로드를 제한하고 있었다. 하지만 나로서는 동영상 노출과 시청자 유입을 늘리기 위해 CET 4·6급 시험만이 아니라 토플이나 대학원 영어를 공부하는 이들, 혹은 시험에 자주 나오는 어휘 등을 검색한 이들도 내 영상으로 유입되게 해야 했다.

이러한 검색어 키워드를 잘 고르기 위해서는 반드시 '사용자 관점'에서 출발해야 한다. 그들이 어떤 검색어로 자신이 원하는 동영상을 찾을까 추측해보는 것도 필요하고, 그 나이대 친구들이 관심 가질 주제가 무엇인지도 관심을 기울일 필요가 있다. '이런 것을 검색하는 사람은 이런 것도 찾아볼 것'이라고 생각해보는 것도 좋다. 포털 사이트의 인기검색어 순위나 바이두인덱스[중국 최대의 검색 포털 '바이두'에서 제공하는 여러 가지 랭킹 정보], 니즈도감[연관 검색어의 연관성 분포도] 등을 참고할 수도 있다. 당시 내가 올렸던 동영상의 제목은 '신동방 명강사의 영어 어휘 강의'였다. 이렇게 하면 '신동방'이나 '영어', '어휘'를 검색한 사람 모두 내 영상을 보게 된다.

이렇게 '잘 찾아지고, 잘 눈에 띄고, 잘 기억되는' 홍보의 3요소를 실천하자 반년 만에 내 웨이보 계정의 팔로워 수는 1만 명에서 50만 명으로 훌쩍 늘어났다. 나는 이 계정을 통해 내가 운영하는 위챗 공공계정으로도 팬들을 이끌었다. 동시에 공개 강의 라이브 방송과 짧은 영상 100개를 업로드하면서 최대한 많은 학생들을 나의 위챗 계정으로 초대해 친구로 추가했다. 위챗만 있으면 언제 어디서든 직접 대화할 수 있고, 즉각적인 피드백을 받을 수 있을 뿐 아니라, 이들이 나의 목표 고객군으로 굳어질 가능성도 높았기 때문이다. 내 기억에 이런 식으로 동영상과 웨이보 계정을 연계해 홍보한 건 아마 내가 처음이었을 것이다. 이런 홍보 방식은 이후의 높은 전환 효율도 입증됐다. 그러자 신동방에서 온라인 강의를 하던 다른 강사들도 하나둘 이런 방식을 차용하기 시작했다. 홍보 효율이 최고조에 달했을 때는 내 20개의 위챗 계정에 더 이상 친구를 추가할 수 없을 지경이었다. 내게는 이 20개의 위챗 계정이 일종의 '트래픽 풀Traffic Pool'이었던 셈이다.

간단히 요약하면, 저비용으로 나만의 '트래픽 풀'을 구축한 과정은 다음과 같다.

1. 트래픽이 가장 많이 몰리는 사이트를 찾는다.

2. 무료 콘텐츠를 업로드하고, 반복적으로 노출되게 한다.

3. 다시 중간급 트래픽 풀로 이끈다.

4. 다양한 콘텐츠를 수시로 업로드하여 반복적으로 노출되게 한다.

5. 다시 타깃층 트래픽 풀로 이끈다.

6. 상품 공개, 전환 성공.

처음에는 경험도 자원도 부족했기에 나의 최대 트래픽 풀은 4대 동영상 플랫폼이었고, 주요 홍보 수단은 동영상, 주요 콘텐츠는 영어 단어였다. 나는 이 콘텐츠에 관심을 보인 이들을 중간급 트래픽 풀인 웨이보 계정으로 이끌었다. 웨이보 계정에는 주로 내 생각이나 견해를 담은 콘텐츠를 업로드하고, 가끔 강의 일정을 올리기도 했다. 웨이보로 유입된 이들 중에는 나와 함께 장기적으로 공부해 나가려는 학생도 있었고, 나를 롤모델로 삼는 학생도 있었다. 그들은 좀 더 깊은 교류를 원했기 때문에 나는 이들을 좀 더 사적인 메신저인 위챗으로도 초대했다.

이렇게 해서 웨이보 계정에 50만 명의 팔로워가 생기자 더 '잘 찾아지고' '잘 눈에 띌' 수 있게 되었다. 비용은? 절대적으로 적게 들었다. 시간이 부족해 월 1000위안에 대학생 보조를 고용한 게 전부다. 1년 뒤에는 그 친구의 노고에 보답하는 차원에서 연말 보너스로 3000위안을 더 챙겨주었으니, 그 친구로서는 1년간 총 1만

5000위안을 번 셈이다. 그녀는 그렇게 번 돈을 근검절약하며 공부와 자기계발에 재투자했다. 혹 그녀가 어휘 동영상을 업로드하면서 겸사겸사 공부도 했다면, 그야말로 일석삼조였을 것이다.

당신도 원리를 이해했다면 전혀 어렵지 않다. 조금만 노력하면 누구나 할 수 있다. 여러분의 시간 낭비를 막아줄 방책이 아니라면 이렇게 공유할 이유도 없다. 그런데 이렇게 동영상을 보고 내 강의를 듣게 된 친구들이 간혹 내게 하는 말이 있었다.

"선생님, 그런데 저에게는 너무 늦게 나타나셨어요."

그렇다. 내 홍보 속도가 너무 느려서 어떤 친구에게는 너무 늦게 나타났다. 제품이나 콘텐츠를 만드는 사람이라면 어떤 고객에게든 '나를 만난 게 너무 늦어서 아쉽다고 느끼게 만들겠다'고 각오해야 한다.

"선생님, 모두가 선생님 방법을 따라 하면 어쩌죠? 선생님만의 독자적인 색깔을 잃어버리는 건 아닌가요?"라고 걱정하는 친구도 있었다. 안심해도 된다. 모든 사람이 '복붙'을 한다 해도, 복사해서 붙이는 단계에 이르면 막상 쉽지 않기 때문이다. 방법이야 얼마든지 따라 할 수 있지만, 실행 단계에서의 내공은 제각기 다른 법이다. 당연히 결과도 천차만별일 수밖에 없다. 어떤 방법을 따라 하면서도 얼마든지 융통성을 발휘해 품질을 더 높일 수도 있고, 자기만의 특색을 더할 수도 있다. 이런 것들 모두가 당신 자신의 자유이자 실력이다. 세상에는 단기간에 성과를 내지 못하면 포기해버리는 이들이 적지 않지만, 최종적으로 성과를 만들어낸 사람이라면 그 사이에 숱한 검토와 재조정이 있었을 것이다. 그들은 방법을 개선하고 실행을 조율하면서 성과가 나올 때까지 노력을 포기하지 않은 사람들이다.

이 세상에 완벽하게 새로운 방법이란 없다. 좋은 결과는 어디까지나 좋은 방법을 제대로 실행했을 때 얻어지는 것이다. 그러므로 남들이 내 방법을 따라 해서 나를 뛰어넘지는 않을까 걱정할 필요 없다. 당신도 좋은 방법을 따라 하되 제대로 실행하는 데만 전념하면 된다. 당신이 당신 자신을 뛰어넘으면 된다.

당신이 당신 자신에게 가장 좋은 친구가 될 때, 외부의 어느 누구도 당신의 적수가 되지 못한다.

정확한 피드백:
부단히 조정하라, 성공할 때까지

그런데 이렇게만 하면 돈을 많이 벌 수 있을까? 혹은, 이렇게만 하면 이제 된 건가? 안타깝게도 그렇지는 않다. 이 책이 만약 자기계발서였다면 나도 여기까지만 쓰고 마무리했을 것이다. 이제까지 서술한 방법과 틀을 한껏 이상화하기도 하면서 말이다. 하지만 실제 현실에서는?

결코 내 뜻대로만 돌아가지는 않는 법이다. 나는 이제까지 쓴 방법으로 웨이보 계정 팔로워 수를 50만 명까지 늘렸지만, 이것을 어떻게 수익으로 연결시킬 수 있는지는 알지 못했다. 아직 이렇다 할 제품 라인이 있는 것도 아니었다. 책을 한 권 낸 상태이기는 했지만, 책이야 서점에서 아무 때나 사면 그만이다. 문제는 유료 강의였다. 그렇게나 많은 사람들 중에 유료 강의를 신청하는 사람은 거의 없었다. 나는 그저 팔로워를 늘리는 데만 신경 썼지, 타깃층을 정확히 하지는 않았던 것이다. 결국 나는 '내가 팔고자 하는 것을 상대는 원하지 않는' 현실을 맞닥뜨리게 됐다.

도대체 어디서부터 문제였을까? 하나하나 되짚어봤다. 위챗에 친구 추가한 이들에게도 물어보았다. 왜 유료 강의는 신청하지 않는 걸까? 이때 내가 받은 피드백은 너무도 예상 밖이었다. 타깃층이 정확하지 않은 게 아니었다. 내 웨이보 계정을 팔로우한 이들은 대부분 대학생이었으므로. 내 강의가 그들에게 불필요한 것도 아니었다. CET 4·6급 시험에 관한 강의였으므로. 그렇다면 이유는? 여기까지 읽은 당신에게도 묻겠다. 이유가 무엇이었을까?

내가 미처 생각지 못했던 것은 그런 강의를 필요로 하는 이들이 대부분 대학생이어서 돈이 많지 않다는 사실이었다. 초·중·고등학생이었다면 부모님이 비용을 지불했을 것이다. 그런데 대학생들이 이런 강의를 듣기 위해서는 생활비에서 따로 비용을 추려야 한다. 한마디로, 가처분 소득이 워낙 낮아 짧은 무료 동영상이나 무료 공개 강의만 주로 들으면서 공부하는 것이다. 이들은 주머니 사정에 한계가 있어 모든 종류의 무료 콘텐츠까지는 자유롭게 접근하다가 유료로 전환되는 문 앞에서 걸음을 멈추었다.

나는 홍보 방식부터 콘텐츠 질까지 내가 할 수 있는 모든 노력을 다 했는데, 객관적인 원인 하나를 이길 수 없었다니. 이런 건 전혀 예상하지 못했다. 나는 피드백의 정확성과 보편성을 충분히 확인한 뒤, 홍보 수단을 바꾸기로 했다. 원래 영상들을 전부 문서화했고, 영상 업로드를 도와주었던 대학생 보조도 영상 업로드를 중단했다. 문서화한 자료 200건은 바이두문고[검색 포털 바이두에서 제공하는 문서 자료 저장 및 검색 서비스]에 다시 올렸다. 대학생 보조 친구는 이전에 영상을 업로드하며 쌓은 노하우 그대로 키워드를 바꿔가며 같은 문건을 열 번씩 올렸다. 동시에, 나는 평균 2시간짜리였던 무료 강의를 1시간짜리로 압축해 유료화하고, 미래의 고객들이 돈을 아낄 수 있도록 매주 두 번이었던 공개 강의를 2주에 한 번으로 조정했다.

이렇게 방법을 바꾸었더니 '전환 효율'과 '잔존 효율'이 크게 높아졌다. 1시간에 10위안인 유료 강의를 1만여 명이 구매하는 성황을 이루었다. 2년 뒤 신동방을 떠날 때 내 연 수입은 4만 위안이 되어 있었다. 전체 신동방 강사들 가운데 9위였다.

한 가지 뜻밖의 사실은, 영어 강의를 그만둔 지 여러 해가 지났는데도 당시 업로드했던 동영상이나 문서 자료를 통해 나를 알게 된 학생들이 여전히 존재한다는 점이다. 이들은 심지어 영상에 공개된 내 계정을 보고 위챗에 친구로 추가하기도 하고, 영어 공부에 대한 질문을 던지기도 한다. 이 일련의 경험에서 내가 얻은 교훈이 있다면 그건 **고객의 주관적 수요를 고려하는 동시에 고객의 객관적 여건의 한계도 고려해야 한다는 것이었다.** 객관적 여건의 한계는 고객의 주관적 수요를 결정하는 가장 큰 이유가 될 수도 있다.

6

개인 비즈니스의 해자

자기 자신을 알아야
대체 불가능성을 발휘할 수 있다

개인 사업을 성공으로 이끄는 마지막 한 가지 요소는 남들이 함부로 넘볼 수 없는, 대체 불가능한 성벽을 구축하는 것이다. 나는 개인 사업의 최대 강점은 그 사람 자신이라고 생각한다. 자기 자신이야말로 세상 어디에도 없는, 누구도 쉽게 넘어설 수 없는 존재이기 때문이다. 이 점을 이해해야만 개인 사업의 진리를 이해할 수 있다. 즉 당신 자신이 어떠어떠한 사람이기 때문에 바로 그런 사업을 할 수 있다는 것이다. 바꾸어 말하면, 당신이 그런 사람이 아니었다면 그런 일을 할 수 없었으리라는 뜻이기도 하다.

이 사실을 깨닫는다면, 성장 과정에서 짊어지게 되는 여러 고민도 내려놓을 수 있을 것이다. 글을 잘 쓰려면 누구에게 배워야 할까? 궁금한가? 그런 것은 중요하지 않다. 당신은 당신다운 글을 쓰면 된다. 강연은 어떻게 해야 할까, 누구를 참고하면 좋을까? 다른 누구의 스타일을 따라 할 필요는 없다. 당신은 당신 자신의 이야기를 하면 된다. **말하자면 당신 자신이 어떤 사람이냐에 따라 당신이 하는 일이 어떤 모습일지가 결정된다.** 그렇다면, 당신 자신은 어떤 사람인가? 어떻게 해야 자기 자신을 알고 이를 바탕으로 사업적 우위를 만들어갈 수 있을까?

'자신의 감각' 알기

사업을 확충하기 위해서는 당신의 아이디어와 제품, 혹은 당신 자신을 직접적으로 홍보할 방법이 필요하다. 그런데 대부분의 사람들은 홍보라고 하면 무엇을 어떻게 해야 할지 갈피를 잡지 못한다. 이리저리 궁리해보다가 "선생님, 동영상이라도 만들어볼까요? 아니, 오디오 파일이 더 나을까요? 집에서 글만 써도 되나요? 나가서 사람들을 만나봐야 할까요?"라고 묻곤 한다. 한마디로 '무엇부터 어떻게 시작해야 할지 모르겠다'는 것이다. 나의 대답은 간단하다. '당신 자신'으로부터 시작하면 된다.

세상을 감지하는 방법으로는 크게 시각형, 청각형, 촉각형 세 가지가 있다. 누구나 이 세 가지 방법을 통해 세상을 감지하지만 중요도의 비중은 사람마다 다르다. 그중 주로 어떤 방법으로 세상을 감지하느냐에 따라 '감지 유형'이 달라진다. 사랑을 예로 들면, 감지 유형이 다른 사람이 함께 있으면 서로가 의도치 않게 괴로울 수 있다. 남편은 시각형인데 아내는 촉각형이라면, 두 사람은 서로의 사랑을 어떻게 감지할까? 상대에게 무엇을 어떻게 해주었을 때 상대가 사랑이라고 느낄까?

시각형 남편은 소소한 선물을 준비하거나 근사한 식탁을 차려놓거나 예쁜 옷을 차려입은 아내에게서 사랑을 느낀다. 그렇다면 촉각형 아내는? 남편이 자주 끌어안고 뽀뽀하면서 사랑을 표현할 때 자신이 사랑받는다고 느낀다. 그런데 문제는 시각형인 남편이 자신의 방식으로 아내에게 사랑을 표현할 때다. 남편은 자신이 기뻐했던 대로 소소한 선물을 준비하고 꽃을 사 오고 근사한 요리로 식탁을 꾸민다면?

촉각형인 아내는 자신이 원하는 접촉이 부족했기 때문에 남편의 사랑이 잘 느껴지지 않는다. 오히려 그녀는 '누가 이런 거 사달라고 했나! 그냥 좀 안아주고 따뜻하게 손만 잡아줘도 되는데!'라며 아쉬워할지도 모른다. 가장 비극적인 결말은 사랑이 잘 느껴지지 않은 나머지 '우리는 서로 사랑하지 않는가 보다'라고 믿어버리는 것이다.

이런 의미에서 감지 유형이 비슷한 사람끼리 만나는 것도 일종의 행운이다. 소통 비용이 현저히 낮아지기 때문이다. 그러나 현실에는 감지 유형이 서로 다른 사람들과 어울리게 되는 일이 더 많다. 이렇게 서로의 차이를 메우는 데 필요한 것이 바로 공감 능력이다. 상대방의 감지 유형을 이해하고, 그 사람의 입장에 서서 그 사람이 필요로 하는 게 무엇일지 생각해보는 것이다. 시각형인 사람에게 사랑은 눈에 보여야 사랑이다. 청각형인 사람에게 사랑은 귀에 들려야 사랑이다. 촉각형인 사람에게 사랑은 만질 수 있어야 사랑이다.

길게 이야기했지만, 대중을 상대로 홍보를 시작하는 방법도 실은 간단하다. 먼저 당신 자신이 세상을 감지하는 유형으로 세상에 영향을 미치는 것이다. 나 자신은 소리에 민감한 청각형이어서, 방 밖에서 진공청소기 돌리는 소리만 들려도 짜증이 나는 타입이다. 내가 택한 홍보 방식은 강의 내용이 담긴 오디오 파일이었다. 만약 당신이 시각형이라면 문자나 동영상으로, 당신이 촉각형인 데다 새로운 매체를 별로 좋아하지 않는다면 오프라인에서 대면 방식으로 홍보할 수도 있다.

당신 자신이 세상을 감지하는 방식으로 세상에 영향을 미치는 것이 가장 편안한 시작이 된다. 그렇게 대대적으로 홍보를 하고 나면 당신의 감지 유형과 일치하는 고객을 가장 먼저 불러 모으게 될 것이다. 따라서 자신의 일상생활을 돌아보며 당신은 무엇에 민감한지, 어떤 감지 유형인지 관찰해보자. 그런데 그렇게 해서 많은 사람들에게 영향을 미칠 수 있을까? 물론 그렇지는 않다. 그것만으로는 당신과 감지 유형과 일치하는 사람들에게만 영향을 미칠 가능성이 높기 때문이다. 이때 필요해지는 것이 바로 공감 능력이다.

전체 인구 중 시각형이 약 70%, 청각형이 약 20%, 촉각형이 약 10% 내외라고 한다. 이러한 결과에 공감 능력을 더하면, 다음 두 가지 결론을 얻을 수 있다. 일단 시각형 정보 전달이 가장 중요하다는 것. 그리고 여기에 청각형·촉각형 정보를 추가하면 된다는 것이다. 홍보용 사진 속의 나는 왜 실물보다 더 갸름해 보일까? 나는 결코 여러분을 속이려는 게 아니다. '시각적 정확성'이 '사실적 정확성'보다 훨씬 중요하기 때문이다.

에어프라이어를 홍보한다고 치자. '산뜻한 외관, 부드러운 유선형 디자인, 다양한 색상 선택 가능'이라고 하면 시각형인 사람의 마음이 가장 먼저 움직일 것이다. 여기에, 청각형과 촉각형도 고려한다면? '소음 없는 조리 과정'과 '기름기 없는 식사의 편안함'이라는 문구를 덧붙일 수도 있다. 강의를 홍보할 때도 마찬가지다. 포스터나 상세 페이지 디자인도 중요하지만, '수천 장 중에 고르고 고른 템플릿과 일러스트를 사용한 한 편의 예술품 같은 PPT'라든가 '잡음 없는 깨끗한 음질, 지식이 어우러진 소리의 향연', '그날의 강의 자료를 집으로 배송해드립니다, 그날 배운 것을 가볍게 내 손에' 같은 구체적인 문구를 더하면 호소력은 더욱 커진다.

먼저 자신의 감지 유형을 확실히 알고 '눈에 보이는', '귀에 들리는', '만질 수 있는' 홍보를 해야 하는 것이다. 성과를 높이고 싶은가? 고객군을 넓히고 싶은가? 방법은 간단하다. 원래 하던 홍보에 청각형, 촉각형에게 호소력 있는 정보를 더하기만 해도 당신의 수입은 10~20% 더 많아질 것이다.

'자기만의 게으름' 알기

나는 재정적으로 어느 정도 자유로워지고 나서도 당시 상황에 대해서는 계속 불만스러워했다. 사업과 돈벌이 규모에 뭔가 대대적인 전환이 필요했다. 대체 왜 불만이었는가 하면, 나라는 사람이 본질적으로 게을렀기 때문이다. 나는 머리 굴리는 것은 좋아해도 손발을 움직이는 것은 별로 좋아하지 않았다. 계속 머리만 굴려보다가 정 안 되겠다 싶으면 그제야 손발을 움직이는 식이었다.

좀 더 정확히 말하면, 나는 신체적으로 게으른 사람이었기 때문에 몸이 좀 더 편하기를 바랐다. 돈을 아무리 많이 벌 수 있다 해도 돈 때문에 몸이 피폐해지고 싶지는 않았다. 그런데 이런 게으름을 무시하면 안 된다. 지금의 내가 작은 성과라도 이룬 데는 다름 아닌 이 '게으름'이 큰 역할을 했기 때문이다. 나는 게을렀기 때문에 머리를 굴린 다음에 손발을 움직였고, 게을렀기 때문에 '선택'에 집중한 뒤에 노력을 기울였다. 게을렀기 때문에 방법을 먼저 생각한 다음 구체적인 행동에 들어갔다.

그런데 나는 지금껏 사람들에게 게을러서는 안 된다고, 날로 먹으려 들지 말라고 말하지 않았던가! 책임이 있다면 져야 하고, 가야 할 길이 있다면 마지막 한 걸음까지 아끼지 말아야 하는 법. 하지만 여기서 한 가지 주의해야 할 점이 있다. 지금 내가 말하는 '게으름'은 진짜 게으름이 아니다. **한 곳에 기울일 노력을 아껴서 다른 곳, 특히 자신이 잘하는 일에 쏟아붓기 위한 주의력 재분배에 가깝다.** 아무것도 안 하는 게으름이 아니라, 좀 더 큰일에 역량을 집중하기 위한 게으름인 것이다. 아무것도 안 하는 게으름이란 머리도 굴리지 않고 손발도 움직이지 않는 것이다. 하지만 '세상은 게으른 사람이 창조한다'는 말도 있지 않던가! 세상은 알고 보면 폐인들 덕에 굴러간다는 뜻일까? 천만에, 세상은 머리를 움직이는 사람이 창조한다는 의미다.

나는 그동안 '최대화 사고'를 강조해왔다. 이를 내 문제에 적용한다면 '어떻게 하면 최대한 게으르면서도 최대 장점을 발휘할 수 있을까'가 된다. 수동적 소득으로 어느 정도 안정적인 현금 흐름을 만들어낸 뒤, 매년 얼마만큼의 노력으로 얼마만큼의 돈을 벌면 충분히 만족스러울 수 있을까? 내게 그 돈은 대략 100만 위안(약 1억 8800만 원)이었다. 그렇다면 내 장점을 어떻게 발휘해야 최대한 게으르면서도 100만 위안을 벌 수 있을까? 아래 내용은 이 물음을 '최대한'으로 밀고 나가본 사고의 흐름이다.

매년 100만 위안을 벌려면, 매주 2만 위안을 벌어야 한다.

1주에 2만 위안을 벌려면, 매일 3000위안을 벌어야 한다.

지금까지는 매일 8시간 일했는데, 그 절반인 하루 4시간만 일하고 싶다.

매일 4시간 일해 3000위안을 벌기 위해서는, 시간당 750위안을 벌어야 한다.

좋다. 그런데 세상에 시간당 750위안 버는 일이 있을까?

그런 일 중에 내가 할 수 있는 일이… 있다! 자문.

나는 게으른데, 매일 4시간이나 일하고 싶을까?

내가 하고 싶다 해도, 매일매일 자문 일이 있을까?

사실 매일 하고 싶은 것도 아니다.

그럼 매일 2시간만 일하는 건 어떤가?

하지만 2시간만 일하려면 시간당 소득이 1500위안, 즉 2배로 늘어야 연 소득이 똑같이 100만 위안이 된다.

내가 더 게을러져서 하루에 1시간만 일하고 싶다면?

가능하다. 하지만 그러려면 시간당 소득이 그 2배인 3000위안으로 늘어야 한다.

그런데 어떻게 매일 일을 하지? 격일로 1시간만 일할 수는 없을까?

시간당 소득이 그 2배인 6000위안으로 늘면 가능하다.

격일로 일하는 것도 피곤하다. 1주일에 1시간만 일할 수는 없을까?

가능하다. 그러려면 시간당 소득이 2만 1000위안으로 늘어야 한다.

나는 더 게으른데 한 달에 1시간만 일할 수는 없을까?

그러려면, 시간당 2만 1000위안의 4배인 8만 4000위안을 벌어야 한다.

이 세상에 시간당 8만 4000위안을 벌 수 있는 자문 일이 있을까?

이후 나는 그런 일이 무엇인지 최대한 열심히 찾아보았다. 그랬더니, 정말 있었다! 바로 기업 자문이었다. 나는 이때부터 직업 고문의 길을 걷기 시작했다. 나만의 게으름을 끝까지 밀고 나간 결과였다. 사람들은 대부분 직업적 전환이나 진로를 설계할 때 '지금 세상에 존재하는 일 가운데 내가 할 수 있는 일이 있을까?'에서부터 시작한다. 지금 하는 일이 마음에 들지 않으므로 다른 일을 할 수만 있다면 미련 없이 그 일로 전환한다. 그런데 이런 식으로 직업을 바꾸다 보면 얼마 지나지 않아 똑같은 문제에 봉착하게 되고, 또다시 직업을 바꿔야 하나 고민하게 된다.

이렇게 되어버리고 마는 원인은 자기 자신으로부터, 자신의 최대 장점으로부터 출발하지 않았기 때문이다. 인간 본성에서 게으름은 우성이 아닌 열성에 속한다. 그러나 열성도 잘만 활용한다면 우성으로 바꿀 수 있다. 그 열성은, 이 세상에 단 하나뿐인 당신 자신만의 속성이므로.

'자신의 편안함' 알기

내 친구 카일은 90년대생 창업가다. 정직하고 성실하며 융통성도 있는 데다 다른 또래 친구들에 비할 수 없을 만큼 개방적인 사고를 지닌 친구이기도 하다. 그런 그가 한번은 상의할 일이 있다면서 내게 전화를 걸어왔다.

"너도 알다시피, 우리 회사는 지금 창업한 지 5년 차고 직원은 100명 정도 돼. 올해 우리 회사 목표가 순이익 1억 위안 달성인데, 지금은 5000만 위안밖에 안 돼. 이걸 2배로 키워야겠는데…… 한 가지 문제가 있어."

"뭔데?"

"지금 우리 회사에서 사업을 15개 정도 운영하고 있거든. 전부 이익도 나고 있는데, 고정 비용이 상당해. 계속 이대로 유지해나가는 게 좋을지, 15개 중 하나를 없애고 자금을 회수한 뒤 다른 몇 가지 사업에 집중 투자하는 게 좋을지 고민이야. 아니면 이건 수익은 크지만 리스크도 큰 방법인데, 자금을 전부 한 사업에 투자하는 건 어떨까 생각하고 있어."

나는 한참을 생각하다가 그 친구에게 다시 물었다.

"네가 이야기한 그 세 가지 말고 다른 각도에서도 생각해볼 수 있지 않을까? 지난 5년간 회사에서 추진한 모든 사업 중에서 너에게 가장 편했던 게 뭐야? 그 사업에서의 이익이 15개 사업 중에서 가장 높은 건 아닐 수도 있지만, 그래도 꽤 높았을 거야. 너 자신의 역량이나 회사 자금에는 한계가 있잖아? 그런 상태에서 너에게 편한 일이라는 건 자동으로 이익을 내고 있는 사업이라는 말과 같아. 그런 사업에 해당하는 게 있니?"

"있어! 광고 일이 딱 그래. 내가 그쪽 분야에 어느 정도 노하우가 있어서 시작부터 눈여겨봤거든. 전엔 내가 직접 담당했는데 지금은 다른 직원에게 맡기고 서류상으로만 가끔 확인하고 있어. 나한테는 아주 편한 일이지."

"그래? 잘됐다. 그럼 답을 찾은 거나 마찬가지야. 자금과 노력 대부분을 거기에 쏟으면, 그 일에서는 이익이나 성장세가 다른 사업에서보다 분명 클 거야. 편하다는 건 사실 사업적 지표가 아니라 개인적 지표, 아니 그냥 주관적인 느낌에 가깝지. 그런데 사업을 할 때 이런 느낌이 있으면 분명 크게 발전하게 돼. 힘들게 버텨나가는 일과는 상승 폭이 다르거든. 힘들게 버텨나가는 일은 그저 버텨내기만 해도 대단한 게 되니까."

"그렇구나! 어떻게 해야 할지 알겠어!"

"이렇게 할 때의 장점은, 너에게 편한 일이 성장할수록 이윤 공간이 커져서 현금 흐름이 더 원활해진다는 거야. 그렇게 만든 자금을 다른 사업에 투자해도 늦지 않을 거야."

내가 이렇게 조언한 이유는 그 친구의 사업 모델이 몇 년간의 모색기를 거쳐 안정기에 접어들었기 때문이다. 당장은 대대적인 혁신이나 사업 추가를 할 필요가 없어 보였다. 그는 사업 경험이 풍부하고 감각이 예민해서 현재 운영하고 있는 사업도 충분히 선별하고 남은 결과인 데다 그것들이 서로 손익의 균형을 이루고 있었다. 따라서 특정 사업을 갑자기 없애버리는 식의 결단을 내릴 이유도 없었다. 더할 것도 뺄 것도 없다면, 남은 것은 '이미 있는' 것들의 효용을 최대화하는 것. 문제는 '이미 있는 것들 중에 무엇'을

'최대화'할 것인가였다.

많은 사업적 의사 결정에서 병목 현상이 일어나는 이유는 의사 결정권자 자신이 관심의 초점을 '사업'에만 두기 때문이다. 사업적 이익도 물론 중요하다. 하지만 더 중요한 것은 '결정' 그 자체다. 그리고 그 결정은 결국 사람이 내리는 것이다. 그러므로 의사 결정에서는 사업적 이익 못지않게 당사자의 편안함도 중요하다.

그런데 편안함이라고 하면 대다수 사람들은 '자기만의 안락지대comfort zone에서 벗어나라'는 식의 자기계발서 문구를 떠올린다. 이것은 사실 어불성설이다. 많은 사람들은 자신이 무엇에 편안함을 느끼는지 잘 모르기 때문이다. 자신이 어디에서, 무엇에 편안함을 느끼는지 진지하게 살펴본 사람이 있을까? '안락지대'란 마음껏 게으름 부려도 좋은 영역, 일종의 '나태 구역'을 가리킨다. 자신이 무엇에 편안함을 느끼는지 정확히 알지 못하면 그것을 '박차고' 나오거나 '벗어날' 수도 없다. 그러므로 진정한 성장의 첫걸음은 안락지대를 무작정 박차고 나오는 것이 아니라 **자신이 무엇에서 편안함을 느끼는지 아는 것, 자기만의 '안락지대'를 제대로 찾는 것, 그리고 그 '편안한 영역을 계속 확대'해가는 것이다.** 그렇게 자신에게 편안한 영역을 개척하고 확대해나가는 것이야말로 진정한 성장이다.

자신이 무엇에 편안함을 느끼는지 아는 것은 편안함만을 끝없이 누리기 위해서가 아니다. 게으름에만 빠져들기 위해서는 더더욱 아니다. 거기에 최대한의 노력을 기울이기 위해서다. 당신이 가장 편안하게 여기는 일에 가장 많은 시간, 돈, 고민을 쏟아 부으면, 당신은 편안함을 누리면서도 최고의 결과를 얻을 수 있다. 결국 내가 카일에게 해준 조언은 자신의 최고 장점을 극대화할 수 있는 방향을 제시한 것이었을 뿐이다.

'자신의 가능성' 알기

한때 인터넷에 떠돌았던 재미있는 이야기가 있다.

한 소녀가 아이폰11을 피아노 위에 올려놓자 옆에 있던 친구가 말했다.

"너 지금 돈 자랑하니?"

그러자 소녀가 말했다.

"이 피아노가 100만 위안이거든. 네 눈에는 7000위안짜리 아이폰밖에 안 보이니?"

그러자 소녀의 어머니가 방 안으로 들어오며 말했다.

"이 별장이 5000만 위안이거든. 네 눈에는 100만 위안짜리 피아노밖에 안 보이니?"

그러자 소녀의 아버지가 방 안으로 들어오며 말했다.

"여보, 당신 남편 자산이 10억 위안이거든. 당신 눈에는 고작 5000만 위안짜리 별장밖에 안 보여?"

이런 상황은 우리 일상에 아주 흔하다. 내가 그동안 사람들에게서 가장 많이 들은 원망은 “나에게는 기회가 없었다”는 것이다. 하지만 객관적으로 기회는 어디에나 있다. 그런데 당신에게 기회가 없었다고 느껴지는 이유는 기회를 알아볼 눈이 없었거나, 준비가 되어 있지 않아 눈앞의 기회를 잡을 수 없었기 때문이다.

이 글에서는 주로 전자에 대해 이야기하고자 한다. 기회를 잡으려면 우선 기회를 알아볼 눈이 있어야 하기 때문이다. 어째서 사람들은 기회를 알아보거나 잡지 못하는 것일까? **대상의 가치를 과소평가하거나 자기 자신에 대한 이해가 부족하기 때문이다.** 그러면 무엇을 보아도 전체 가치를 제대로 인식하지 못한다. 그 결과, 대상의 아주 작은 일부만을 활용하는 데 그치고 나머지 대부분의 가치는 낭비해버리고 만다. 기회 자체를 제대로 인식하지 못하기 때문에 제대로 이용하지도 못하는 것이다. 정말 많은 사람들이 기회가 있어도 기회인 줄 모르고, 기회를 잡아서 활용하지도 못한다.

일전에 브랜드 마케팅 고문인 리나와 나눈 대화가 떠오른다.

“제가 다니던 피트니스 클럽에서 요새 경영 사정이 안 좋은지 저에게 회원권 연장을 부탁하면서 내년 연회비를 조금 일찍 줄 수 있겠냐고 하더라고요.”

“연회비가 얼만데요?”

“몇천 위안요.”

“그 연회비는 안 주시는 게 좋겠어요.”

"연회비 자체는 저에게 큰돈이 아니에요. 저는 그곳 사장님을 돕고 싶어요."

"금액 때문이 아니에요. 리 선생님이야 그 정도는 얼마든지 지불할 수 있겠죠. 문제는 그 사장님이 안목이 짧아서 어차피 경영을 오래 못 하실 것 같아서요."

"안목이 짧다고요?"

"그 피트니스 클럽에 다니는 동안 한 번이라도 거기 사장님이 리 선생님에게 브랜드 마케팅에 대해 물어본 적 있던가요?"

"아뇨, 없었어요. 새로 나온 트레이닝 프로그램만 가끔 추천해 줬어요."

"거봐요. 리 선생님이라는 브랜드 마케팅의 금덩이가 눈앞에 있는데 한 조각도 제대로 얻어가지 못했잖아요. 리 선생님이라면 그 피트니스 클럽을 체인점으로 확장시킬 방법도 제시해줄 수 있었을 텐데, 그 사장님은 고작 연회비를 일찍 달라고 하다니요."

"아, 그렇네요."

"네, 바로 그게 문제예요."

세계 제일의 비즈니스 전략가이자 기업 코칭 전문가인 토니 로빈스는 뉴욕 거리 한복판에서 남루한 차림의 노숙인과 마주쳤던 일화를 이야기한 적이 있다. 어느 연말, 한 노숙인이 차가운 바람을 가르며 다가와 그에게 이렇게 말했다.

"저도 올 연말을 따뜻하게 보낼 수 있게 한 푼만 주시겠습니까?"

토니는 이렇게 추운 날, 그것도 크리스마스를 앞두고 만난 모든 사람이 인연이라는 생각에 일단 지갑에서 200달러를 꺼냈다. 그리고 다시 노숙인에게 물었다.

"얼마나 받고 싶으신가요?"

"저는 5달러면 충분합니다. 5달러만 주세요."

토니는 200달러를 지갑에 다시 넣고, 5달러를 꺼내 노숙인에게 주었다. 5달러를 받은 노숙인은 신이 나서 콧노래를 흥얼거리며 뛰어갔다. 사실 그는 200달러를 받을 수도 있었는데 말이다. 토니는 그날 경험에서 느낀 바를 이렇게 요약했다. Life will pay whatever price you ask of it(삶은 당신이 값을 부르는 만큼 당신에게 주고자 한다).

내게도 비슷한 경험이 있다. 5성급 호텔 지배인들은 매일 수많은 기업가들을 접할 기회가 있다. 비행기의 퍼스트 클래스 담당자들도 매일 수많은 자산가들과 접할 기회가 있다. 큰 행사를 진행하는 이들 역시 여러 유명인과 만날 기회가 있다. 이건 일반 직장인들도 마찬가지다. 그들에게는 자신보다 직급이 높은 누군가, 이를테면 사장님이라도 만날 기회가 있다. 그런 기회를 마주할 때 당신은 "안녕하세요"라고만 하는가? 사실 그들은 자신이 요구했던 것보다 더 많은 것을 얻을 수도 있었다. 기억하자, 삶은 당신이 값을 부르는 만큼 주고자 한다. 당신은 얼마를 불러보았는가? 이제라도

'아, 그런 가능성이 있었구나' 싶어지는가? 아니, 실은 '그보다 더 큰 가능성이 있었다.'

현실에서는 우리 자신의 시야에도 한계가 있지만, 우리의 안목과 결정조차 남들에게 크게 좌우된다는 문제가 존재한다. 예를 들어 한 달에 200만 위안을 버는 사람이 어느 날 당신에게 함께 일하자고 제안해오면 당신은 한나절 내내 고민한 끝에 고개를 젓는다. 한 달에 2000위안 버는 친구에게 가서 상담해봤는데, 그 친구가 그 사람은 사기꾼 같다고 했기 때문이다. 그런가 하면, 당신은 3년 사귄 남자친구와 싸우고 나서 1년에 한 번 볼까 말까 한 친구에게 가서 연애 상담을 한다. 친구는 그런 남자와는 헤어지는 게 답이라고 말한다.

인생에 상담이 필요한 일이 생기거든 남에게 의견을 들으러 다니기보다 자기 내면의 소리를 듣는 게 낫다. 당신 자신에게 중요한 일일수록 당신의 현실에 맞는 결정을 해야 하기 때문이다.

정 상담이 필요하다면 고민하는 문제의 전문가를 찾아가거나, 하다못해 당신과 맞는 사람, 최소한 당신을 잘 이해하는 사람에게 가서 의견을 구해야 한다. 자기 자신을 중시하고 타인을 과소평가하지도 말아야 지금 당신이 잡을 수 있는 최선의 가능성을 더 많이 알아볼 수 있다.

'자신의 브랜드' 알기

개인 사업이라면 '개인 브랜드'를 언급하지 않을 수 없다. 개인 브랜드는 과연 중요한가? 그렇다. 모든 사람에게는 자기만의 브랜드가 있어야 한다. 그런데 개인 브랜드가 다른 무엇보다도 중요한가? 그렇지는 않다. 이 장의 마지막에야 개인 브랜드를 언급하는 데는 이유가 있다. 앞의 일들을 제대로 하면서 개인 사업의 우위를 다져놓지 않았다면, 개인 브랜드라는 것도 있을 수 없기 때문이다.

흔히 "자기만의 브랜드를 만들어야 한다"고들 하지만, 이 말은 주객이 전도되어 있다. 먼저 자기 자신을 잘 경영하고 자기만의 결과물을 잘 만들어나가야지, 개인 브랜드를 만드는 것이 우선이 아니다. 마치 어떤 옷을 입어도 태가 안 났던 근본적인 이유는 체형 자체가 엉망이어서였던 것과 비슷하다.

자기만의 브랜드를 만들어야 한다고 말하는 이들은 하나같이 ① 포지셔닝을 분명히 하고 ② 이름을 잘 지어야 한다고 말한다.

과연 그럴까? 아직 아무것도 해보지 않았는데, 자신이 뭘 할 수 있는지를 어떻게 알고? 허공에서 포지셔닝이란 걸 해보겠다고 발버둥 칠 것이 아니라 우선 자리부터 마련하고 보아야 한다. 이것은 무슨 말인가? 큰 방향을 제대로 잡는 것, 이것이 바로 자리부터 마련한다는 말의 의미다. 이렇게 잡은 큰 방향 안에서 세분화된 영역을 깊이 파고들어 일을 어떻게 잘 키워나갈까 하는 것이 바로 포지셔닝이다.

"좋은 이름을 생각해보는 것이 개인 브랜드를 만드는 첫걸음"이라고 말하는 사람도 있다. 하지만 이 말은 썩 믿음직스럽지 않다. 생각해보라. 누군가가 유명해진 이유가 단지 이름이 좋아서였겠는가, 그가 뭔가 대단한 일을 했기 때문이겠는가? 마윈*도 유명하고 코비[미국 농구 선수]도 유명하다. 그러니 두 사람의 이름에서 한 글자씩 따 '마비'라고 이름 짓는다면, 당신도 저절로 유명해질까? 우리가 사람들에게 기억된다면, 그것은 우리가 한 어떤 일 때문이지 이름 때문이 아니다. 이름이란 단지 잘 기억되기 위해 동원하는 하나의 기호에 불과하다. '꺼라오관'을 예로 들어보자. 기억하기도 어렵고 입에 착 붙지도 않는다. 적어도 '하이디라오'만큼 편하지는 않다. 이름만 봐서는 도무지 뭘 파는 곳인지도 알 수가 없다. 광둥 사람인 나로서는 '찻집인가' 하는 생각까지 든다. 그러나 당신이 상하이에서 한 번이라도 이곳의 황소개구리 훠궈나 생신 버리 요리를 맛보았다면, 꺼라오관이라는 이름은 당신의 뇌리에서 영원히 지워지지 않을 것이다.

내가 좋아하는 가수 왕페이는 독특한 개성과 절묘한 음색도 매력적이지만, 다른 무엇보다 감탄스러운 것이 있다. 바로 자신감이

* [옮긴이주] 2003년에 전자상거래 사이트인 '타오바오'를 시작으로 현재는 온라인 결제, B2B 서비스, 클라우드 컴퓨팅 등의 사업을 아우르고 있는 알리바바 그룹의 창업자.

다. 그녀의 웨이보 계정 프로필은 더없이 심플하다. '아직 소개말이 없습니다.' 당신도 필사적으로 노력한다면 언젠가 당신 자신을 어떤 단어나 문장으로 소개할 필요 없는 날이 올 것이다. 그때가 되면 당신 이름이 곧 최고의 브랜드일 텐데, 다른 무슨 타이틀이 더 필요하겠는가?

그래도 아직은 당신을 소개할 타이틀이 필요하다면, 기억하기 쉬운 단순한 것이면 된다. 한 마디로 충분하다면 두 마디를 쓸 필요가 없고, 두 마디로 충분하다면 세 마디를 쓸 필요가 없다. 타이틀을 쓰는 목적은 어디까지나 당신을 잘 기억하게 만들기 위해서이지, 타이틀을 기억하게 만들기 위함이 아니기 때문이다. 아무것이나 마구 늘어놓은 타이틀은 없느니만 못하다.

타이틀이 많으면 많을수록 자신이 대단해 보일 거라고 생각하지 마라. 사람의 주의력에는 한계가 있고, 주의력을 분산시킬수록 당신이 제대로 기억되기는 더 어려워진다. 학문적 성과가 많음을 자랑할수록 깊이나 진지함은 결여된 것처럼 보인다. 우리는 현실에서 하나부터 열까지 다 이룰 수 있는 만능 인간이 아니다. 젊은 나이인데도 그럴 듯한 타이틀이 10~20개나 된다면 허명이거나 허영이거나, 둘 중 하나다.

외부 강연이 있을 때면 주최 측에서는 내게 홍보 포스터에 실을 만한 네다섯 가지 타이틀을 요청해온다. 그때 내가 두세 가지 정도를 제시하면, 주최 측에서는 이렇게 말한다.

"선생님, 타이틀이 이렇게 짧으면 사람들은 선생님이 어떤 사람인지 제대로 알기 힘들어요."

그러면 나는 이렇게 대답한다.

"사람들은 원래 저를 모르는 게 맞아요. 그런데 강연을 다 듣고 나면 제가 누군지 기억하게 될 거예요."

브랜드란 결국 입소문이고 입소문이 곧 브랜드다. 그런데 처음에는 브랜드 인지도가 입소문보다 더 클 수 있다. 브랜드가 좀 더 회자되기 쉬워서 떠드는 사람도 많기 때문이다. 그런데 시간이 흐르면 입소문의 무게가 브랜드보다 훨씬 무거워진다. 입소문이란 진정으로 그것이 좋다고 생각하는 사람의 진심에서 나오는 것이기 때문이다. 바로 그렇기 때문에 입소문은 한번 형성되면 좀처럼 흔들리지 않는다. 따라서 **개인 브랜드 형성의 전제 조건은 당신 자신이 먼저 매력적인 인격체여야 한다는 것이다.** 그리고 매력적인 인격체를 이루는 세 가지 요건은 스타일, 시야, 의지력이다.

스타일

패션계에는 '유행은 지나가도 스타일은 영원하다'는 유명한 말이 있다. Style is everything(스타일이야말로 모든 것이다). 대중은 어떤 업계에서든 1등이나 2등만 기억한다. 혹 3등을 기억하는 사람도 있을지 모르겠지만, 4등을 기억하는 사람은 거의 없다. 이런 현실은 우리에게 4등과 40등은 사실상 동일하다는 잔혹한 사실을 일깨워준다. 도대체 3등과 그 이하는 무엇 때문에 차이가 나는 것일까?

바로 자기만의 스타일이다. 같은 내용이라도 그것을 드러내는 방식과 각자의 개성은 절대 똑같을 수 없다. 다른 모든 것이 같더라도 스타일만은 달라야 한다. 스타일을 통해서는 약점도 강점으로 만들 수 있다. 저우제룬[대만 가수]은 처음 데뷔했을 때만 해도 발음이 부정확하다거나 가사를 알아들을 수 없다는 혹평에 시달렸다. 하지만 그는 모두가 지적하는 단점을 뜯어고치기는커녕 더욱 강화해 자기만의 독특한 스타일로 만들었다. 약점을 도리어 강점으로 만든 것이다.

시야

'시야'라고 하면 다소 광범위하지만 당신이 경험해온 일, 만나온 사람들, 보아온 책, 먹어온 음식 등을 통해 형성된 모든 것이라 할 수 있다. 모든 사람은 자신만의 독특한 경험과 살아온 방식, 고유한 감정이 있다. 그런데 다른 모든 것은 평범하더라도 시야만은 남달라야 한다. 비슷한 인생 경험을 하더라도 사물을 보는 각도를 달리 함으로써 비범한 관점을 벼려야 한다. 이 관점에는 반드시 당신 자신만이 아닌 타인의 관점이 담겨 있어야 하는데, 그래야 사업화될 가능성이 존재하기 때문이다. 어떤 관점이 당신 혼자만의 관점에 머물러 있으면 세상과의 접점을 만들어내기도, 유의미한 산출을 내기도 어렵다. 시야를 넓히는 방법 가운데 가장 적은 비용이 드는 것이 독서다. 하지만 정말로 '적은 비용이' 들어가는 것은 아니다. 충분한 시간을 들여 음미하고 감상하고 사고하고 소화해야 하기 때문이다. 이렇게 시간이라는 비용을 충분히 투입하고 나면 책 속의 시야는 곧 당신의 시야가 되고, 그 시야는 당신만의 고유한 세계를 만든다. 소위 영향력이란 '당신의 세계 안에서 내가 바라는 세계를 보게 되었다, 그래서 나는 당신을 따르고 싶어졌다'는 마음이다.

의지력

의지력은 오랜 시간 속에서만 만들어지는 품격이다. 누구도 양치질이나 식사에 대해 '10년째 지속하고 있다'고 말하지 않는다. 이런 일에는 의지력씩이나 필요하지 않다. 그렇다면 의지력이란 무엇인가? 나의 친구이자 동료 강사인 스켈러스는 의지력의 화신이다. 그는 5년째 매일 글을 1000자 이상 쓰고 있다. 일정 분량의 글쓰기를 매일 한다는 것은 결코 쉬운 일이 아니다. 할 수 있을 거라고 생각하는 사람은 많을지 몰라도 현실에서 정말로 그렇게 하는 사람은 많지 않다. 그는 내가 이제까지 만난 사람들 가운데 가장 의지적으로 뭔가를 지속하는 사람이었다. 그는 자신이 무언가를 지속해온 경험에 대한 책도 썼다. 사실 실천하는 사람 자신에게는 그런 실천이 특별히 의지력을 동원할 일도 아니었을 것이다. 그러나 그의 행동을 통해 표출된 의지력은 모든 사람이 인정하는 바다.

의지력 자체는 누구나 가지고 태어나지만, 의지력이 발휘되는 형태는 사람마다 다를 수 있다. 어떤 사람은 매일 일찍 일어나고, 어떤 사람은 지속적으로 영상을 업로드하고, 어떤 사람은 꾸준히 독서를 한다. 나는 보통 모든 일을 정확하게 완수하는 데 의지력을 발휘한다. 겉으로 드러나는 형태야 어떻든, 의지력의 핵심은 자기 자신에 대한 충분한 믿음과 절대적인 인내다. 인내는 자유를 얻기 위한 보증이기도 하다. 많은 사람들이 자유로운 프리랜서를 선망하지만, 정작 프리랜서들은 스스로를 '매일 15시간씩 컴퓨터 앞에 앉아 있는 사람'이라고 소개한다. 커다란 인내 없이는 프리랜서 신분도 제대로 유지할 수 없다.

이렇듯 '개인 브랜드'는 단순한 타이틀이 아니라 고객이나 팬들이 인정하는 무엇이라는 것을 알 수 있다. 타이틀이란 사람들이 당신을 처음 접할 때 잠시 거들떠보는 하나의 장식물에 지나지 않는다. 모든 사람에게는 그 사람만의 고유한 스타일, 시야, 의지력이 있다. **자기만의 브랜드가 무엇인지 안다는 것은 자기만의 고유한 스타일, 시야, 의지력이 어떤 것인지 안다는 말과 같다. 남을 아는 것이 지혜로움이라면, 자기 자신을 아는 것은 현명함이다.** 자기 자신을 아는 것이야말로 모든 일의 진정한 첫걸음이다. 시시각각 자기 자신을 알고 모든 일에서 자기 자신에게 충실해야 한다.

곱셈의
사고

돈이 당신을 위해 일하게 하라

CHAPTER

5

1

돈으로 돈을 불리는 비결

한 손으로는 현금 흐름을 장악하고
다른 손으로는 돈의 눈덩이를 굴린다

10년 전, 내게 돈에 대한 자각을 크게 일깨운 영화가 있다. 〈월 스트리트: 돈은 결코 잠들지 않는다〉다. 나는 이 영화의 부제만으로도 머리를 한 대 얻어맞은 듯했다.

'돈은 결코 잠들지 않는다'라니! 그렇다, 돈은 쉬지 않고 흐른다. 생산에 투입되고 상품으로 바뀌어 더 많은 돈으로 되돌아온다. 돈은 피로감을 모르고 잠도 자지 않는다. 돈은 여기저기로 흐르고 굴러다니며 더 많은 돈을 만들어낸다. 하지만 우리는? 사람은? 매일 6~8시간은 자야 한다. 혹 밤을 새워가며 24시간 일했다 해도 다음 날 하루는 푹 쉬어주어야 한다. 나는 그제야 돈을 위해서 일하는 우리는 잠을 잘 필요가 없는 돈에 비해 열세에 있다는 사실을 깨닫게 되었다. **그리하여 돈이 우리를 위해 일하게 해야 한다는 사실도.**

이후로 나는 돈과 사람의 관계, 돈과 시간의 관계, 돈과 다른 모든 것의 관계에 대해 연구하기 시작했다. 무엇보다도, 돈이 우리를 위해 일하게 할 좋은 방법이 무엇인지 찾기 시작했다.

이 장에서는 어떻게 하면 돈이 당신을 위해 일하게 할 수 있는지, 어떻게 하면 돈으로 돈을 불어나게 할 수 있는지에 대해 말하고자 한다. 여러 가지 가능성을 제시함으로써 생각의 길을 여는 것이 가장 큰 목적이다. 내가 제시하는 방법 가운데 일부는 당장 시도해서 달콤한 결과를 맛볼 수도 있지만, 어느 정도 시간과 경험을 축적한 뒤에야 제대로 시도해볼 수 있을 것이다. 나 역시 비교적 긴 시간 속에 천천히 발전시켜온 것들이기 때문이다.

우리는 대개 '돈을 잘 버는' 것이 '능력'의 문제라고 생각한다. 능력이 있으면 돈을 잘 벌 수 있고, 능력이 없으면 돈을 못 번다는 믿음이 있다. 능력이 있으면 돈을 잘 벌 수 있는 건 사실이다. 문제는 그때 투입되는 시간과 노동력이다. 능력은 시간을 투입하면서 발휘하는 것이다. 그런데 시간이라는 자원 자체가 유한하기 때문에 시간을 투입해 버는 돈도 유한할 수밖에 없다. 정말로 큰돈을 벌고자 한다면 능력과의 상관관계는 그리 크지 않을 수 있다.

따라서 **부에 관한 첫 번째 진실은, 시간을 통해서만 돈을 벌려고 하면 안 된다는 것이다.** 진실로 큰돈을 버는 사고방식은 바로 곱셈의 사고다. 자산을 배로 늘리고 다시 배로 늘릴 방법을 찾아야 한다. 자산을 배로 늘리는 속도는 '72법칙'으로 계산할 수 있다. 72라는 고정적인 숫자를 연간 복리 수익률로 나누는 방식이다. 우선, 현재 자신의 자산 수익률에 복리 효과가 발휘되면 몇 년 만에 원금이 2배가 될 수 있는지를 알아야 한다. 예를 들어, 10만 위안을 투자한 자산의 연 수익률이 3.5%라면, 그 자산이 2배인 20만 위안이 되기까지는 20.6년(72÷3.5)이 걸린다. 만약 같은 돈으로 수익률 5%인 재테크 상품을 구입했다면, 10만 위안이 20만 위안이 되기까지는 14.4년(72÷5)이 걸린다. 그런데 만약 같은 돈으로 수익률 12%인 재테크 상품을 구입했다면, 10만 위안이 20만 위안이 되기까지 6년(72÷12)밖에 걸리지 않는다. 돈은 이렇게 돈으로부터 '자라날' 수 있다. 이런 돈은 시간과 노동력을 투입해서 번 돈이 아니기 때문에 비근로 소득 혹은 수동적 소득이라고 불린다.

그러므로 부에 관한 두 번째 진실은 다음과 같다. **돈으로 돈을 불리는 것의 본질은 시간을 따로 투입할 필요가 없다는 것.** 똑같은 시간이 흐르는 동안 당신은 당신대로 일하고 돈도 당신을 대신해서 일하면, 당신이 버는 돈은 훨씬 더 많아지고 갈수록 더 많아진다. 거꾸로, 우리는 72법칙을 통해 각 단계에서 얼마만큼의 돈(원금)을 모아야 하는지도 계산해볼 수 있다.

간단한 예를 하나 들어보자. 당신이 올해 20살인데 재테크만으로 50세에 1000만 위안을 만들려면 어떻게 해야 할까? 연 수익률이 12%라고 가정하면, 72법칙에 따라 6년마다 원금이 2배가 된다. 그렇다면 50세에 1000만 위안이 있으려면 44세에 500만 위안이라는 목표를 달성해야 하고, 38세에는 250만 위안, 32세에는 125만 위안, 26세에는 62.5만 위안이 있어야 한다. 그렇다면 20살에는 최초 원금이 31.25만 위안은 있어야 한다는 결론을 얻을 수 있다.

일반적으로 20살에는 대학을 다니고 있으므로 23살부터 돈을 번다고 가정하면, 26세까지 62.5만 위안을 마련하겠다는 목적으로 식업 계획, 지산 배분, 자기 자신에 대한 투자 등을 설계해야 한다. 그런 다음 이직을 해서 돈을 더 많이 벌거나, 개인 사업을 시작하거나, 수익률이 더 높은 재테크 상품을 구입하는 등의 방식으로 위 목표를 실현할 수 있다. 혹은 최종 목표 자체를 낮추어 50세에 500만 위안만 있어도 충분하다면, 같은 수익률로 투자한다고 가정했을 때 1000만 위안을 만들기까지 6년만 더 기다리면 된다.

그러므로 부에 관한 세 번째 진실은, **당신이 어떤 방식의 투자를 하든 원금은 반드시 있어야 하며, 일찍 마련할수록 좋다는 것이다.** 세상 모든 일에는 자본금이 필요하다. 내 돈 한 푼 안 들어갈 것 같아 보이는 일은 그냥 사기일 가능성이 높다. 그것은 경제의 규칙에 어긋나기 때문이다. 돈으로 돈을 불리기 위해서는 최초의 원금이 있어야 한다. 그 돈을 어디에 투자할 것이냐에 따라 다를 수 있지만, 어느 정도 규모를 갖추고 있어야 한다. 투자 원금이 1000위안이라면 수익률이 100%라 해도 2000위안이 될 뿐이다. 하지만 투자 원금이 1억 위안이라면 수익률이 3%여도 1년 만에 300만 위안이 더 생긴다. 원금이 2배가 되는 데는 총 24년이나 걸리지만, 매년 새로 생겨나는 자산 소득이 당신의 일상 지출보다 크기만 하다면 경제적 자유를 누리기에는 충분하다.

그러므로 소위 '눈덩이'를 굴리기 위해서는 적당히 큰 눈뭉치가 있어야 하고, 눈 덮인 길 위에서 길게 굴려야 한다. 자잘한 눈 알갱이를 굴려서 눈뭉치로 만들겠다는 망상은 버리는 것이 좋다. 눈 알갱이는 굴려봤자 계속 고만고만한 눈 알갱이일 뿐이거나, 자칫 굴리다가 녹아버리는 수가 있다. 혹은 큰 눈뭉치가 굴러왔을 때 옆으로 밀려 떨어져나갈 수도 있다.

다소 극단적인 예를 하나 들어보자. 지금 대다수 사람들이 1000위안에서 1억 위안 사이의 원금으로 투자를 하고 있을 것이다. 그런데 당신이 이제 막 돈을 벌기 시작하는 단계에 있다면, 그만큼의 돈을 벌어서 모으는 것이 수동적 소득을 통해 얻는 것보다 훨씬 쉽다. 똑같은 5000위안을 놓고도 일을 하면 한 달 만에 벌 수 있는 금액이지만 투자로 한 달 만에 그만큼 수익을 내기란 결코 쉽지 않다.

좀 더 간단한 방법이 있다면, 중국 1선 도시[베이징, 상하이, 광저우, 선전 등 대도시를 말한다] 중심가에 작은 주택을 매입해 매달 월세로 5000위안을 받는 것도 생각해볼 수 있다. 듣기에는 간단한 일 같지만, 그러려면 일단 주택을 매입해야 하고 최소한 계약금을 치를 수 있을 만큼의 현금은 모아야 한다. 따라서 부에 관한 네 번째 진실은 다음과 같다. **투자를 시작할 원금조차 부족하다면, 일단 일을 하면서 최대한 돈을 아끼고 모아가면서 원금을 키워야 한다는 것이다.** 72법칙은 이렇게 우리의 투자 목표를 분명하게 한정 지어 주기 때문에 맹목적 투자에 빠지지 않게 해주는 장점이 있다.

내가 만약 올해 23살인데 12년 뒤인 35살에 자산이 2배가 되어 있기를 바란다면, 72법칙으로 계산했을 때 연 수익률을 6% 이상 유지해야 한다는 결론이 나온다. 그렇다면 지나치게 높은 수익률을 좇으며 고위험을 떠안기보다 연 수익률 6% 전후의 재테크 상품을 골라 안정적인 투자를 하면 된다. 이렇게 자기만의 목표와 계획을 분명히 하면, 남들의 생각과 논리에 흔들릴 일이 없고 사기를 당할 가능성도 현저히 줄어든다. 아직 본격적으로 투자에 뛰어들기 힘든 젊은 세대가 자산을 배로 늘리기 위해 가장 좋은 방법은 지금 하고 있는 일을 잘하면서 최대한 돈을 모으는 것이다.

그런데 많은 사람들이 일은 하기 싫으니 대충 끝내놓고 시간과 에너지를 아껴 부업을 하는 게 낫지 않을까 생각하고 있다. 그런데 이것은 일의 의미를, 정확히 말하면 '안정적인 일'의 가치를 과소평가하고 있는 것이다. 어째서 본업을 제대로 하는 것이 다른 무엇보다 중요한가? 젊은 시기에는 '본업을 제대로 하는' 데 투자하는 것이야말로 가치 상승의 여지가 가장 크기 때문이다.

무엇보다 '안정적인 일'은 지속적인 현금 흐름을 제공해주기에 이를 기반으로 우리는 투자금을 마련할 수 있다. 물론 안정성만이 전부라고 할 수는 없다. 자신이 선택한 업계와 시장의 수요, 일에서의 성장 가능성, 자신의 선택과 노력도 중요하기 때문이다. 그럼에도 나 역시 안정형 투자자인 탓에, 안정성을 어느 정도 확보한 뒤에 위험이 낮은 범위 안에서 최대 수익을 얻어야 한다고 말하고 싶다. 리스크를 통제하는 가장 효율적인 방법은 '한 손으로는 현금 흐름을 장악하고, 다른 손으로는 투자의 눈덩이를 굴리는 것'이라고 요약할 수 있다.

그러므로 투자 수익률이 나쁘지 않다고 해서, 수동적 소득 수단을 한두 가지 더 늘렸다고 해서, 바로 일을 그만둬서는 안 된다. 안정적인 현금 흐름이 있다는 것은 미래의 위험에 대비하는 최고의 수단이다. 두 손에 든 것을 꽉 쥐고, 어느 하나도 놓지 마라. 한 손으로는 천천히 투자 원금을 모아나가고, 다른 손으로는 그 돈으로 투자의 눈덩이를 굴려나가야 한다.

그러므로 **부에 관한 다섯 번째 진실은 다음과 같다. '돈으로 돈을 불리는' 비결은 '돈으로 돈을 불린다'는 말 자체에 있다는 것.** '불린다'는 것은 구체적인 방법을 의미하고, '돈으로'에서 돈은 안정적인 현금 흐름을, '돈을'의 돈은 투자 수익률을 의미한다. 셋 중 하나라도 없으면 이 비결은 성립하지 않는다. '눈덩이'만 믿고 '현금 흐름'을 놓아버려서는 안 된다는 의미다. 회사에 꼭 출근하지 않더라도, 일 자체는 있어야 한다. 수동적 소득만 있으면 '누워서도 돈을 벌 것'이라고 생각했는가? 그렇게만 살다가는 폐인이 될 뿐이다. 돈으로 돈을 굴리는 큰 문에도 처음부터 들어설 수 없다. 돈으로 돈을 불리는 목적은 어디까지나 돈 버는 효율을 높이면서 안정성을 더하는 동시에 '더 많은 선택권'을 얻기 위해서이지, 말 그대로 수동적이 되어 끝없이 게을러지기 위한 것이 아님을 명심해야 한다.

2

게으른 사람을 위한 힘 안 드는 투자법

정기 정액 적립식 투자에 관한 모든 것

누구나 돈이 많기를 바라지만, '돈이 많다'는 게 무엇을 의미하는지에 대한 정의는 사람마다 다르다. 나는 '돈이 많다'는 것에 세 가지 차원이 있다고 생각한다. 하나는 쓸 돈이 있다는 것이고, 다른 하나는 쓰고도 남는 돈이 있다는 것이고, 마지막 하나는 돈으로 불릴 돈이 있다는 것이다. 젊을 때에는 주로 '쓸 돈' 위주로만 생각한다. 그런 돈이라면 일을 해서 얼마든지 벌 수 있다. 그런데 부에 대한 관념이 좀 더 성숙해지면 돈이 많다는 것은 곧 남는 돈, 즉 정기적으로 모을 돈이 있다는 것을 의미하게 된다. 하지만 돈을 모으기만 하는 데는 한계가 있기 때문에 좀 더 적극적인 재테크 노력을 추가할 필요가 있다. **재테크의 가장 기본적인 목표는 인플레이션을 따라잡아 추월하는 것이다. 그러므로 진정으로 돈이 많다는 것은,**

돈으로 불릴 돈이 있다는 것을 의미한다.

세상에 투자 방법은 많다. 투자 방법에 따라 리스크가 다르고 돌아오는 수익도 다르다. 그러나 정기 정액 적립식 투자Dollar Cost Averaging(DCA)만큼 젊은 사람과 게으른 사람 모두에게 적합한 투자법은 어디에도 없을 것이다. 젊은 사람에게 적합한 이유는 진입 문턱이 높지 않아 누구든지 바로 시작할 수 있기 때문이다. 당신에게 소득이 있기만 하다면, 소득의 일부를 정기적으로 투자하기만 하면 된다. 또한 분할 매수를 통한 코스트 에버리징Cost Averaging(평균 매입 단가를 낮추는 것) 전략을 취하더라도 위험이 낮기 때문에, 위험 높은 주식처럼 인생이 기로에 설 일 같은 건 걱정하지 않아도 된다. 한편, 게으른 사람에게 적합한 이유는 펀드를 잘 고른 뒤 어플에서 투자 주기와 투자 금액을 선택하고 그대로 실행하기만 하면 이후부터는 별다른 노력 없이 수익을 기다리기만 하면 되기 때문이다.

밤낮으로 일하기 바쁜 직장인에게는 이 방식만큼이나 쉬운 것이 없다. 혹 이보다 수익률 높은 다른 방법이 있다 해도 엄청난 시간과 노력을 투입해야 한다면, 그것이 또 다른 직장 생활과 다를 바가 무엇이 있겠는가? 그런 식의 투자라면 '돈이 당신을 위해 일하게 한다'는 의도에도 부합하지 않는다.

그러므로 노력도 시간도 아끼면서 수익도 안정적인 투자법을 배우고 싶다면, 이 장을 꼭 정독하기를 바란다. 아래는 내가 수강생들에게서 가장 많이 받은 질문을 중심으로, 정기 정액 적립식 펀드 투자에서 특히 중요한 핵심을 모아 문답 형식으로 정리한 것이다.

주식과 펀드는 어떻게 다르죠?
둘의 가장 큰 차이점이 뭔가요?

주식과 펀드의 가장 큰 차이는 다음 네 가지다.

1. 관리 주체가 다르다: 펀드는 펀드 회사에서 관리하고, 주식은 개인 투자자가 관리한다.

2. 위험도가 다르다: 주식 가격은 하루에도 10%까지 출렁이지만, 펀드는 포트폴리오 구성으로 위험을 분산하는 방식으로 위험을 낮춘다. 펀드 순이익의 일일 변동폭 역시 3% 이내로, 주식에 비해 위험이 현저히 낮다.

3. 가격을 결정하는 요소가 다르다: 주식 가격은 기업의 경영 상황, 신뢰도, 배당 정책 등에 따라 결정되지만 펀드 가격은 여러 종목의 주식 가격 추세에 따라 결정된다.

4. 수익률이 다르다: 주식은 위험도 펀드보다 높지만, 수익률도 펀드보다 높다. 물론 주식의 손실 가능성도 펀드보다 높다.

간단히 말해서, 펀드는 펀드 회사의 펀드 매니저가 투자자 대신 투자자의 돈으로 주식 포트폴리오를 구성하여 투자하는 방식, 즉 당신의 돈으로 여러 종목의 주식을 조금씩 사는 방식이다. 이렇게 하면 단일 주식을 통째로 매수할 때보다 위험을 크게 낮출 수 있다. 즉 펀드 투자도 주식 투자의 한 방식이다.

펀드의 종류는 어떻게 나뉘나요?

수익률이 낮은 것에서부터 높은 순서로 머니 마켓 펀드(MMF), 채권형 펀드, 주식형 펀드, 기타 펀드 등이 있다.

머니 마켓 펀드는 현금이나 현금성 자산 등 금리와 유동성이 높은 단기 금융 상품에 투자하는 펀드로, 중국에서는 위어바오[알리페이의 잔액 일부로 투자하여 이자를 지급받는 형태의 MMF 상품]가 대표적이다. 수익률은 연 2~3% 정도.

채권형 펀드는 국고채, 회사채, 기업어음(CP) 등 이자를 받을 수 있는 채권에 주로 투자하는 펀드로, 연 수익률은 5~7% 정도다.

주식형 펀드는 자산의 60% 이상을 주식에 투자하는 펀드로, 연 수익률은 8~10% 정도다.

기타 펀드는 원유나 금, 부동산 등에 투자하는 펀드다.

펀드 외에 연 수익률 3.5~5%인 것으로는 은행의 정기 재테크 상품이 있다. 은행의 정기 재테크 상품이 펀드와 다른 점은 펀드의 연 수익률이 예상 수익이라면, 은행의 정기 재테크 상품의 수익률은 확실하게 정해진 수익률이라는 점이다.

정기 정액 적립식 투자를 하기 전에는 어떤 준비를 해두어야 하나요?

첫째, 마음의 준비를 해두어야 한다. **정기 정액 적립식 투자는 단거리 경주가 아닌 마라톤이다. 투자를 장기간 지속할 수 있어야 수익을 얻을 수 있다.** 일반적으로 1~3년은 투자를 지속해야 유의미한 수익을 거둘 수 있다. 둘째, 투자 금액을 준비해야 한다. 정기 정액 적립식 투자에서 최대 적은 일찍 장을 떠나버리는 것이다. 그러므로 자신의 투자 주기와 투자 금액을 고려하여, 최소 2년 내에는 쓸 일이 없는 현금을 준비해두어야 한다. 현재 자신의 직업이 안정적이라면 월급의 10% 정도를 정기 정액 적립식으로 투자하는 것이 좋다.

재테크를 시작하려고 하는데, 투자 계획을 어떻게 세워야 할까요?

재테크나 투자를 시작하기 위해서는 먼저 '자산 배분'을 할 줄 알아야 한다. 자산 배분의 핵심은 현재 자신의 상황과 능력에 맞추어 투자를 진행하고 위험을 분산하는 것이다. 중국에는 "금강석 송곳이 없다면 함부로 자기瓷器 수리를 맡아서는 안 된다"는 옛말이 있다. 능력이 없는 상태에서 함부로 일을 맡으면 안 된다는 의미다. 이때

금 이렇게 묻는 친구들이 있다.

"선생님, 재테크는 어떻게 해야 돼요?"

그럼 나는 이렇게 대답한다.

"그건 네가 돈(원금)이 얼마나 있느냐에 따라 다르지."

원금의 크기에 따라 투자 전략도 달라진다. 10만 위안이나 100만 위안이 있을 때와 1000만 위안이 있을 때의 재테크 방식은 다를 수밖에 없다. 위험에 대한 대응 능력이 다르기 때문이다. 일반적으로 원금의 규모가 클수록 위험에 대한 대응 능력도 커진다.

위험을 분산한다는 것은 "모든 계란을 한 바구니에 담지 말라"는 격언으로도 유명하다. 재테크에서 '바구니'는 공간과 시간, 두 가지 차원에서 의미가 있다. 공간적 차원에서는 돈이 얼마가 있든 어느 한 가지에만 투자해서는 안 된다는 의미다. 일부는 은행의 재테크 상품이나 머니 마켓 펀드, 채권형 펀드, 인덱스(지수) 펀드, 부동산 등에도 조금씩 투자해놓아야 한다. 시간적 차원에서는 정기 정액 적립식 투자 방식을 의미한다. 정기적으로 정액의 투자 상품을 매수하는 방식은 충분히 긴 시간 속에서 평균 매입 단가를 낮추는 효과가 있다. 요컨대 한 번에 큰 금액을 투자하는 것보다 적은 금액을 정기적으로 여러 번 투자할 때 긴 시간 속에서 위험을 충분히 분산할 수 있다.

원금 규모가 재테크에 미치는 영향은 어떻게 다르죠?

원금 규모에 따라 투자의 우선순위가 달라질 수 있다. 비결은 '안정 속에서 변화를 추구'하는 것이다. 원금이 충분치 않다면 일단은 '안정'을 추구하는 것이 좋고, 원금이 충분히 늘어난 뒤에는 좀 더 높은 수익률을 추구하는 것이 좋다. 현재 자신의 소득이 높고 원금의 규모도 크다면, 아래 순위대로 투자금을 준비해보자.

1순위 요지부동 자금은 언제든 꺼내 쓸 수 있는 응급 자금으로 준비.

2순위 단 한 번의 큰일로 이전까지 쌓아온 부를 날려버리는 일이 없도록 자신과 가족들을 위해 반드시 들어야 할 보험용 자금.

3순위 주택 구입이나 생활에 필요한 지출 등으로 3년 내에 쓸 수도 있는 돈.

4순위 매년 수입의 약 10% 정도는 자신의 가치를 높이는 데 투자.

5순위 4순위까지 해결하고도 남는 돈이 있다면 펀드 등의 장기 투자를 진행한다.

아직은 수입이 충분치 않아 저축이 1~2만 위안(약 180~360만 원)에 불과하다면, 아래 우선순위를 참고해보자.

일상생활에 언제든 써야 할 돈은 머니 마켓 펀드에 둔다.

한 달 안에 쓸 수도 있는 돈은 자산 관리 계좌(CMA)에 넣어놓자. 위어바오보다 수익률이 높다.

3개월 안에 쓸 수도 있는 돈은 채권형 펀드에 투자한다. 단기 자금으로 전환사채(CB)[추후에 발행 회사의 주식으로 전환될 수 있는 권리가 부여된 채권]나 신주인수권부 사채(BW)* 매입에 참여하면 12% 이상의 수익을 얻을 수 있다.

1~2년 안에 쓸 수도 있는 돈으로는 주식형 펀드에 정기 정액 적립식으로 투자한다. 장기적으로 위험이 낮으면서도 수익은 배가 될 수 있다.

정기 정액 적립식 투자 펀드는 어떻게 선택해야 하나요?

1. 시중의 가장 유명한 4대 투자사 사이트를 참고한다.

2. 중국에서라면 알리페이 재테크의 '지수 신호등' 기능을 이용해서 저평가되어 있는 펀드를 찾는다. 저평가되어 있다는 것은 매수하기에 적합하다는 의미다.

* [옮긴이주] 정해진 조건에 따라 발행 회사의 주식을 매입할 수 있는 권리가 부여된 사채. 채권 형태 그대로 존재하면서도 새로 발행된 주식을 할인된 가격에 매입할 수 있다.

3. 투자를 하고 싶은데 뭘 해야 할지 모르겠다면, 채권형 펀드를 선택한다. 채권형 펀드는 주로 국채, 회사채, 지방채 등에 투자하기 때문에 안정적이고 수익률도 6% 전후로 나쁘지 않다.

4. 대부분의 펀드 어플에는 적립 시기와 금액을 선택할 수 있는 기능이 있다. 자신이 원하는 시기와 금액을 선택하면, 그 시기에 해당 금액이 자동 이체되어 펀드에 적립된다. 이제부터, 돈으로 돈을 불리기 시작하는 것이다.

그렇다면 어떤 펀드를 선택하는 게 좋을까요?

투자 유형에 관해서라면 경험이 부족할수록 큰 추세를 따르면 된다. 큰 추세란 무엇일까? 당장의 큰 수요가 가장 큰 추세다. 하나는 의, 식, 주, 여행이고, 다른 하나는 음료, 술, 외식, 제약이다. 소비주의 주가가 크게 오르면 관련 테마 펀드의 순수익도 크게 상승한다. 2020년 8월을 예로 들면, 중국의 식품업계, 음료업계, 백주白酒 등의 소비주 테마 펀드는 전체 테마 펀드 가운데 수익률에서 최상위를 차지했다. 소비주 테마 혼합형 펀드*의 경우는 이 한 달간의 순수익이 10%를 상회했다. 중국의 여러 소비주 테마 혼합형 펀드에

* [옮긴이주] 위험을 낮추고 수익은 높이기 위해 투자 자산의 일부는 주식에, 일부는 채권에 투자하는 형태의 펀드.

서 주로 투자한 주식은 귀주모태, 오량액[곡물로 빚은 중국술], 조우헤이야[오리고기 조림], 챠챠식품, 이리실업 등으로 모두 중국인의 일상생활과 뗄 수 없는 종목들이었다.

그런데 우리의 일상생활과 관련해서 한 가지 유념해야 할 사실이 있다. 언제부턴가 도로 위에서 그린카[친환경 자동차]가 많이 보이기 시작했다면 신에너지가 많이 쓰이고 있음을 알 수 있고, 집에 머무는 시간이 늘다 보면 가전제품 특히 소형 가전이 큰 인기를 끌고 있다는 것도 발견하게 된다. 그런데 자신의 일상에서 이러한 '점'들을 발견했다면, 이 '점들을 모아 선으로' 이어나갈 수도 있어야 한다. 그래야 정확한 결론을 얻고 올바른 결정을 내릴 수 있기 때문이다. 다른 많은 사람들처럼 눈앞의 현상을 그저 바라보기만 하다가 지나쳐버려서는 안 된다.

투자에서 정말로 큰돈을 벌고 싶다면, 기회는 언제나 눈앞에 있다는 것을 잊지 말아야 한다. 눈에 보이는 것을 지나치지 않을 수만 있어도 우리는 매일매일 '돈을 건져 올릴' 수 있다. 부자가 된 모든 사람은 일상생활에 집중했던 이들이다. 투자의 고수들은 모두 생활의 예술가다. 예술가의 가장 큰 특징은 섬세하게 관찰할 줄 안다는 것이다.

정기 정액 적립식 펀드 투자는 언제 들어가야 하나요?

정기 정액 적립식 투자는 시간에 크게 민감하지 않으므로 언제 들어가든 상관없다. 정말이다. 언제 시작하느냐는 정기 정액 적립식 투자에서 크게 중요한 변수가 아니다. 대다수 펀드 투자자들이 손실을 입는 이유는 주변 사람들이 돈 버는 것을 보고 나서야 그때 따라 들어가는 식이기 때문이다. 이런 식으로 들어가면 가장 높은 단가에 매입한 셈이 되어 결국 그보다 낮은 가격에 팔고 나오게 된다. 하지만 정기 정액 적립 방식은 시간이 흐를수록 진입 시점의 부정적 영향을 낮추어준다. 하락하고 있는 시점에 들어가더라도 나중에는 수익을 얻어서 나올 수 있다. 수익을 최대화하고 싶다면, 베어마켓bear market[주가가 하락하는 약세장]에 들어가는 것이 적기다. 매입 가격이 충분히 낮아진 상태에서 앞으로 길게 적립해나가면 평균 매입 단가를 낮게 유지할 수 있기 때문이다. 하지만 이런 발상은 펀드에는 적합하지만 주식에는 적합하지 않다. 펀드의 수익률은 오르락내리락하면서도 장기적으로 우상향하지만, 주식은 반드시 그렇지는 않기 때문이다. 개별 주식은 내리 하락만 하다가 그대로 상장 폐지되어버리는 경우도 있다.

정기 정액 적립식 투자의 주기는 매일, 매주, 매달 가운데 어떤 게 좋을까요?

내 개인적인 경험과 실제 투자 데이터를 보았을 때 적립 주기가 매일이냐, 매주냐, 매달이냐는 최종 수익과 큰 상관이 없다. 다시 한번 강조하지만, 정기 정액 적립식 투자는 장기 마라톤이어서 연 단위로 지속되기 때문에 매일, 매주, 매월의 투자 수익에 큰 차이가 없다. 적립 빈도보다 중요한 것은 적립식 투자 습관을 지속하는 것이다. 그러므로 모든 것이 '자기 자신'으로부터 시작되어야 한다. 자신의 심리적 감당 능력과 위험 저항 능력 등을 제대로 알고 자신에게 적합한 투자 금액과 주기를 선택해야 한다. 그래야만 적립식 투자 습관을 지속해나갈 수 있기 때문이다.

정기 정액 적립식 투자의 수익 목표는 어떻게 정하는 게 좋은가요?

내 생각에는 8~10% 정도가 적절해 보인다. 이 정도를 보수적인 '익절선'으로 삼는 것도 좋다. 그게 가능하냐 싶을 수도 있겠지만, 펀드 투자에서 8~10%라는 평균 수익률은 장기적으로 전혀 어려운 것이 아니다. 지난 2018년에 발표된 〈공모 펀드 성립 20주년 보고서〉에 따르면, 이전 19년간 주식형 펀드의 연간 보유 수익률(보유 기간 자산이 창출한 수익률을 연 수익률로 환산한 값)은 16.18%였다.

이 보고서의 통계는, 투자자가 어떤 시점에서든 주식형 펀드를 매입한 뒤 반년간 보유하면 플러스 수익을 얻을 확률이 60.53%, 1년간 보유하면 플러스 수익을 얻을 확률이 68.87%, 2~3년간 보유하면 플러스 수익을 얻을 확률이 75.51~77.79%로 높아진다는 것을 의미한다. 주식형 펀드는 보유 기간이 길어질수록 플러스 수익을 얻을 확률도 높아지는 것이다.

또한 이 보고서에 따르면, 위험이 낮은 채권형 펀드를 2년간 보유하면 거의 모두 플러스 수익을 얻을 수 있다고 말한다. 이 보고서의 통계 데이터에 따르면, 채권형 펀드의 경우 플러스 수익을 얻을 확률은 보유 기간에 따라 반년이면 82.35%, 1년이면 88.44%, 2년 이상이면 100%라고 한다. 펀드의 연간 수익률로 보았을 때, 보유 기간의 구간에 따라 조금씩 다를 수는 있지만, 기대수익률은 7.89%~8.26%로 비교적 안정적으로 연 8% 수익률을 얻을 수 있다.

내가 보유한 펀드의 연간 수익률은 평균 38%였다. 100만 위안을 투자했다면 38만 위안이 수익으로 돌아온 셈이다. 이 정도 수익률은 굉장히 높아 보일 수도 있고 세상에서 가장 높은 건 아니라고도 할 수 있지만, 적은 시간을 들여 얻은 수익인 것만은 확실하다.

물론 무턱대고 장기 보유만 하려 들었다가는 손실을 입을 가능성도 엄연히 존재한다. 그러나 보유 기간이 늘어남에 따라 손실을 입을 확률은 계속해서 낮아진다. 펀드는 장기간 보유하면 높은 확률로 큰 수익을 얻을 수 있다.

정기 정액 적립식 펀드 투자로는 어떻게 하면 수익을 최대화할 수 있나요?

익절이 손절보다 훨씬 중요하다는 것을 절대 잊으면 안 된다. 정기 정액 적립식 투자의 정수가 무엇인지 알았다면, 정기 정액 적립식 투자에는 손실이 없다는 것도 알았을 것이다. 중간중간의 일시적 하락은 평균 매입 단가를 낮출 수 있는 기회가 되고, 현재의 손실은 곧 미래의 수익으로 돌아온다. 그러므로 일시적 등락만 보지 말고, 자신이 장기적으로 얼마까지 벌고 싶은지 구체적으로 정해두는 것이 좋다. 초보자에게 가장 좋은 방법은 목표 수익에 도달하면 익절하는 것이다. 진입하기 전에 기대 수익률을 설정한다든가, 연간 보유 수익률이 20%가 되면 혹은 수익이 원금의 2배가 되면 매도하겠다는 식으로 자기만의 '익절선'을 정하는 것이다.

그 밖에도, 수익을 최대화하기 위해서는 다음 세 가지 사실을 유념할 필요가 있다.

1. 일시적 등락에 마음 쓰지 말고, 그냥 가만히 있어라.

2. 수익이 조금 나자마자 팔고 싶어지는 충동을 억눌러라. 그보다는 더 길게 수익을 가져가야 한다.

3. 익절은 모든 자산을 한꺼번에 매도하는 방식이 아니다. 매입할 때처럼 매도하면 된다. 원금을 10으로 나누어 하나씩 투입하는 식이었다면, 같은 방식으로 매도하면서 나오는 것이다.

손해를 봤다면 어떻게 해야 하나요?

어떤 투자도 위험이 없을 수는 없다. 공부를 통해 투자 전략을 개선해나가는 동시에, 손실을 입었다고 바로 투자를 그만둬버려서는 안 된다. 때로는 수업료를 지불해가며 배워야 하는 경우도 있는 법이다. 당신의 투자는 손실이라는 혹독한 수업료를 치른 덕에 더욱 발전할 수도 있다. 하지만 손실을 입느냐 마느냐가 가장 중요한 문제는 아니다. 중요한 것은 최대한 일찍 시작하는 것이다. 손실을 입을 거라면 최대한 일찍 입어보는 것이 낫다. 초반에 투자금이 많지 않을 때는 손실을 입어도 그리 큰 금액이 아니기 때문이다. 오히려 잃은 것 이상을 만회해보면서 더 값진 경험을 하게 될 수도 있다. 수업료는 차라리 이렇게 치르는 게 가장 싸다. 지금 수중에 100위안밖에 없다 해도 그 상태에서 바로 시작해보라. 그렇게 해서 당신은 진정한 돈의 세계에 들어서게 될 것이다.

재테크 초보자들은 요즘 유행하는 보드게임인 캐시플로cash flow에 열중하기도 한다. 금융 지수와 금전적 의사 결정력을 높이기 위해서라고 하지만, 효과는 미미한 편이다. 왜일까? 진짜 돈으로 하는 게임이 아니기 때문이다. 이 게임에서 쓰는 돈은 가상의 종이돈이지만, 현실 세계의 돈은 진짜 금과 은이다. 게임에서와 현실에서의 의사 결정 행위는 근본적으로 다를 수밖에 없다. 같은 이유로, 게임을 하면서 습득한 의사 결정 논리가 현실에서 쓸모 있기도 어렵다. 게임에서라면 가상의 돈을 태우면서 억만금을 벌게 해 달라고 조상님에게 기도할 수 있을지도 모른다. 하지만 현실에서도 그럴까? 당장 자신의 지폐 한두 장이 타들어가는 것만 봐도 가슴이 찢어져서 견딜 수 없을 것이다. 그러므로 책을 아무리 많이 읽었어도, 남들의 투자·거래를 수없이 지켜보았어도, 자기 돈으로 한 번 거래한 것만큼 효과를 얻기는 어렵다.

게임이야 얼마든지 즐길 수 있다. 그러나 너무 심취하지는 마라. 게임 속에서 가상의 돈으로 승자가 되는 데에만 도취돼 있다 보면, 현실에서는 패잔병이 되어 있을 가능성이 높기 때문이다.

그 밖에 더 주의할 점이 있나요?

당신은 좀처럼 마음이 놓이지 않아 시시때때로 어플을 켜고 시세를 들여다보게 될지도 모른다. 그러나 한시적인 시세 등락은, 심지어 폭등하거나 폭락해도 그렇게까지 중요하지 않다는 사실을 명심하라. 우리가 달려가야 할 길은 아주 길고, 그 길 끝에는 반드시 승리가 있다. 혹 단기적으로 당신의 펀드가 고점에서 꽤 크게 하락했다면, 그때가 추가 매수의 적기라는 것도 잊지 마라. 당신의 선택에 대해 충분한 믿음만 있다면, 시세가 상승할 때는 마음을 잘 가라앉히고 시세가 하락할 때는 다시 추가 매수하라. 시세가 하락하면 같은 돈으로 더 많이 살 수 있기 때문에 앞에서 이야기한 '코스트 에버리징' 효과가 있다. 커다란 부의 성취를 이룬 사람들은 모두 자신의 본능을 억제하고 그 반대로 행동할 줄 알았던 사람들이다. 하락을 견디다 못해 모두가 장을 떠날 때, 본질을 꿰뚫어보는 소수의 사람만이 용감하게 다시 장으로 들어간다. 표면적으로 보면 용기이나, 본질적으로는 시장에 대한 이해인 것이다.

정기 정액 적립식 펀드 투자는 평범한 보통 사람들이 부의 반전을 이뤄낼 수 있는 습관일 뿐 아니라 인생에 새로운 장을 열게 하는 중요한 사고방식이기도 하다. 우리는 돈을 정기적으로 투자해서 장기적인 수익을 얻을 수도 있지만 다른 영역에서도 얼마든지 정기적인 투자를 병행할 수 있다. 매일 5000위안을 벌겠다든가, 매일 5000자의 글을 쓰겠다든가, 매일 5000보씩 걷기로 할 수 있는 것이다. 이러한 습관이 길게 쌓이고 나면 당신 삶은 지금과는 완전히 다른 모습일 것이다.

3

돈의 저수지를 마련하라

레버리지를 이용,
생애 최초 주택을 두 채 구입한다

나는 그동안 많은 청년들과 주택 구입에 대한 이야기를 나누어보았다. 그런데 그들 대부분이 주택 구입에 대해 부정적이거나 위화감을 가지고 있었다. 집 한 채 값이 적게는 수십만 위안에서 많게는 수천만 위안까지 하는데 어떻게 사느냐, 난 포기했다는 식이었다. 그런데 그들이 이렇게 생각하고 있는 이유는 사실 주택 구입에 대한 정확한 인식이 결여되어 있어서다. 누구라도 집값이 오른 결과만 보면 '나는 못 사겠다'는 생각이 들 수도 있다.

이렇게만 생각하는 이들은 집을 사는 사람들이 집을 왜 사는지, 그리고 어떻게 사는지 제대로 연구해본 적이 없을 것이다. 그들은 집도 다른 물건을 살 때처럼 표시된 가격만큼의 돈을 준비해서 단 번에 사는 거라고 생각한다. 정말로 그래야 한다면, 이 세상 절대다수는 평생 집이라는 걸 살 수 없는 게 맞을 것이다. 바로 이런 오해 때문에 많은 젊은이들이 집을 사는 건 내 일이 아니라고, 내 형편은 왜 남들 같지 않냐며 절망한다. 이들은 '내 또래의 다른 사람들은 집 살 돈이 있는데 나는 없어서 못 사고 있다'거나, '내 월급으로는 평생 모아도 집을 못 사겠다'고만 생각한다.

한편 '나는 아직 젊으니까 집 사는 건 당장 급하지 않아!'라고 생각하는 사람도 있다. 그러나 당장 급하지 않은 문제가 나중에 가서는 때를 놓친 문제가 되어버릴 수도 있다. 젊을 때 비싸서 살 수 없었던 것은 나이 들어서도 비싸서 살 수 없기는 마찬가지다. 하지만 당신이 아직 젊다면, 준비와 계획을 통해 반전을 노려볼 기회가 있다. 생애 최초의 주택을 마련할 때는 무엇을 해야 할까?

가장 먼저 해야 할 것: 현장 답사

2019년, 상하이에 있는 종수각 서점에서 내 친구이기도 한 양샤오미를 사회자로 초청하여 사인회 겸 북토크를 연 적이 있다. 이 자리에서 한 청년 독자가 이런 질문을 했다.

"저는 상하이에서 대학을 졸업하고 현재 영어 강사로 일하고 있습니다. 한 달에 1만 위안(약 180만 원) 정도 벌고 있고요. 저 같은 평범한 사람에게 상하이 집값은 너무 높은데, 저 같은 사람도 집을 살 수 있을까요?"

청년은 질문을 마치고도 다시 일어나 덧붙였다.

"나중에 사면 되지, 라고 생각해봐도 나중이나 지금이나 마찬가지일 것 같아서 너무 답답합니다."

그러자 진행자 샤오미도 자신의 경험을 털어놓았다.

"참, 어딜 가나 마찬가지죠? 저도 상하이에서 사회생활을 시작하면서 '집을 사야지' 생각도 하고 계획도 세워봤지만, 일이 바빠 집 보러 다닐 시간도 내기가 어렵더군요. 그런데 한 2년간 남편과 함께 집을 200채 정도 보러 다니다 보니 위치는 어디가 좋고 집은 어떤 집이 좋은지, 일가족이 살려면 평수는 어느 정도여야 하는지 감이 조금 오더라고요. 진짜 주택 마련 계획은 그때부터 세울 수 있었어요. 점찍어둔 집을 사려면 돈이 얼마나 필요할까, 몇 년에 걸쳐 모은 뒤 얼마를 대출받아야 할까, 그만큼의 돈을 모으려면 뭘 어떻게 해야 할까, 생각해보기 시작했죠. 그리고 예상치 못한 변수도 고려해봐야 돼요. 사려고 했던 집이 내가 사기 전에 팔려버리는 경우도 있을 수 있으니 제2, 제3의 선택지도 마련해두는 게 좋아요."

샤오미의 말을 듣다 보니 내가 처음으로 집을 사던 때가 떠올랐다. 나 역시 그때는 수백 채의 집을 보러 다니느라 발에 물집을 달고 살았다. 당시의 나는 샤오미만큼 부지런하지 못했지만, 마음에 드는 지역에 있는 거의 모든 부동산 중개소에 들렀다. 그렇게 여러 중개사와 대화를 나누다 보면 부동산 계약 이면의 여러 정황이라든지 구체적인 거래 팁 등을 알 수 있었다. 처음으로 주택 매입 계획을 세우고 최종 거래일까지는 2년 가까이 소요되었다. 결론적으로 말하자면 나는 원했던 집을 매입할 수 있었을 뿐 아니라 그 과정에서 돈도 많이 아낄 수 있었다.

내가 하고 싶은 말은, 부동산 강의를 듣거나 정보를 나누거나 이론을 떠들어대는 것보다 자기 발로 현장을 밟아보는 것이 다른 무엇보다 중요하다는 것이다. 해당 주택은 물론 그 주변 지역의 상세한 사정은 직접 가서 내 눈으로 봐야만 알 수 있다. 주택 구입은 생애 최초로 큰돈을 지출하는 일이므로 필요한 정보를 모두 취합해 진지하게 고려한 뒤 최종 결정을 내려야 한다. 설령 그것이 최고의 결정은 아니었다 해도, 정보를 제대로 모으고 심사숙고한 뒤에 내린 결정이었다면, 적어도 나중에 가서 크게 후회할 만한 나쁜 결정은 아니다. '생각'은 어디까지나 생각일 뿐이고 '행동'은 완전히 새로운 차원의 일이다. 행동을 해야 비로소 답이 나온다. 100가지 문제를 생각하고 있을 시간에, 한 가지 문제를 확실히 해결하는 행동을 하는 편이 낫다. 그 하나하나의 행동을 통해 문제는 점점 줄어들 것이다.

세계를 제대로 본 적이 없으면 세계관도 형성될 수 없다. **실제 현장을 밟아보지 않고, 구체적인 정보와 데이터를 수집해보지 않고, 자신의 머리로 직접 고민해보지 않고서는 아무것도 해결되지 않는다.** 그다음에 이어질 인식의 변화와 실제적인 준비 역시 시작할 수 없다.

빌리는 돈도 내가 버는 돈이다

결론부터 말하면, **집을 사는 데 있어 가장 중요한 것은 집은 현금으로 사는 것이 아니라 레버리지로 사는 것이라는 인식이다.** 레버리지란 무엇인가? 외부 힘을 빌리는 것이다. 집을 살 때는 거의 모든 사람이 돈을 빌린다. 집을 살 때 당장 마련해야 하는 현금은 계약금 정도이고, 나머지는 천천히 갚아나가면 된다.

계약금은 집을 구입할 때 가장 처음으로 지불하는 목돈이다. 중국에서는 보통 전체 주택 가격의 30%까지도 해당하는 금액이다. 중국에서는 이 돈을 제외한 대출 금액이 크게 두 종류 존재한다.

① 주택적립금*을 이용하는 경우, 생애 최초이면서 전용 면적 90m² 이하인 주택을 구입하거나 중국 정부에서 지원하는 사회보장 주택을 구입하는 경우, 주택 가격의 80%까지 대출받을 수 있다. 생애 최초이면서 전용 면적 90m² 이상인 주택을 구입할 때는 주택 가격의 70%까지 대출받을 수 있다. 단, 주택적립금을 12개월 이상 불입했어야 하고, 대출받을 때에도 적립금을 불입 중이어야 한다.

② 은행의 상업 대출을 이용하는 경우, 가장 높은 대출 금액 비

* [옮긴이주] 직장인의 주택 마련을 돕기 위한 공적 기금으로, 직장을 통한 가입과 개인 가입 두 종류가 있으며, 가입 후 퇴직 등의 사유가 발생하지 않는 한 임의로 탈퇴할 수 없다.

율이 주택 가격의 70% 선이다. 그런데 은행의 상업 대출로 생애 두 번째 주택을 매수하는 경우에는 대출 금액이 주택 가격의 40%를 넘을 수 없고, 대출 금리도 기준 금리의 1.1배를 적용받는다(정책이 바뀔 가능성도 있다).

즉, 생애 최초 주택이라면 주택 가격의 20~30%에 해당하는 현금만 준비하면 되고, 나머지는 은행에서 대신 납부해준다. 이렇게 하면 주택을 70~80% 할인된 가격에 사는 것과 비슷해지는 효과가 있으므로 집을 사는 것도 그렇게까지 어렵게만 느껴지지 않을 것이다.

'은행에서 대출을 받으면 이자를 지불해야 하므로 더 비싸게 사는 것 아닌가?'라고 생각하는 사람도 있을 수 있다. **주택 담보 대출은 일반인이 은행에서 가장 낮은 이자로 목돈을 빌릴 수 있는 거의 유일한 수단이다.** 은행이 아니면 다른 무슨 수로 그렇게 낮은 이자로, 30년이나 되는 오랜 기간 동안 돈을 빌릴 수 있을까? 30년이 어떤 시간인지 제대로 감도 잡히지 않을 것이다. 지금 이 책을 쓰고 있는 내가 이제까지 살아온 시간이 대략 30년 정도 된다. 여기서 30년쯤 더 지나면 나는 이미 늙어 있을 것이다. 그때까지 내가 계속 책을 쓰고 있다면, 그때쯤엔 더 이상 노트북이라는 걸 사용하지 않을 수도 있다. 은행은 당신이 이자를 갖다 바쳐야 하는 곳이 아니라, 가장 좋은 조건으로 당신에게 목돈을 빌려주는 곳임을 알아야 한다.

당신도 인플레이션이 무엇인지 안다면, 현재의 통화 가치와 미래의 통화 가치가 어떻게 달라지는지 안다면, 목돈을 오랜 기간에 걸쳐 빌릴 수 있다는 것이 어째서 수지맞는 계산이 되는지 알 수 있을 것이다. 당신이 은행에 납부하는 이자와 이율은 자산 배분과 포트폴리오 수익을 통해 상쇄하고도 남는다. 이렇게 따지면 주택을 비싸게 사는 것이 아니라 오히려 싸게 사는 것이 된다. 돈을 빌리는 기간이 길어질수록 지불해야 할 '이자의 총액'도 높아지지만, 대출 기간이 같다면 '원금균등분할상환'* 방식이 '원리금균등분할상환'[원금과 이자를 모두 합산하여 매달 같은 금액을 갚아나간다] 방식보다 지불해야 할 이자의 총액이 좀 더 적어진다.

그렇다면 '단기간에 원금균등분할상환 방식으로 갚는 게 가장 좋겠다'고 생각할 수도 있을 것이다. 단순히 지불해야 할 이자의 총액만 놓고 보면 그럴 수도 있다. 상환 기간 역시 10년을 택할 수도 있고, 5년을 택할 수도 있다. 그런데 그렇게만 따진다면 대출을 아예 안 받는 것이 가장 좋을 것이다. 단순히 지불해야 할 이자의 총액이 적다는 이유만으로 그것이 가장 좋은 대출인 것은 아니다. 더불어 자신이 감당 가능한 월 상환액이 얼마인지와 자신의 전체 투자의 수익률, 통화 가치의 절하 속도 등도 고려해야 한다.

* [옮긴이주] 원금은 매달 일정 금액 균등하게 상환하고, 이자는 원금의 잔액에만 적용되는 방식. 시간이 흐를수록 상환액이 줄어들긴 하지만, 매달 상환액이 일정치 않다는 단점이 있다.

'돈 없는 사람들이나 대출 받지, 돈 있는 사람들은 현금으로 살 것'이라고 생각하는 사람도 있다. 하지만 현실은 전혀 그렇지 않다. 돈 많은 사람들이야말로 레버리지를 적극 이용하여 집을 여러 채 구입한다. 어떤 사람에게 현금 500만 위안이 있다고 하자. 그 사람은 500만 위안짜리 집 한 채를 살 수도 있지만, 실제로는 그 500만 위안을 집 여러 채를 구입하는 계약금으로 분산해 쓴다.

하지만 당신은 그렇게까지 돈이 많아본 적이 없을 것이다. 그래서 돈 많은 사람들이 무슨 생각을 하는지도 근본적으로 알 수 없다. 돈 많은 사람들이 무슨 생각을 하는지 알지 못하기 때문에 당신은 아직 돈 많은 사람이 되지 못한 것이다.

집을 사면 인생의 가능성이 제한된다?

한번은 한 수강생이 내게 이렇게 말한 적이 있다.

"너무 일찍 집 사버리면 뭐 해요? 집은 나중에도 살 수 있는 거잖아요. 있는 돈 없는 돈 다 끌어모아 집부터 사버리면, 저 자신을 발전시키는 데 투자할 돈이 없어요."

일리 있는 말이다. 하지만 잘 생각해보라. 자기 자신을 발전시키는 데에는 일정 정도의 돈이면 충분하다. 목돈씩이나 필요하지는 않다. 집을 사는 것으로 인해 생긴다는 그 '제한'은 사실상 자신의 머릿속에 있는 부정적 가설이 아닌가?

"선생님, 워런 버핏도 젊을 때 바로 집을 사지는 않았잖아요. 버핏은 그 돈을 주식에 투자해서 거부가 됐다고요!"

"워런 버핏이 성공한 건 젊을 때 집을 안 사서가 아니라, 그냥 그 사람이 워런 버핏이었기 때문이야!"

사실 이 친구의 말도 틀린 것은 아니다. 다만 귀인歸因의 오류가 있을 뿐이다. 이 친구는 '난 집을 사지 않고 더 큰 성공을 거둘 거야'라는 믿음에 부합하는 행동에만 선택적으로 끌리고 있거나, 자신도 집을 사지 않으면 워런 버핏처럼 될 수 있다는 식의 이상한 믿음을 품고 있는지도 모른다. 그러나 착각하지 말자. 우리 모두는 지극히 평범한 사람들이다. 우리가 추구하는 발전은 '다음 워런 버핏' 같은 허황된 꿈이 아니라, 평범하지만 조금씩 비범해지는 것이다. 이런 목표는 전혀 실현 불가능하지 않으며 사실 매우 쉽다.

다달이 원리금을 갚는 게 너무 힘들다고 투덜거리는 친구도 있었다. 매달 원리금을 갚을 돈으로 자기 자신에게 투자하면 미래에 더 많은 돈을 벌 수 있지 않겠냐는 것이었다. 하지만 그것은 실상 그런 식으로 자기 자신을 위로하며, 덜 중요한 문제에 적극적으로 매달리면서 가장 중요한 문제로부터 도피하는 것이 아닌가. 나는 이미 집을 구입한 많은 20~30대 젊은이들과 인터뷰를 해보았다. 그런데 그들은 대체로 "매달 원리금을 갚아야 하니 돈을 함부로 쓰지 않게 되고, 더 열심히 벌어야겠다고 마음먹게 되더라"고 말했다. 내 집이 있다는 든든한 안정감에 더욱 전진할 동력을 얻게 되었다고도 했다.

대출을 받아 집을 사는 것이 최종적으로 당신 삶의 가능성에 보탬이 될지 제한이 될지 나로서는 알 수 없다. 각자의 사정이야 다 다를 것이다. 다만 한 가지 확실하게 말할 수 있는 것은 대출을 받아 집을 사는 것이 당신의 재정적 가능성에는 분명 보탬이 되어줄 거라는 사실이다. 너무 서둘러 집을 사지 말라고 권하는 사람들은 재무 지식이 부족하거나 재무 의식이 부족한 사람일 가능성이 높다. 그런 게 아니라면, 수상한 목적이 있을 수 있으니 경계하는 것이 좋다.

새로운 인식이 한 가지 더 필요하다. 부동산에서 가장 중요한 것은 '금융 속성'이라는 것이다. 그렇지 않다면 어째서 중국에서는 출국 여권을 만들 때 방산증房産證[한국의 주택등기부등본에 해당하는 부동산 권리 증명]을 제출해야 하는 걸까? 어째서 부동산은 가장 우량한 담보물일까? 어째서 재산이 많은 사람들은 대도시의 우량 부동산으로 위험을 회피할까? 최근 들어 유행하고 있는 '집은 사는living 곳이다'라는 슬로건은 주택의 '거주 속성'을 강조한 말이다. 그러나 이 말조차 부동산에 금융 속성이 없다는 의미는 아니다. 우리가 의식하지 못할 수도 있지만, 정책과 현실 사이에는 언제나 일말의 괴리가 존재하는 법이다.

해외에서 유학 중이거나 타지에서 몇 년 일하다 고향으로 돌아갈 계획이라면 보통은 현지에서 주택을 임차하여 생활하는 것이 일반적이다. 이런 경우 더더욱 '이제까지 모은 돈으로 허름한 집이나 사느니, 그 돈으로 좀 더 여건 좋은 집에 세 들어 사는 게 낫다'고 생각할 수 있다. 그러나 이런 편견 때문에 또다시 주택 마련의 기회를 놓치기 쉽다. 당신이 부동산의 금융 속성을 이해했다면 분명 이보다 나은 선택을 내리기로 할 것이다. 만약 지금 가진 돈으로는 가장 좋은 집을 살 수 없다면, 지금 가진 돈으로 살 수 있는 집 가운데 가장 현금화하기 좋은 집을 하나 사두고 당신은 거주 여건이 좋은 다른 집에 세 들어 살면 된다. 이렇게 투자와 거주를 분리하면, 둘 중 어느 하나도 놓치지 않을 수 있다.

집을 사면 보통은 월세에 해당하는 만큼의 돈을 주택 담보 대출 원리금 상환에 쓰게 된다. 세입자에게 월세란 그냥 사라지는 돈이다. 그 돈은 나를 떠나 고스란히 집주인의 것이 된다. 쓰고 나면 없어지는 돈, 이는 소비성 지출이라는 말과 같다. 그러나 주택 담보 대출은 다르다. 원리금을 상환하느라 돈이 나가기야 하지만 상환을 마치면 당신만의 온전한 집이 생긴다. 나중에 집을 팔면 돈으로도 되돌아온다. 심지어 그 돈은 당신이 집을 살 때 들인 돈보다 더 클 가능성이 높다. 팔지 않는다면 세를 놓을 수도 있다. 그러면 그 집은 당신을 위해 당신 대신 돈을 벌어다준다. 당신은 이제 돈을 주면서 남의 집을 전전해야 할 세입자가 아닌, 자기만의 집이 있는 집주인으로 신분이 바뀌는 것이다.

그래도 집을 사는 것이 삶의 가능성을 제한하는 것 같은가? 집이 당신을 든든히 받쳐주는 것이 삶에 더 큰 가능성을 가져다주지는 않을까? 집은 없는 것보다 있는 것이 당신에게 더 나은 변화를 가져다준다.

집은 언제 사는 게 가장 좋을까

집을 사는 시기에 대해서는 다음 두 가지를 꼭 고려해보아야 한다. 하나는 지금 내가 준비한 자금이 충분한가 하는 것이고, 다른 하나는 지금의 시장 가격이 낮은 편인가 아닌가, 좀 더 기다려보는 게 좋을까 하는 것이다.

자금이 '충분히 준비되었다'는 것은 집을 사기 위해 모아둔 돈이 충분하다는 것을 의미한다. 이 돈에는 집을 계약할 때 지불해야 할 계약금만이 아니라 첫 2년 동안 상환해야 할 원리금까지 포함된다. 현재 가진 돈을 전부 집 계약하는 데 써버려서는 안 된다. 앞 장에서도 이야기했지만, 수중에 현금이 하나도 남아 있지 않으면 예상치 못한 위험에 전혀 대비할 수 없게 된다. 집을 사는 데 필요한 돈은 따로 모아가면서 관리하는 것이 좋다. 계약금 정도만 모이면 곧바로 집을 사려 하는 사람들도 있는데, 이 또한 위험한 행동이다. 혹시라도 나중에 원리금 상환을 연체할 일이 생길 수도 있기 때문이다. 집을 살 때는 계약금 외에 2~3년간의 원리금 상환액도 마련해놓아야 한다. 살다 보면 이직이나 퇴사, 아니면 다니던 회사가 도산하는 등 예기치 않은 일로 소득 없는 시기가 길게 이어질 수도 있다. 그 전에 미리 준비해두지 않으면 제대로 대응하기 어렵다.

나는 대학 졸업 후 10년 이내에 첫 주택을 마련하고, 첫 주택을 마련한 뒤 5년 내에 두 번째 주택을 구입하기를 권한다. 첫 주택은 실거주를 위한 것이고, 두 번째 주택은 투자용이다. 시간이 너무 길어져서 20년 정도가 되어버리면 두 가지 목표를 제대로 이루기가 어렵다. 여건만 갖추어졌다면 집을 사는 시기는 빠를수록 좋다. 집은 빨리 살수록 싸게 살 수 있어서 수익을 낼 여지도 그만큼 커지기 때문이다. 첫 번째 단계에만 기약 없이 머물러 있지 말고, 두 번째 단계까지 준비하라. 집을 사려고 마음먹은 때부터 두 채에 대한 계획을 한꺼번에 세우는 것이 좋다. 돈을 모으기 시작할 때부터 집 두 채를 살 계약금을 염두에 두거나, 두 번째 주택을 위해 첫 번째 주택의 조건을 조금 타협할 수도 있다. 예를 들어 100만 위안 정도를 모았다면 전부 첫 주택 구입에 쓰는 것이 아니라 70만 위안만 첫 주택 계약에 쓰고, 30만 위안은 두 번째 주택을 위해 남겨두는 것이다.

꼭 이렇게 하라는 식의 투자 제안이 아니다. 구체적인 상황을 분석해보자. 당신이 첫 번째 주택을 구입한 지 5년쯤 지나면 수입이 이전보다 높을 가능성이 크고, 첫 번째 주택을 매도한 뒤 좀 더 큰 집으로 옮겨 가고 싶을 수도 있다. 여기까지는 개인의 주관적 상황이다. 그런데 외부 상황은 또 다른 문제다. 경제가 어려워지면 대개 주택 가격도 하락한다. 중국에서는 2019년 하반기부터 주택 가격이 하락하기 시작했다. 당신이 만약 80년대 초중반생이라면 이때가 주택 구입의 적기였다. **요컨대 주택 구입의 최적기는 자신의 수입은 역대 가장 높고 주택 가격은 역대 가장 낮을 때다.**

2019년 하반기는 중국의 80~90년대생에게는 집을 사기에 최적의 시기였다. 만약 이 시기를 놓쳤다면 다음번 최적기는 대략 2030년 이후가 될 것이다. 부동산은 대략 20년 주기로 돌아간다. 이는 내가 아니라 중국 경제학자인 저우진타오 선생의 말이다. 저우 선생은 "인생의 부는 콘드라티예프 파동Kondratiev cycles*에 달려 있다"고 했다. 개인의 부는 전적으로 그 사람의 능력이나 노력에 의해 얻어진다기보다 경제 주기의 흐름이 가져다주는 기회라는 것.

저우 선생은 한 사람이 평생에 얻을 수 있는 기회는 이론상 세 번 정도인데, 셋 중 어떤 기회도 잡지 못하면 부를 이루기 힘들고, 셋 중 어느 한 기회만 잘 잡아도 중산층은 될 수 있다고도 했다. 그는 2016년에 병으로 세상을 떠나기 전 한 강연에서 콘드라티예프 파동 이론에 따른 일련의 경제 예측을 내놓기도 했다. 아래는 그

* [옮긴이주] 러시아의 경제학자 콘드라티예프가 그의 저서《장기파동론》에서 주장한, 50~60년에 걸친 경제 순환 주기.

강연의 주요 내용이다.

"세상에 존재하는 경제 주기 가운데 가장 긴 것이 50~60년에 이르는 콘드라티예프 파동입니다. 마침 사람의 수명도 약 60년이고, 중국 고대의 60갑자六十甲子도 60년입니다. 콘드라티예프 파동 주기는 반등, 번영, 쇠퇴, 불황의 단계를 거칩니다. 콘드라티예프 파동 주기와도 일치하는 한 사람의 생애는 대략 세 번의 부동산 주기와 아홉 번의 고정 자산 투자 주기, 열여덟 번의 재고 순환inventory cycle[재고투자 증감으로 유발되는 경기 변동] 주기로 이루어져 있다고도 할 수 있습니다."

중국 경제든 세계 경제든 역사의 수레바퀴는 계속해서 앞으로 굴러가면서 번영의 물결을 밀어 올린다. 때문에 쓰레기 주식조차 가격이 치솟을 때가 있다. 이런 시기에는 상하이50 지수나 차이나A50, 미국 지수 등에 정기 정액 적립식으로 투자하는 것이 가장 좋다. 콘드라티예프 파동 주기 속에서 한 번 이상의 기회만 잘 잡아도 부의 축적과 계층 상승을 통해 자신의 운명을 바꾸기에 충분하다.

그런데 저우 선생이 강연에서 예측한 경제 동향과 집값의 기본 추세가 전부 들어맞지는 않았다. 그 이유는, 모두가 알다시피 2020년에 등장한 '블랙 스완Black Swan'[절대 일어날 것 같지 않은 일이지만 일단 일어나면 엄청난 충격과 파급 효과를 가져오는 사건] 때문이다. 이 블랙 스완은 그렇지 않아도 하강 국면에 접어들고 있던 중국 경제를 수직으로 추락시켰다. 2019년의 이러한 경제 상황은 2020년 3분기까지 계속되었다. 바로 이 때문에 중국의 80~90년대생들에게는 2020년이 인생의 첫 번째 기회가 되었던 것이다.

지난 몇 년 동안은 사람들이 찾아와 부동산 관련 자문을 구할 때도 차마 마다할 수가 없었다. 중국의 집값은 지난 몇 년간 20~30%, 심지어 50%까지 하락했다. 중국 인민법원 공고에 따르면, 2020년 1월 1일부터 2월 10일까지 40일간 전국에서 96개의 부동산 기업 및 관련 기업이 파산했다고 한다. 매일 평균 2~3곳씩 파산한 셈이다. 팬데믹의 영향으로 부동산 거래가 0건인 지역도 많았다. 그야말로 침몰의 시기였다. 하지만 이 시기에 은행의 대출 정책은 크게 완화됐다. 주택 가격이 많이 낮아진 상태였기 때문에 주택 구입용 대출에 혜택을 늘려 부동산 관련 기업들이 살아날 수 있게 돕기 위해서였다. 중국 중앙은행이 대출 우대 금리를 인하하자 부동산 대출 금리도 낮아졌다. 이 시기에 집을 사기로 했다면 아주 낮은 금리로 대출 받을 수 있었다는 의미다.

여기에, 그동안 모아둔 돈까지 넉넉했다면 높은 가성비로 집을 살 수 있었을 것이다. 다른 때에 집을 사도 대출은 레버리지가 되는데, 콘드라티예프 파동 주기까지 만나면 레버리지를 하나 더 얻는 셈이 된다. 화폐 가치의 보존과 유동성은 향후 3년간 투자·재테크의 핵심이 될 것이다. 부동산도 예외가 아니다. 지난 몇 년간 중국에서는 능력만 있다면 일찍 집을 사는 것이 좋았다. 아직 능력이 갖추어지지 않았다면 최대한 빨리 기초를 다지고 준비를 끝내야 한다.

모든 사항을 고려하고 모든 비용을 철저히 계산한다

집값이 낮아졌다거나 집을 살 능력이 있다는 것 자체는 집을 싸게 잘 살 수 있다는 말과 동의어가 아니다. 현장을 충분히 조사하고, 집도 충분히 보러 다니고, 주택 구매에 대한 인식, 특히 오해와 편견을 수정하고, 자기만의 기준을 세운 뒤 주택 구입에 필요한 모든 요소를 확인하고, 모든 비용을 철저히 계산해두어야 한다.

되팔 수 있는 집인가

처음부터 시내 중심부에 위치한 좋은 집을 살 수는 없다면, **생애 최초 주택에 대해서는 '환금성'을 가장 중요한 기준으로 삼는 것이 좋다.** 환금성이란, 말 그대로 되팔아 현금화하기 쉬운 것을 가리킨다. 너무 자기만의 기호·취향에 맞추거나 싼 가격에 집착하지 말고, 그 집에서 평생 거주할 생각을 갖고 있다 해도, 언젠가 팔 때를 고려해서 남들이 살 것 같은 집을 사야 한다는 뜻이다. 사람 일이란 혹시 모르는 것이니까.

혹시 모르는 사람 일이라는 건 아주 높은 확률로 기어이 일어나는 경우가 많다. 아직 젊은 나이라면 남은 삶에서의 변동성이 크고, 시대가 변화한 덕에 이전과 다른 여러 가능성이 훨씬 많아졌기 때문이다. 혹시 아는가, 당장 내년에라도 큰돈을 벌어 더 크고 좋은 집으로 이사 가고 싶어질지도. 그러므로 주택 구입에 있어서는 완고한 숙명론자가 되지 마라. '사람은 한평생 누릴 자기만의 몫이 정해져 있다'거나 '내가 구할 수 있는 집은 여기까지가 최선'이라는 식으로 단정 짓지 말라는 것이다. 미래의 가능성을 시작부터 제한하지 마라.

광저우에 같은 가격의 주택 두 채가 있다고 하자. 하나는 98m² 의 쓰리룸이고, 다른 하나는 55m²의 투룸이다. 쓰리룸 집은 구축 건물 9층에 있는데도 엘리베이터가 없고, 구 시가지에 위치한 탓에 길이 좁고 낡아 차가 다니기 불편해 보이고, 치안도 썩 좋아 보이지 않는다. 반면 같은 가격의 투룸은 엘리베이터가 있는 준신축 건물로, 지하철역 바로 근처에 위치해 있는 데다 역사에는 종합 쇼핑몰도 자리해 있다. 당신이라면 둘 중 어떤 집을 고를 것인가? 같은 가격에 2배 면적의 집? 아니면, 그 절반 면적의 집? 사실 이런 기준은 전혀 중요하지 않다. 실제로 나는 두 집을 놓고 고민하다 후자를 택했고, 이듬해에 매도하는 과정에서 이 선택이 옳았다는 것을 확인할 수 있었다.

이유는 첫째, 후자가 준신축 건물이었기 때문이다. 엘리베이터가 있는 것도 장점이지만, 주변의 생활 편의 시설도 훌륭했다. 둘째, 후자는 입지 대비 가성비가 높아 미래의 상승폭이 컸다. 셋째,

위의 두 가지 특성 때문에 젊은 독신자나 신혼부부에게 인기가 많아 나중에 매도하기도 어렵지 않다. 실제로 나는 아주 순조롭게 다음번 매수자를 찾을 수 있었다.

끝을 염두에 두고 시작하라. 부동산은 자신의 편의나 취향이 아닌, 향후 매도 가능성을 기준으로 삼는 것이 가장 중요하다.

고려해야 할 것

집을 살 때 꼭 고려해야 할 항목이 7개 있다.

(1) **목적**: 실거주용인가, 투자용인가. 즉 당장 자신에게 필요한 집인가.

(2) **면적**: 혼자 살 집인가, 다른 누군가와 함께 살 집인가? 조만간 태어날 아이가 있는가? 부모님과 함께 살 집인가? 거주할 인원이 총 몇 명인가에 따라 방의 개수와 집의 면적을 잘 결정해야 한다.

(3) **가격**: 자신이 감당 가능한 총액에서 필요한 면적을 나누어보면, 자신이 구입 가능한 집의 1m^2당 가격대를 알 수 있다. 집을 사는 데 100만 위안까지 지출할 수 있고 필요한 면적은 50m^2라면, 1m^2당 가격은 2만 위안이 된다.

(4) **교통**: 지하철이나 버스 등의 교통수단에 접근하기 쉬운 위치인가, 아닌가? 자차가 있다면 주변 도로는 얼마나 막히는 편인가? 집을 출입하기는 편한가? 지금은 근처에 지하철역이나 버스 정류장이 없지만 1~2년 내에 생길 계획이 있는가? 집 주변의 교통수단으로 예상 통근 시간을 맞출

수 있는가? 직장인의 실거주용 주택이라면 통근 시간은 대략 30분 이하, 길어도 50분을 넘지 않는 것이 좋다. 통근 시간은 시간대에 따라 달라질 수 있으니 각기 다른 시간대에 직접 가서 여러 번 확인해봐야 정확하게 알 수 있다. 부동산 중개소에서 하는 말만 믿지 말고, 자신이 집을 보러 갈 때 직접 확인해보는 것이 가장 좋다.

(5) **구조/배치**: 집 안 구조와 배치, 인테리어, 이미 갖추어져 있는 가구 상태 등을 말한다. 인테리어가 필요하다면 예산은 어느 정도 이내여야 하나? 신규 분양 주택이 아닌 기존 주택이라면, 이전 거주자가 사용해온 상태는 어떠한가? 수리해야 할 곳이 많은가? 수리가 필요하다면 수리 비용은 대략 어느 정도 들겠는가? 새로 사서 들여야 할 가구는 몇 가지이며, 그 비용은 대략 얼마 정도인가? 그 밖에도 건물 내 엘리베이터라든가 화단, 정원, 수영장 등의 존재 여부, 커뮤니티 시설, 관리사무소, 보안 시설 등은 어떤지도 체크한다. 인근에 상업·편의 시설은 얼마나 잘 갖추어져 있나? 지금은 없다면, 조만간 들어설 계획이 있는가? 인근에 위치한 유치원이나 학교는? 학교는 사립인가, 공립인가? 학비는 어느 정도인가? 부양해야 할 노인이나 어린아이가 있다면, 근방에 의료 시설이 있는지도 잘 확인해놓아야 한다. 치안은? 이웃들은 주로 어떤 사람들인가? 여기에는 해당 주택 거주자들이 대부분 집주인인가, 세입자인가도 포함된다. 주변 도로의 보수 상황이나 주변 소음은 어떤가? 등등.

(6) **신/구축**: 위의 다섯 가지 항목을 모두 생각해봤다면, 이 다섯 가지 항목이 여섯 번째 항목을 결정하게 된다. 즉 위의 다섯 가지 항목은 신규 분

양 주택을 살 것이냐, 기존 주택을 살 것이냐와 관련이 크다. 많은 젊은이들에게는 도심지의 '낡고 좁은 집'이냐, 외곽의 '고층 신축'이냐 하는 선택을 의미할 것이다. 이 두 가지 선택지 사이에 절충안은 없을까? 그 답은 앞의 다섯 가지 항목의 제한 요건에 따라, 그리고 자신의 공부와 내공의 깊이에 따라 달라질 수 있다.

(7) **매도 가능성**: 앞에서도 언급한 가장 중요한 기준이다. 그 집을 산 뒤에도 현금 가치를 제대로 보존할 수 있을까, 아니면 떨어질까? 미래에 어떤 사람이 그 집을 사려고 할까? 그런 사람이 많을까 적을까, 있을까 없을까? 사람들이 그 집을 꼭 사야 하는 이유는 무엇일까?

(8) **기타**: 여기에는 기호나 습관이 들어간다. 크게 중요하지는 않지만 참고할 사항은 된다. 예를 들어, 아침마다 일출을 보며 일어나고 싶은 사람은 동향의 집을 선호할 것이고, 고소 공포증이 있는 사람은 5층 이하에 거주하고자 할 것이다.

이 고려사항들을 통해 자신이 원하는 것과 가능한 것이 무엇인지 명확히 알게 되었을 것이다. 이 상태에서 다시 인내심을 갖고 현장을 돌아다녀보자. 이 세상 어딘가에는 당신이 원하는 조건에 딱 들어맞는 집이 하나는 있을 것이다. 그러나 집을 놓고 고민할 시간이 무한정 길어질 수는 없으므로 몇몇 조건은 타협해야 할 수도 있다. 사실 생애 최초 주택에 대해서는 너무 많은 고집을 부리기보다 최대한 많은 타협을 하는 것이 좋다. 젊은 나이에는 선택지가 많지 않기 때문이다. 젊을 때는 살 집이 '얼마나 좋은 집인가'보다는, 살 수 있는 집 자체가 '있느냐 없느냐'가 훨씬 중요하다.

비용 계산

모든 항목을 세세하게 체크했고 마음에 드는 집도 찾았다면, 이제는 비용을 계산할 때다. 계산과 이해의 편의를 위해 집값은 100만 위안으로 가정하겠다.

비용은 크게 세 가지 요소로 이루어져 있다.

비용1: 당장 지불해야 할 돈(가계약금)

가계약금이란 그 집을 계약할 의사가 있음을 표시하는 금액으로, 집값이 100만 위안이라면 통상적으로 그 5%에 해당하는 5만 위안 정도를 부동산 중개사에게 입금한다. 이 돈으로 그 집을 '묶어놓는' 것이다. 그런데 중국의 가계약금에는 확정금액과 주문금액, 두 종류가 있다. 두 용어는 서로 비슷해 보이지만 법률적 의미가 미묘하게 다르므로 주의해서 사용해야 한다. 중국의 법률상 확정금액은 반환 의무가 없기 때문에 나중에 그 집을 사지 않는 쪽으로 마음이 바뀌어 규정된 기간 내에 계약금을 치르지 않았어도 확정금액은 돌려받을 수 없다. 하지만 주문금액은 다르다. 나중에 가서 어떤 이유로 그 집을 사지 않기로 했든, 주문금액이라면 법률상 돌려받을 수 있다. 단, 구체적인 상황과 절차는 계약서에 명시된 조건에 따라 조금씩 다를 수 있다[한국에서는 매수인이 일방적으로 변심한 경우 대개 가계약금을 반

환받기 어렵다].

비용2: 당장 준비해야 할 돈(계약금+세금+중개 수수료)

계약금=100만 위안×30%=30만 위안[한국에서는 통상적으로 집값의 10%를 계약금으로 지불한다]

세금=100만 위안×1% 내외의 취득세 및 다양한 세금≈약 2만 위안

중개 수수료=100만 위안×3%=3만 위안

합계=계약금+세금+중개 수수료≈약 35만 위안

비용3: 앞으로 매달 상환해야 할 원리금(대출금)

상환금=약 4000위안

월 상환액은 상환 기간에 따라 달라질 수 있다. 자신이 감당 가능한 범위 내에서 상환 기간을 20년이나 30년 등으로 선택할 수 있다.

그 밖에도 다음 세 가지를 특별히 주의해야 한다.

첫째, 부동산 중개소에서 당신의 세금 절약을 위해 다운 계약*을 권유할 수도 있다. 그러나 나중에 분쟁이 생기면 이런 계약으로 인해 법적 보호를 전혀 받을 수 없게 된다. 다운 계약서로는 은행에

* [옮긴이주] 양도세를 줄이기 위해 실거래가보다 낮은 가격을 계약서에 쓰는 이중 계약으로, 한국에서는 향후 적발되면 매도자와 매수자 모두 취득세의 3~5배를 과태료로 내야 한다.

서 받을 수 있는 대출 금액도 현저히 낮아지기 때문에 장기적으로 봤을 때 절세로 얻는 이득보다 손실이 더 크다. 그러므로 중개소에서 여러 가지 이익으로 유혹하며 다운 계약을 권하더라도 단호히 거절해야 한다.

둘째, 계약금이 조금 모자라 돈을 빌려야 한다면 부모나 가족, P2P 대출[온라인에서 여러 사람의 투자금을 모아 다른 개인이나 기업에 빌려주는 방식으로 대출을 중개하는 금융 서비스], 친구 순으로 고려하는 것이 좋다. 정말 부득이한 경우가 아니라면 최대한 친구에게서는 빌리지 마라. 또, 내가 말하는 P2P는 알리페이의 소액 대출 서비스인 지에베이나 위챗의 개인 대출 서비스인 웨이리다이 같은 신뢰할 만한 플랫폼을 의미한다. 이런 대형 플랫폼을 이용하면 이율이 낮을 뿐 아니라 일각에서 들려오는 흉흉한 소문처럼 '갑자기 고금리를 요구해온다'거나 '마구잡이 압류', '악성 추심' 같은 일을 걱정하지 않아도 된다.

셋째, 일부 부동산 개발업체들은 주택 판매율을 높이기 위해 30~40%의 할인 폭을 내세우기도 하는데, 이때 할인율만 보고 덜컥 충동적으로 매수하려고 하면 안 된다. 집 한 채를 사는 데는 적지 않은 돈이 들어가므로 해당 지역의 부동산관리국 공고와 필요한 정보 등을 모두 확인한 뒤에 결정해도 늦지 않다. 얼마 전 광저우의 한 대형 개발사는 팬데믹으로 위축된 소비를 진작시킨다며 $1m^2$당 1만 4000위안인 주택을 30% 할인해서 $1m^2$당 9800위안에 판매한다는 플래카드를 내걸기도 했다. 그런데 부동산관리국에 가서 직접 자료를 찾아보니, 이 업체가 관리국에 신고한 판매가격도 원래 $1m^2$당 1만 위안이었다. 즉 30% 할인을 해준다 어쩐다 한 것은 개발업체의 '판촉'에 불과했던 것이다. 원래 가격인 1만 위안에서 200위안을 할인한 것이니, 정확한 할인율은 사실 0.2%였던 셈이다. 30% 할인이라면 사려고 했던 사람이 실제 할인율은 0.2%인 걸 알고 나서도 같은 결정을 내릴까?

집을 잘 사는 비결은 간단하다. 집은 최대한 일찍 사는 것이 좋으므로 미리 준비하고 철저히 계획해야 한다는 것. 어떤 사람은 이번 생에 집을 사고, 어떤 사람들은 다음 생에야 집을 산다. 당신의 선택은 어느 쪽인가?

4

새로운 각도에서의 투자

글로벌 자산 배분과 새롭게 정의하는 수동적 소득

우수함도 일종의 습관이다. 우수함의 습관을 유지하면 당신은 더욱더 우수해진다. 그런데 때로는 습관이 우리의 최대 장애가 되기도 한다. 당신에게는 이미 강제로 저축하는 습관이 있고, 똑 소리 나게 돈 쓰는 습관도 있고, 투자에도 관심이 있다. 그런데 돈은 어디에 두는 습관이 있는가? 은행 아니면 재테크 상품, 펀드나 부동산 등일 것이다. 대부분 이런 몇 가지 선택지 사이를 오갈 뿐 다른 생각은 전혀 하지 못한다. 당장 수중에 100만 위안이 있어도 스스로 '돈이 없다'고 느끼고, 이 돈으로는 '아무것도 할 수 없다'고 말하는 사람들을 나는 정말 많이 보았다. 그러나 이것은 사실 습관 때문에 생각이 제한되어 있는 것이다. 세상은 넓다. 이 장을 통해 세상을 더 넓게 둘러보도록 하자!

시야를 넓게 보자

100만 위안으로는 베이징 싼환 이내에 방 하나가 있는 마오피팡毛坯房*을 살 수 있다. 그런데 같은 100만 위안으로 중국 내에서 집을 살 생각이 아니라면, 해외 투자로 눈을 돌려볼 수도 있다. 그럼 더 많은 선택지가 있다. 가능성을 실현하려면 먼저 가능성을 볼 줄 알아야 한다. 다양한 선택지를 두루 보지 못하면, 선택지들을 비교·검토한 끝에 '최고의 선택'을 내릴 수도 없다.

100만 위안이라는 예산으로 대도시 중심가에서 집을 사려고 하면, 차 한 대 주차할 수 있을 만한 좁은 집밖에 살 수 없을 것이다. 그러나 100만 위안을 들고 세계 금융 중심지인 뉴욕의 교외로 가면, 잔디밭과 차고가 있고 내부 인테리어도 훌륭하게 갖추어진 작은 단독 주택을 살 수도 있다. 100만 위안을 들고 디즈니랜드가 있는 올랜도로 가면, 방 3개에 모든 가구가 갖추어져 있는 160m² 짜리 콘도를 살 수도 있다. 100만 위안을 들고 캄보디아 프놈펜으로 가면, 소형 아파트 두 채를 살 수도 있다. 100만 위안을 들고 태국 파타야로 가면, 바닷가 풍경이 보이는 방 3개짜리 고급 주택을 살 수도 있다. 100만 위안을 들고 베트남 다낭으로 가면, 해변에

* [옮긴이주] 시공은 되었으나 벽지 등 내부 인테리어가 전혀 되어 있지 않은 미완성 주택으로, 수도나 전기조차 들어와 있지 않으나 가격이 기존 주택보다 저렴해서 많은 중국 청년들이 불가피한 대안으로 선택, 매수해서 거주하기도 하는 집.

서 도보로 15분 정도 걸리는 자리에 땅을 사서 별장을 새로 지을 수도 있다. 업체를 불러 인테리어를 시공하는 비용까지 다 합쳐도 100만 위안이 채 들지 않는다.

물론 자신이 거주할 집이라면 편안하고 안전해야 하며 기후도 잘 맞아야 하고, 개인의 일상이나 업무에 적합한 조건도 갖추고 있어야 한다. 그런데 투자용 주택이라면 수익률도 계산해보아야 한다. 해당 지역 당국의 정책이나 보조금 여부도 알아보아야 하고, 지리적 위치로 인한 자연재해가 임대에 미치는 영향 등도 고려해야 한다. 지각의 판상이 맞물리는 지역에 위치해 있다면 지진을 조심해야 하고, 해안가에 위치해 있다면 폭풍과 해일에 잘 대비해야 한다. 일본 도쿄에서 100만 위안 이하의 초소형 주택이 밀집해 있는 지역은 교통 중심지에 위치해 있으면서도 집값은 그리 높지 않은 편이다. 이런 집이 바로 전형적인 '투자형 부동산'이다. 도쿄의 또 다른 지역에는 걸어서 10분 이내에 지하철역이나 버스 정류장까지 도착할 수 있는 거리에 50만~100만 위안짜리 주택도 있다. 나는 한때 일본 도쿄에 있는 93만 위안짜리 소형 아파트를 매입해서 매달 4500위안을 월세로 받은 적 있다. 수익률이 약 5%였던 셈이다. 반면 베이징, 상하이, 광저우, 선전 등 대도시의 월세 수익률은 매매가의 1~2% 수준으로, 도쿄의 부동산 수익률에 비하면 현저히 낮은 편이다.

여유 자금이 있다면 무엇을 살 것인가

우리는 무언가를 관찰할 때 당장 눈앞에 있는 것에만 집중하는 경향이 있다. 그 결과, 딱 '눈앞'까지만 시야가 닿는 '눈앞 장님'이 되어버리곤 한다. 눈앞을 조금만 벗어나 있는 선택지, 다른 가능성에 대해서는 아예 보지를 못한다. 돈이라는 것은 원래 그렇게 쓰는 것일까? 천만에! 돈은 지금 바로 쓰는 것이 좋을까, 좀 더 모아서 나중에 쓰는 것이 좋을까. 곰곰이 잘 생각해보라. 그럼 더욱 스마트하게, 더욱 합리적으로 쓸 수 있고, 같은 돈으로도 더 큰 수익을 얻게 될 것이다.

지금 수중에 200만 위안 정도의 여유 자금이 있다면 당신은 어디에 투자할 생각인가? 집을 사거나, 펀드를 사거나, 보험을 사거나, 그리고 또 무엇을 할 수 있을까? 이 여유 자금이 다소 손실이 나도 상관없는 돈이라면, 수익률이 예상 가능한 안정적인 투자처 외에 또 어디에 투자할 수 있을까? 큰 방향에서 중요한 것은 '자산'을 사야지 '부채'를 사려고 하면 안 된다는 것이다. 자산은 간단히 말하자면 당신의 돈을 더욱 불어나게 해주는 것이다. 이러한 자산은 위에서 언급한 재테크 상품들 외에도 다양하게 존재한다. 몇 가지 예를 들어보면 사모 펀드, 사모 주식, 특허 구입, 상표 구입, 친구의 작은 사업에 투자하거나 아니면 당신 자신이 개업을 하거나 창업을 할 수도 있다. 혹은 당신이 잘 아는 분야에서 창업한 회사의 동업자나 공동 출자자가 될 수도 있다. 당신은 출자만 하고 배당금을 받기로 할 수도 있다. 단, 주의해야 할 점은 회사의 특정 프로젝트나 사업 부문이 아닌, '회사'의 동업자여야 한다는 것이다. 특정 사업 부문의 동업자라는 것은 일종의 협력업체가 되는 것에 가깝다. 중국에서는 종종 이렇게 '사업 파트너십'이라는 말로 투자자들을 호도하는 일이 있으므로 조심해야 한다. '파트너십'이라는 듣기에 그럴싸한 표현에 현혹되지 말고, 자신만의 여유 자금을 잘 이용해야 한다.

예술품에 투자할 수도 있다. 특히 근현대 미술가들의 작품은 다른 예술품에 비해 유통성이 높다. 현재 어느 정도 이름이 있는 예술가라면 미래에는 몸값이 더 높아질 수 있다. 잠재력을 발굴하는 안목을 발휘해보자. 경매장에 직접 가보면 무엇이 진정으로 돈이 되는지 알아보는 눈이 트일 것이다. 하지만 예술품과 비슷해 보이는 골동품에 투자하는 것은 별로 권하고 싶지 않다. 당신이 특별히 역사나 고증학 방면에 지식이 있거나 골동품에 조예가 깊은 게 아니라면, 함부로 접근하지 않는 게 좋다. 200만 위안으로는 다른 할 수 있는 것들이 많다. 그러니 골동품에는 기웃거리지 말자.

세계 최고의 부자들은 그들 재산을 어떻게 관리하는지도 연구해볼 필요가 있다. 세계적인 부자들은 세상에서 가장 희소한 자원에 투자한다. 그런 것이야말로 장기적으로 '가장 돈이 되는' 자산이기 때문이다. 세계에서 가장 돈이 많다는 로스차일드 가문이나 록펠러 가문은 세계 각지의 유전을 발굴하고, 금광이 삼림을 사들이고 있다. 임목林木 자체가 당장의 수요인 데다 삼림 또한 희소한 자원이기 때문이다.

혹 '저런 거부들을 내가 연구해서 뭐 하나' 싶을 수도 있다. 그들이 투자하는 것들은 일반인으로서는 평생 벌어 모아도 꿈도 못 꿀 만큼 진입 문턱이 높은데 말이다. 정말 이렇게 생각한다면 생각의 문이 너무 좁은 것이다. 그리고 바로 이것이 보통의 평범한 사람들은 큰 부를 얻지 못하는 이유이기도 하다. 우리가 큰 부자들을 연구할 때는 큰 방향을 보면 되는 것이다. 지금 우리가 이야기하고 있는 100~200만 위안의 여유 자금이야 저들에게는 새 발의 피만큼도 되지 않는 돈이다. 그렇다 해도 우리는 지금 가진 능력으로 지금 할 수 있는 것들을 하면 된다. 저 거대 부호 가문들이 유전을 발굴하고 금광과 삼림을 사들이고 있다는 것은 넓게 보면 석유, 황금, 임목 사업을 하고 있다는 말과도 같다. 그 사업들이 충분히 규모가 크고 오래가기만 한다면 우리 같은 서민들도 그중 한 고리 정도에는 참여할 수 있지 않을까?

그렇다는 건 알겠지만 금광은 살 수가 없다. 그렇다면 금에 투자할 수도 있다. 단, 내가 말하는 금은 금과 관련된 금융 파생 상품이나 금 관련 펀드가 아니라 눈에 보이고 손으로 만질 수 있는 황금, 즉 금괴나 골드바, 금화 등을 의미한다. 만약 당신의 여유 자금 규모가 꽤 큰 편이어서 주택, 주식, 펀드, 보험, 응급 자금으로 자산 배분을 모두 마치고도 남는 여유 자금이 있다면, 실물 금의 형태로 보관하는 것을 추천한다. 금은 긴 세월을 이겨내고 공간을 뛰어넘어 화폐의 가치를 보존한다. 다른 모든 사치품은 시간에 의한 마모를 이겨내지 못하지만, 금만은 먼 옛날부터 지금까지 가치가 절하되지 않은 진짜 화폐 그 자체다. 금은 세계 어디서나 통용되는 화폐이며, 무엇보다 인플레이션의 영향을 받지 않는다. 더욱이 금시장은 조작이 쉽지 않다. 다른 모든 투자 시장은 어느 정도 조작이 통한다. 그중에서도 주식 시장 조작이 특히 심한 편이다. 그러나 금시장은 예외다. 어느 개인이나 조직도 실물 금 시세를 조작할 능력은 없다. 실물 금의 가격은 세계 어디서나 동일하기 때문이다.

자신이 직접 유전을 사들일 수는 없다 해도, 주유소에 투자할 수는 있다. 마찬가지로 우리가 삼림 자체를 사들일 수는 없겠지만 목재 가공 공장이나 인쇄업계에 투자할 수는 있다.

돈에는 크고 작음이 중요하지 않고 귀천의 구분도 없다. 하지만 이건 좀 별로고, 저건 마음에 안 들고, 그 정도 돈은 너무 적다고 느껴지는가? 그런 마음이야말로 자기 자신에 대한 과대평가이거나 미숙한 나르시시즘일 뿐이다. 진정으로 성숙한 사람은 투자하려는 업계를 속속들이 조사하고, 돈이 대체 어디서 어떻게 나오는가를 연구한다. 당신은 혹 장의업계가 얼마나 돈을 버는지 아는가? 좋은 유골함은 한 상자에 수만 위안을 상회한다. 투자라는 각도에서 보면, 그만큼 발굴 가능한 영역이 많다는 뜻이다.

마지막으로 꼭 언급하고 싶은 것은 **어떤 투자든 위험을 냉정하게 평가하고 투입산출비를 정확히 계산해야 한다**는 것이다. 수중에 100~200만 위안 정도 있는데 '나만의 좋은 아이디어'에 투자하고 싶어졌다면 특히 더 신중해야 한다. 중국의 역사는 수천 년에 이르고 인구는 자그마치 14억이다. 아무리 좋아 보이는 아이디어라도 실은 이미 누군가가 생각해냈을 가능성이 매우 높다는 말이다. 그런데 왜 제대로 된 시장이 형성되어 있지 않을까? 아무도 시도하지 않아서일까, 아니면 시도했다가 실패하고 사라진 것일까? 직접 조사해보면 알 수 있을 것이다.

끝으로, **투자 규모가 크든 작든 안정적으로 벌 수 있어야 빠르게 벌 수 있다**는 사실도 반드시 명심해야 한다.

내가 직접 하지 않아도 되는 일, 무엇이 있을까

이제까지 우리는 자신만의 수동적 소득을 만들어나가는 여러 가지 방법에 대해 배웠다.

'한 번 만들어서 여러 번 팔 수 있는' 상품 판매.

고위험 고수익의 '주식' 매수.

안정적인 '정기 정액 적립식 펀드 투자'.

'자신만의 작은 사업' 시작.

'금' 등의 희소 자원에 투자.

그런데 가능성을 발견하는 차원에서, 이 글에서 좀 더 상세하게 발굴하고자 하는 투자 대상은 부동산이다.

부동산, 우리에게 가장 익숙한 수동적 소득 수단이다. 부동산을 통해 수동적 소득을 창출하는 방법은 크게 다음 네 가지를 벗어나지 않는다.

1: **부동산 매입** — 전매[단기적 이익을 목적으로 부동산을 매입하여 소유권 이전 등기 전에 되파는 것]

2: **부동산 매입** — 임대

3: **부동산 매입** — 임대 — 매도

4: **부동산 임차** — 전대*

이 가운데 맨 위의 세 가지는 직접 매입해야 하기 때문에 진입 문턱이 높은 편이다. 그러나 네 번째 방법은 일반인이라도 어렵지 않게 진입할 수 있다. 소유권자가 되기 어렵다면 전대인이 되는 것이다. 입지와 조건이 나쁘지 않은 주택을 합리적인 가격에 임차해 내부를 새로 꾸미면, 최장 1년 반 안에 원금을 모두 회수할 수 있고 1년 반 후부터는 본격적으로 돈을 벌 수 있다. 임차하여 새롭게 꾸

* [옮긴이주] 임대란 부동산 소유권자가 임대료를 받고 임차인과 계약하는 것이고, 전대는 소유권자와 임대차 계약을 한 임차인이 다시 새로운 임차인과 임대차 계약을 맺는 것을 말한다. 한국에서 전대는 임대인이 승낙하지 않았다면 불법이다.

민 집을 다시 월세로 내놓을 것인지, 숙박 일수만큼 돈을 받는 게스트하우스로 활용할 것인지는 주택의 형태와 입지에 따라 다를 수 있다.

부동산을 이용한 현금 창출로도 수동적 소득 수단을 늘릴 수 있다. 물론 우리가 가진 것은 어디까지나 그 부동산에 대한 사용권이지 소유권이 아니다. 그러나 어쨌거나 그 사용권이나 소유권을 전대 혹은 전매함으로써 이윤을 얻을 수 있다는 것이다. 이렇게 어떤 물건의 사용권이나 소유권이 우리에게 돈을 벌어다준다면, 우리는 돈을 벌기 위해 따로 시간을 들이지 않아도 되거나 아주 적은 시간만 들여도 된다. 그렇다면 그것만으로도 충분히 훌륭한 수동적 소득 수단이 되지 않는가.

내가 고등학교 1학년이던 때의 일이다. 당시 일본에 살고 있던 한 친척 어르신이 당시 유행하던 휴대용 게임기인 PSP를 한 대 보내주셨다. 그때만 해도 중국에서는 살 수 없던 것이라 학교로 가져가면 모두가 한 번씩 가지고 놀고 싶어했다. 나는 친구들에게 시간당 10위안을 받고 그 게임기를 빌려주었다. 단, 다른 반 친구들이 빌려달라고 하면 시간당 15~20위안을 받았다. 다른 반 친구에게서는 제 시간에 돌려받기 어려운 경우가 많아서였다. 물론 그 전에 같은 반 친구들에게 게임기를 빌려주고 회수해보면서 리스크를 통제하는 법도 어느 정도 숙지해놓은 상태였다. 아무튼 이렇게 해서 나는 하루에 80~120위안 정도의 수입도 올릴 수 있었다. 한 달이면 무려 3000~4000위안이었다. 나중에 알게 된 사실이지만, 이는 당시 담임 선생님이 받던 월급과 거의 비슷한 수준이었다. 한 가지 다른 점이 있다면 선생님의 월급은 근로 소득이었고 나의 수입은 비근로(수동적) 소득이었다는 것.

그런데 고3이 되자 다들 공부에 매달리느라 아무도 게임을 하려고 하지 않았다. 그렇게 나는 한순간에 시장을 잃어버리고 말았다. 결국 나는 고심 끝에 게임기를 몇 대 더 사서 관리인 친구 2명을 두고, 각각 고1과 고2 후배들에게 빌려주기로 했다. 졸업할 무렵에는 그 게임기들을 내가 산 가격의 80%에 팔고 나왔다. 부동산의 매입, 임대, 매도와는 스케일이 다르지만, 그래도 꽤 비슷해 보이지 않는가?

이런 방법을 수강생인 샤오야에게도 전수해주었다. 그랬더니 그녀는 곧바로 수중의 여유 자금 200만 위안으로 스포츠카 여러 대를 구입, 매일 10여 명의 인플루언서들에게 대여해주었다. 그들은 그날 하루 동안 여러 벌 옷을 갈아입어가며 호화로운 스포츠카를 배경으로 반년치 사진과 영상을 촬영했다. 샤오야는 한 주 수입만으로도 매달 스포츠카 할부금을 치르고, 나머지 3주 동안의 수입은 순수익으로 가져가고 있다.

이렇게 '다른 사람의 시간을 사들여서 그 외의 사람들에게 전매하는' 방식으로도 수동적 소득 모델을 발전시킬 수 있다. 나는 이것을 '콘서트형 모델'이라고 부른다. 마치 콘서트처럼 유명한 스타

1명을 초청하여 팬들에게 티켓을 팔아 이윤을 얻는 방식이기 때문이다. 특정 업계의 최고 전문가와 명사들을 모아 행사를 열고 사람들에게 티켓을 파는 것 또한 비슷한 방식이다. 5명의 명사를 초청하여 1명당 2만 위안을 지급하면, 총 10만 위안이 든다. 그런데 한 장에 299위안인 티켓을 1000명에게 팔면, 총 30만 위안의 수입이 생긴다. 여기서 장소 대여비, 물품 경비, 홍보 경비 등을 제하더라도 15만 위안 정도가 순이익으로 남게 된다.

사람들은 흔히 '가난이 상상력을 제한한다'고 말한다. 그러나 내가 보기에는 그 반대다. **실상은 상상력의 결핍이 당신의 부를 제한하고 있는 것에 더 가깝다.** 그렇다면 상상력은 왜 부족한가? 더 많은 선택지, 더 많은 가능성을 보지 못했기 때문이다.

사람은 무언가를 생각했다고 해서 바로 행동으로 옮기는 존재가 아니다. 가능성을 보고 나서야 실행에 돌입하는 것이 인간이다. 그러므로 당신이 진정으로 해야 할 노력은 더 많은 기회를 발굴하고 조사함으로써 더 많은 가능성을 끊임없이 자신의 눈으로 직접 보는 것이다.

5

부자의 격식

자신의 존재가 다른 사람들에게
부의 선물이 되도록 하라

어쩌면 당신은 이 책을 펴기 전까지 돈 버는 것은 그저 어려운 일이라고만 여기고 있다가, 이 책을 펴고 나서는 돈 버는 것 자체는 그리 어렵지 않으나 큰돈을 버는 게 어렵다고 느끼게 되었을 수 있다. 그런데 이 책을 다 읽고 나면, 큰돈을 지속적으로 버는 것이야말로 정말로 어려운 일이라는 걸 절감하게 될지도 모른다. 그런데 이렇게 큰돈을 지속적으로 버는 사람에게는 남들과는 다른 격식이 있다.

격식이란 무엇인가? 사람이 살아가면서 하는 말과 행동, 판단, 처사의 큰 틀과 기준이다. 이 장에서는 남다른 격식을 이루는 3대 요소인 겸허한 마음, 이타적 속성, 본질과 핵심에 집중하는 태도에 대해 언급하고자 한다.

겸허한 마음: 가는 데마다 묻고 배운다

'겸허'를 이루고 있는 글자인 '허虛'(빌 허)를 보면, 자기만족에 취해 있지 말고 텅 빈 잔 같은 마음을 유지해야 한다는 뉘앙스가 느껴진다. 자기만족에 취하지 말라는 말에는 지나치게 자신만만하지 말라는 의미와 더불어, 지나치게 노심초사하지 말라는 의미도 담겨 있다. 성공과 풍요를 향해 나아가는 길 위에서 우리는 수많은 자잘한 일들을 시도해보며 작은 성취들을 쌓아갈 필요가 있다. 작은 성취에 자만할 이유도 없고, 지금 잠시 이상적인 상태에 도달하지 못했다고 해서 불안해하거나 조급할 이유도 없다. 우리가 얻은 것들 중에는 사실 운이 가져다주는 결과도 많기 때문이다.

내 친구 샤오펑은 창업한 회사의 CEO다. 그는 자신의 업계에서 판매되는 동종의 상품들을 쭉 훑어보더니 이렇게 말한 적이 있다.

"중국은 너무 커서 그런지 별 쓰레기 같은 제품에도 다 팬이 있더라."

나는 이 친구의 말을 듣고 곰곰이 생각하다가 두 가지 사실을 발견할 수 있었다. 우리는 타사의 온갖 품질의 제품 같은 잡다한 일에 꽤나 연연하고 있다는 것, 그리고 우리 자신이 얼마나 잘하고 있는지를 알기 위해서는 자신의 현재 성적을 주기적으로 모니터링할 필요가 있다는 것이다. 지금의 성과는 정확히 어떤 요소 때문이었나? 뭔가를 잘했기 때문인가, 아니면 잘못을 하지 않았기 때문인가?

80세의 고령임에도 불구하고 전국 각지에서 활발하게 강연 활동을 이어나가고 있는 펑칭 선생이 자신처럼 강연을 하는 후배들에게 항상 당부하는 말이 있다.

"강연이 끝나자마자 울려 퍼지는 박수 소리는 일단 강연 자체에 대한 예의일 뿐이라는 사실을 영원히 잊어서는 안 되네."

누군가가 당신에게 잘해준다면 그것은 당신이 잘났다는 의미가 아니라 그 사람의 인격이 훌륭하다는 의미다. 항시 깨어 있으면서 겸허한 자세를 유지하고 있어야만 진정으로 우수한 실력자가 될 수 있다.

'겸허'의 또 다른 의미는 지적 개방성을 유지하는 태도다. 다른 의견에 귀 기울이고, 함부로 단정 짓거나 부정해버리지 않는 것이다. 모든 다른 의견의 이면에는 그 나름의 전제와 근거가 있다. 단지 먼저 들어서 알고 있는 익숙한 것만을 절대적으로 옳다고 여기지 않는 것, 당장은 동의하지 않는 말이라 해도 그게 옳을 수 있다는 가능성을 완전히 배제하지 않는 것만으로도 우리는 인식의 선택지를 넓게 유지할 수 있다.

우물 바닥에만 계속 앉아 있으면 마음도 편안하고 안전하게 느껴질 수 있다. 그러나 한 번이라도 우물 바깥으로 나가보면 높은 하늘에 펼쳐진 별들을 멀리까지 볼 수 있다. 자기 자신만 껴안고 있으면 더없이 포근하고 따뜻하겠지만, 우리는 가능성을 껴안을 때 더 넓은 세상을 누릴 수 있다.

이타적 속성: 모두가 당신을 좋아하게 된다

이타적인 것이란 남들을 즐겁게 하는 것, 사람들에게 유익을 누리게 하는 것이다. 디자인, 글쓰기, 강연, 교육 등이 모두 이타적 속성의 활동들이다. 마침 이런 활동이 당신이 좋아하는 일이기도 하다면 더할 나위 없이 잘 된 일이다. 이러한 기술·지식의 능력 외에 또 다른 중요한 '이타적 속성'이 있다. 바로 남들을 기쁘게 하는 것이다.

당신이 무슨 일을 하든, 그것이 돈을 버는 것으로 이어지려면 그 일이 '이타적 속성'을 지니고 있어야 한다. 이타적 행위도 일종의 습관이다. 우리 일상에서 사소한 일을 시작하는 것에서부터 습관을 만들 수 있다. 길을 묻는 사람에게 길을 알려주거나, 공익 활동에 적극적으로 참여하거나, 자원봉사 단체에 가입하는 것도 좋다. 길 가다 만난 걸인에게 돈을 주는 것도 좋다. 모르는 사람이 다가와 혹시 차비를 좀 빌릴 수 없겠냐고 부탁하면, 혹 사기꾼이 아닐까 싶어 멈칫할지도 모르겠다. 하지만 오늘부터는 그 사람이 사기꾼인지 아닌지 너무 따지지 말자. 설령 사기를 당했다 해도 몇 푼 안 되는 돈이고, 혹 상대에게 나쁜 마음이 전혀 없었다면 당신은 그 사람을 진정으로 도운 것이 된다. 다른 사람 때문에 자신의 행동에 대한 결정이 휘둘려서는 안 된다. **나 자신이 어떻게 행동할지에 대한 '결정권'은 전적으로 자기 자신에게 있는 것이다.**

기준은 단순하다. '내가 나타남으로 해서 그 사람들에게 선물이 되도록 하자'는 것. 오늘부터는 '친구들에게 잘하는 것'을 자신의 평소 일상으로 만들어보자. 자주 연락하는 친구들에게는 그들의 기호에 맞추어 그들이 관심 갖는 정보를 전해주고, 내가 줄 수 있는 도움이 있다 싶으면 아낌없이 베풀자. 친구들이 하고 싶어하는 이야기를 잘 들어주고, 필요하다면 좋은 제안도 하면서 계속 함께 가는 것이다.

또, 친구들에게 쓰는 돈을 너무 아까워하지 말고 부모님께 쓰는 돈은 더더욱 아까워하지 말자. 부모님께 돈을 드리면, 부모님은 부모님의 친구들과 만날 것이다. 부모님의 친구들은 대개 당신보다 돈도 많고 지위도 높고 자원도 많은 사람들일 가능성이 높다. 물론 이타적 행동에서 가장 중요한 것은 상대방을 위하는 마음 자체이며, 그 행동은 진심에서 우러난 것이어야 한다.

원리 원칙보다 중요한 것은 현실에서의 디테일이고, 디테일을 만들어내는 것은 결국 진심이다.

본질과 핵심에 집중한다

"본질을 파악하는 데 1초면 되는 사람과 반평생이나 걸리는 사람은 그 운명이 완전히 다를 수밖에 없다." 나는 영화 〈대부〉에 나오는 이 대사를 무척 좋아한다. 그런데 대부분의 평범한 사람들은 본질을 제대로 보지 못한다. 자신이 본 것을 전부라고 여기는 데다 스스로 옳다는 생각이 너무 강하기 때문이다.

중국에서 흔히 말하는 '효순孝順'에서 '효'는 수단이고 '순'이 목적이다. 그러나 대다수 사람들은 '효'에만 집착할 뿐 '순'이라는 본질은 망각한다. 사람들은 공부나 독서가 중요하다고 여길 뿐 스스로 생각할 줄 아는 것이 학습보다 더 중요하다는 것, 그저 많이 읽는 것보다 읽으면서 뜻을 헤아리는 과정이 중요하다는 것은 간과한다. 흔히 친구를 고르거나 사람들과 어울릴 때 '군자는 화이부동'和而不同[조화를 이루되 맹목적으로 따르거나 억지로 일치시키지 않음] 한다고 하는데, 여기에는 사실 중요하게 요구되는 세 가지 조건이 있다. 이런 관계가 되기 위해서는 첫째, 쌍방이 모두 '군자'여야 하고 둘째, '조화'를 추구하는 마음이 있어야 하며 셋째, 서로가 '부동(똑같아지기를 강요하지 않음)'을 견지해야 한다. 그 뒤에 따르는 괄호 속 숨은 말이 있다면, 소인은 동이불화同而不和, 즉 동질성을 강요하기만 할 뿐 조화를 위해 노력하지는 않는다는 것이다.

본질을 꿰뚫어보는 사람은 세상 무엇에 대해서든 그 '전모'를 보고자 한다. 항상 종합적으로 살펴보고 낱낱이 비교한다. 그리고 그 전모 안에서 그다지 중요해 보이지 않았던 본질을 끄집어낼 줄 안다. 경제적 자유라는 말만 보더라도, 부를 소유한다는 것의 핵심은 '돈을 잘 지키는' 데 있지 '돈을 더 많이 버는' 데 있지 않다. 투자의 핵심 또한 '위험'을 통제하는 데 있지 '이익'을 추구하는 데 있지 않다. 비슷한 예는 더 많다. 일찍 일어나기 위해 가장 필요한 것은 무슨 대단한 비결이 아니라 '일찍 잠자리에 드는' 것이다. 다이어트의 핵심은 무작정 '운동을 많이 하는' 것이 아니라 '먹는 행동을 관리하고 재조정하는' 데 있다. 단시간 내에 먹을 수 있는 음식의 열량에 비하면, 긴 운동으로 소모되는 열량은 아무것도 아니기 때문이다. 연애의 관건은 상대에게 선물 공세를 퍼붓거나 어떻게든 잘해주는 것이 아니라 '스스로가 끌리는 매력을 갖추는' 데 있다. 일의 의의는 '단순 반복'이 아니라 가치를 '창조'해내는 데 있다. 삶의 의미는 남들에게 '요구하고 받아내는' 데 있는 것이 아니라 기꺼이 '주고자 하는' 데 있다.

20-80법칙이라고도 하는 파레토 법칙Pareto's principle은 어떤 일에서든 가장 중요한 핵심을 담당하는 부분은 전체의 20% 정도를 차지할 뿐이라고 말한다. 그러므로 우리는 스스로에게도 이렇게 물을 수 있어야 한다.

이 일에서 가장 중요한 20%는 무엇인가?

중요한 것은 무엇인가?

그보다 더 중요한 것은 무엇인가?

이러한 질문은 우리 일상생활이나 일 혹은 공부에서 무엇에 진정으로 100% 전력을 다해야 하는지, 무엇은 중요하게 여기지 않아도 되는지, 무엇에 대해서는 완전히 마음을 놓아도 되는지 구분할 수 있게 해준다. 어떤 사람은 인생이 한 편의 연극과 같다고 말한다. 나라면 **인생은 초대형 투자**라고 말하겠다. 무엇을 본질과 핵심으로 여기는가가 당신의 삶과 기억을 결정한다. 그렇게 살아갈 때 우리는 낭비하지 않아도 되는 시간과 노력을 아낄 수 있고, 투자 마인드와 최대화 사고방식을 생활화할 수 있다. 그럼으로써 진정으로 부유해질 수 있는 것이다.